NEW FUNCTIONAL TRAINING FOR SPORTS

体育运动中的功能性训练

（第2版）Second Edition

Michael Boyle

【美】迈克·鲍伊尔 著 张丹玥 王雄 译

人民邮电出版社

北 京

图书在版编目（CIP）数据

体育运动中的功能性训练：第2版 /（美）迈克·鲍伊尔（Michael Boyle）著；张丹玥，王雄译. -- 北京：人民邮电出版社，2017.9
ISBN 978-7-115-46130-8

Ⅰ. ①体… Ⅱ. ①迈… ②张… ③王… Ⅲ. ①运动训练—研究 Ⅳ. ①G808.1

中国版本图书馆CIP数据核字(2017)第150039号

免责声明

本书内容旨在为大众提供有用的信息。所有材料（包括文本、图形和图像）仅供参考，不能替代医疗诊断、建议、治疗或来自专业人士的意见。所有读者在需要医疗或其他专业协助时，均应向专业的医疗保健机构或医生进行咨询。作者和出版商都已尽可能确保本书技术上的准确性以及合理性，并特别声明，不会承担由于使用本出版物中的材料而遭受的任何损伤所直接或间接产生的与个人或团体相关的一切责任、损失或风险。

内 容 提 要

　　本书旨在通过训练，在最小化损伤风险的同时保持高水平运动表现。本书包含一系列的功能性评估，便于为不同运动员设计有针对性的训练计划。通过自我强化进阶练习，训练运动员的下肢、核心、上肢直到全身，增强其在运动专项中所需要的平衡能力、本体感觉、稳定性、力量和爆发力。书中的训练方案示例有利于实现个性化应用，确保身体运动表现在各个方面都获得充足的准备。

◆ 著　　　　［美］迈克·鲍伊尔（Michael Boyle）

　　译　　　　张丹玥　王　雄

　　责任编辑　李　璇

　　责任印制　周昇亮

◆ 人民邮电出版社出版发行　　北京市丰台区成寿寺路 11 号

　　邮编　100164　　电子邮件　315@ptpress.com.cn

　　网址　http://www.ptpress.com.cn

　　雅迪云印（天津）科技有限公司印刷

◆ 开本：700×1000　1/16

　　印张：15.5　　　　　　　　　　2017 年 9 月第 1 版

　　字数：311 千字　　　　　　　2025 年 7 月天津第 36 次印刷

著作权合同登记号　图字：01-2016-5840 号

定价：100.00 元

读者服务热线：(010)81055296　印装质量热线：(010)81055316
反盗版热线：(010)81055315

作者寄语

I hope all my friends in China enjoy The New Functional Training for Sports. The book includes the latest ideas used at Mike Boyle Strength and Conditioning to train not only our athletes but, our adult fitness clients also. It has been 13 years since the original Functional Training for Sports was published in the US and 7 years since Advances In Functional training so there is a lot of information to update.

I'd like to thank my good friend Tom (Zhao Xiang) and the Beijing Yanding company for introducing me to the Chinese audience. I'd also like to thank the Posts & Telecom Press for their efforts in publishing my book and brining the concepts of functional training to the Chinese audience. Last, but not least I'd like to thank Danyue and Jerry for organizing the translation of my work. Their painstaking attention detail is much appreciated.

My hope is that this book will continue the education process of the Chinese readers in the concepts of functional training. The most important thing to remember is that functional training is training makes sense. We have to move from the idea of "this is how we have always done it" to a system that takes it roots from the science of functional anatomy. We need to train like athletes and not simply copy the routines of weightlifters from years past. I hope you enjoy the book and begin to apply the concepts to your athletes or clients.

希望我所有的中国朋友们都可以喜欢这本《体育运动中的功能性训练（第2版）》。这本书包含了MBSC（迈克·鲍伊尔体能训练中心）的最新训练理念，所针对的对象不仅仅是精英运动员，也包括普通大众的健身练习。从最初的《体育运动中的功能性训练》出版至今已有13年了，从另外我的一本《高级功能性训练》出版到现在也有7年，这期间有太多的信息需要更新。

在此，我要非常感谢我的好朋友，北京言鼎公司的赵翔先生将我引荐到中国。同时也要感谢人民邮电出版社对本书出版工作的大力支持，并将功能性训练的理念带给广大的中国读者。最后，同样非常重要的，我要感谢丹玥和王雄两位译者，对于他们勤勉认真的细节工作，我充满感激。

我期待这本书可以持续地为中国读者对功能性训练这一概念的认识和发展起到推动作用。对于功能性训练，最重要的是要明白，必须是实践的训练才有意义。我们必须从"我们一直就是这样做的"这一理念转变为一种扎根于功能解剖学科学的知识体系。我们需要像运动员一样训练，而不是简单地复制过去举重练习的传统套路。我希望你喜欢这本书，并开始把这些概念真正地应用到你的运动员或客户身上。

Michael Boyle

译者序一

Mike Boyle 在美国功能性训练领域可谓无人不知，对体能训练的独特理解加上几十年的从业经验早已使他成为功能性训练领域的标杆人物。2014年，Mike Boyle 受言鼎公司邀请来到中国参加国际体能峰会和数场讲座。我有幸担任口译，为了胜任工作，我提前学习了功能性力量教练（FSC）第三版和第四版的DVD教程，观看了网络上他的训练视频和采访视频。这让我逐渐了解MBSC的训练系统，也被他不拘一格的讲课风格所吸引。在中国见到 Mike Boyle 后发现他本人风趣幽默又不失大师风范，我就按照他名字的发音给他起了中文昵称"鲍爷"。鲍爷的讲话方式简单直接，生动有趣，他不像是激情型教练，更像是智慧型导师。他和缓的语气、简洁的话风中时常能传达发人深省的哲意。

2015年我去美国参加Perform Better功能性训练峰会时与鲍爷的交流更进一步。那时候，他告诉我他在改写那本 *Functional Training for Sports*。2016年夏天于美国再一次见到鲍爷时，他就送了我这本 *Functional Training for Sports*。简单翻阅之后，我便有意把它翻译成中文，并在回国后联系了 Human Kinetics 出版社和人民邮电出版社，恰逢人民邮电出版社与王雄老师正在商议翻译出版事宜，便一拍即合。

虽然我对鲍爷比较熟悉，可翻译这本书的过程还是相当煎熬。每一个概念都要谨慎厘析，每一个动作都想尽力描述。有些语句的中英文表达差距很大，如何在还原本意的同时又兼顾中文读者的思考方式，是需要反复斟酌的。遇到存疑之处，我会立刻邮件询问鲍爷，基本上第二天就会得到解答。鲍爷还会发一些视频来给我解释动作，以给我更直观的感受，这种严谨细致的态度极大地鼓励了我，让我不能有丝毫的懈怠。文字翻译的时间过得飞快，我经常沉浸其中，枯燥的工作也变得非常充实而有趣。几个月的翻译期间，也感谢动作学院的同事们的校对帮助，在很多语句的翻译上也给了我一些思路。翻译过程中，与王雄老师反复沟通、字斟句酌，王雄老师的专业水准以及翻译经验也令我获益匪浅。

不同于其他简单罗列训练动作的功能性训练书籍，此书从运动项目的训练目的出发，探究体能训练如何能够更具功能性。本书不仅涵盖分析运动项目的体能需求、评估功能性力量、设计训练计划时要考虑的因素等内容，还详细讲解了泡沫轴、拉伸、动态热身等热门话题。在体能训练部分，鲍爷从下肢训练、核心训练、上肢训练，快速伸缩复合训练和奥林匹克举等方面具体阐述了他钟爱的训练方式以及多种进阶与退阶途径。书的最后还呈现了针对不同级别运动员在不同赛季期的多套训练计划，帮助我们安全有效地提升运动表现。想进行系统性体能训练的健身人群也可以参考本书的理念和方法。

这本书可谓鲍爷几十年的经验精华，绝对会帮你在认识功能性训练的道路上去芜存菁，快速达到训练目标。

译者序二

2003年，美国人体运动出版社（Human Kinetics）首次出版了 *Functional Training for Sports* 一书，这是自功能性训练概念出现以来最具行业影响力的著作，这本书向全世界推广了功能性训练这一理念。7年之后，作者又出版了 *Advances in Functional Training* 一书，更新了一些进阶内容。6年之后的2016年，本书英文版问世，体现出了自13年前的2003版以来的知识的迭代和发展。迈克·鲍伊尔的许多训练观点已发生变化，按他自己所说，这甚至是两本完全不一样的书了。对于国内大多数读者来说，你们将通过本书直接读到经典著作的最新内容，全面了解MBSC的训练哲学。

在身体训练领域，无论是专业体能还是大众健身方向，大师是对专业有成者的最高称谓，而迈克·鲍伊尔是当今称之无愧的训练大师。丹玥给鲍伊尔取了个昵称，叫鲍爷，表达了大家的尊敬，也因为鲍爷随性谦和，慈目温敦，颇有邻家大爷风范。我从进入体能训练领域开始，就久闻鲍爷大名。2009年的时候，我在美国凤凰城专访马克·沃斯特根先生，他就反复提到鲍爷与他是至交好友，与其有最多的业务交流，是他在行业内最敬重的教练。5年之后的2014年，鲍爷第一次来中国讲学，他的拖鞋就给我留下了特别的印象，比如他在酒吧展示拖鞋开啤酒瓶的绝技，比如他穿着拖鞋参加北京国际体能峰会的专家论坛。率真自由的个性和沉静睿智的思考本质，使得鲍爷在首次中国之行便圈粉无数。后来，适逢我主编的《身体功能训练手册》出版，鲍爷于百忙之中为我做序推荐，每封邮件都在24小时之内回复，对于后生而言，心中充满感激。

这本书的整体内容分为三部分：第1至4章是整体性论述，第1章以鲍爷自己的视角讲述了对功能性训练的理解；第2章引入功能性训练的专项化路径；第3章用最简化的方法，列举了针对上、下肢的五个功能性力量测试；第4章讲述设计训练方案的各个相关因素，并给出功能性进阶序列的分类。第5至10章分别论述了泡沫轴放松、拉伸和动态热身，下肢训练、核心训练、上肢训练、快速伸缩复合训练和奥林匹克举6个训练板块。最后一部分是关于训练计划的组合设计，并包含了能量代谢训练板块。

最近几年，我翻译过几种专业体能训练书，翻译工作是系统、深度学习的优选方法，在枯燥痛苦的同时，也沉浸入这份工作带来的安静与愉悦，晚上常常一弄就到了凌晨。而在这本书的翻译校对过程中，我感受到了深入阅读的独特美妙，所学到的不仅是专业知识，更能跟着鲍爷的文字和观点一起，追随其辩证思考的过程，这是我对本书最为推荐之处。

在书中，鲍爷的文字风格平和而接地气，多处提及之前自己的认识错误和转变历程，以及自己仍和其他人存在理解不同的地方。比如土耳其起立，他之前认为练习的意义不大，而现在则非常推荐，再比如针对训练前的静态拉伸，他觉得合理的静态柔韧性练习同样非常重要。而每一个观点，都有他严密的论述和观点支持，此外，每个观点的引入，作者都以类似学术综述的方式将前面每一个研究者和同行的研究成果、观点说明清楚，无论支持与否，都给与了足够的尊敬，这也是我们国内业界所需学习之处。良好的土壤和氛围，才能更好更快地孕育出一批这样的开拓者、先驱者和训练大师。的确，身体训练领域入门易，而深入难。鲍爷这种庖丁解牛、化繁为简的功力，蕴积在他三十多年的专业实践和思考探索之中。

书中引用了很多令人回味的哲语。比如当你认为的思路不起作用的时候，要做"跳出当前思维框架的人"（To be a Out-of-the-box thinker）。对于训练来说，重要的是化繁为简，他引用佛教的一句话："在初学者的眼中选择会很多，而在专家的眼里选择却会很少。"书中三次提到李·科克雷尔在《创造奇迹》一书中的名言："如果我们一直以来的方式都是错的呢？"关于自省，鲍爷自己提到，"有一件事让我很自豪，就是我并没有因为太执着于自己的方法而错过了改进的机会。"

感谢鲍爷带来的美好内容，相信这本书在未来相当长的时间内，都是引领行业的经典。感谢人民邮电出版社和言鼎公司的行业卓识和大力推动，感谢动作学院张丹玥老师对翻译工作的辛勤付出。希望这本书给国内广大的体能教练、健身教练传递更多关于功能性训练的精髓养分，让我们向专业致敬，向大师致敬。

原版推荐序

"不够资格。"迈克让我为这本书撰写序言时，这是在我的脑海中回荡的最响亮的一句话。我对体能训练的先驱者知之甚少，我也只是粗略地阅读过许多有关体能训练的出版物。

但是在考虑一番之后，我觉得我也许是太谦虚了。也许正是像我这样的体能训练新手才有资格去评价迈克•鲍伊尔的功能性训练方案的专业性和洞察力。毕竟，有谁比在迈克指导下训练的运动员更能验证他渊博的知识和方法？

我成为一名职业棒球手已有14年，最后的9年是在美国职棒大联盟度过的。我经历过转会和解雇、受伤和健康。我赢过两次世界职业棒球大赛（World Series），也曾在比赛中终极决定胜负。我没有见过的事情极少，更别说我没有听说过的。

在我进入职业棒球界时，球员只分为两种——野手（也称为运动员）以及与之截然不同的投手（非运动员）。野手需要增强力量训练，努力复制健美运动员的大块头肌肉。投手要绕着杆子跑。在过去的10年中，我们已经看到了功能性训练模式的转变。投手被当作运动员，而运动员则要被训练得更富竞技能力。

迈克•鲍伊尔的动态体能训练方法一直在引领业界的潮流，他在训练中结合了治疗、柔韧性、稳定性、力量和爆发力等组成部分。我知道这一点，因为我在迈克•鲍伊尔的体能训练中心（Michael Boyle Strength and Conditioning）度过了2014年的冬季。

迈克和我相识于2012年，当时我转到波士顿红袜队（Boston Red Sox）。他是红袜队的体能顾问，几句简短的交谈就给我留下了深刻的印象。于是我翻阅了迈克的《功能性训练的发展》（*Advances in Functional Training*），并且受到了很大的启发。他的方法对我来说很有意义。在这本书的序言中，迈克提到了一位朋友，他曾简明地将运动员需要的适当训练描述为"用双腿推东西、拉东西，以及完成一些任务"。这句话很简单，引起了我的共鸣。在我的功能性训练方案中，我稍稍改了一下这句话："举起东西，对墙扔东西，并跳起跃过一些东西。"

多年来，迈克和我详细讨论过投球力学、损伤预防和速度提高等内容。我亲眼见证了迈克在不断学习，同时也在观察他的教育方法。事实上，迈克天生就是一位老师。并且是一位非常优秀的老师。

然而，让迈克在这个行业中脱颖而出的，是他能够清楚地传达作为其训练计划基础的生理学和运动学知识，然后量身定制训练方案，以满足每位运动员的具体需求和目标。迈克曾执教过数千名运动员，他们来自各种主要的职业运动项目，所以他所有的建议和教学并非建立在未经证实的假说和猜测之上，而是基于已确认且经受过时间考验的结果之上。

在《体育运动中的功能性训练》（*New Functional Training for Sports*）一书中，迈克分享了他对运动员运动表现发展的知识，以及他通过几十年的研究和经验，用数千名客户作为数据点而提炼出来的训练计划。你会发现自己每翻一页都能汲取到新的知识或运动技术。迈克更进一步地教育了我们，并为我们提供了最好的和最前沿的训练技术。他的作品是宝贵的资源，不论只在周末去健身房的人，还是经验丰富的体能教练，都可以从中受益。我希望，你和我一样能够通过这本书受到启发。

克雷格·布雷斯洛
（Craig Breslon）
波士顿红袜队

前　言

2002年，美国人体运动出版社的编辑找我写一本有关运动员功能性训练的书。这是一项困难的任务，因为当时我甚至都不确定自己是否知道什么是功能性训练。于是我问，我能否只写一下当时与运动员客户正在做的事情。编辑说可以，因为美国人体运动出版社相信，我们的训练方式正是功能性训练这个新概念的最佳例证。在我看来，我们的训练方式只是常识，并且以当时我认为是最佳实践的训练为基础。那个时候，我一点也不知道这本书和书中所提出的概念以及计划会在我们工作领域内有如此深远的影响。

自从我撰写本书的第一版以来，有很多情况都发生了变化。体能训练、私教训练及物理治疗都有了长足的进步，并在一定程度上合并到被某些人称为运动表现发展或运动表现提高的范畴中。现在，世界各地的人普遍接受将功能性训练作为训练的基本形式。大型健身房都在争夺功能性训练客户。在世界各地的健身俱乐部中，每天都有机器被人搬走，以腾出空间来放置快速伸缩复合训练器材、健身雪橇和壶铃。健身房在争夺会员，比如我在波士顿附近开设的迈克·鲍伊尔体能训练中心，不仅提供一个锻炼的场所，还会有针对性地提供训练指导，帮助会员实现最佳的成绩，并保持不受伤。

从专业角度来说，站在功能性训练革命的最前沿是件可喜的事，但这从来都不是我的动力。我从来没有追求与众不同或站在潮流的前沿；我的唯一目标是更好地服务于我的运动员、我的客户。我想做的永远都是尽力提供最好的方案，让我的运动员在运动表现杰出的同时保持健康。

回想在世纪之交的时候，体能界接受了一种我认为是浮士德式交易的观念，我对此大失所望。是的，我们要让运动员更强壮，也许更优秀，但代价是什么？正如我的一位亲密同行格雷·库克（Cray Cook）所给出的恰当描述，我们变得非常擅于将力量凌驾于功能障碍之上。

所以，在我考虑写作本书的新版本时，我的意图只是补充功能性训练的案例，并更新一些练习和所使用的器械——为让这本开始有点"老"的作品更现代化而做出些许努力。然而，当我回顾2004年的版本时，非常显而易见的是，它完全不像我所希望的那样永不过时。我需要添加、删除或更改大量的内容。第一版中甚至没有提及我们目前方案的核心部分，因此需要进行更加全面的修订。事实上，这一次的努力结果是编写了一本新书！

本书更新了第一版中包含的所有信息，以反映如今的最佳实践。此外，还加入了全新的章节，以覆盖如泡沫轴放松和灵活性等领域，那是在2004年的版本中未被提及的主题。大多数章节也完全重写了，以反映科学的进步、理念的变化，以及我在过去10年所获得的更多经验。

好像每次我只想更新一章的时候，都会发现需要将它重写一遍。有关核心训练的一章（本书中最长的一章）需要彻底更新，以反映我们对核心训练看法中的大量变化和进步。关于下半身训练的各个章节也需要完全重写，因为深蹲和硬拉之间的界限比较模糊。在2004年的版本中，甚至没有考虑到六角杠和壶铃，但它们现在是下半身训练理念的关键部分。事实上，修改的内容比保持不变的内容要多得多。我相信，你在阅读时会看到与第一版相似的内容，同时也会喜欢更新的内容。我希望你还注意到了设计上的改进，以及通过美化色彩呈现出的文字和照片效果。

我们将上半身和下半身练习分为基准、进阶和退阶三种练习。全书中的练习都归类为这三种类型。基准练习是普通运动员的一般起点。从这里开始，运动员或者进阶，或者退阶。进阶练习带有编号，以便从易到难。退阶练习也带有编号，但顺序则是容易、更容易、最容易。因此，进阶3是相当难的练习，而退阶3则是非常简单的练习。

我非常严肃地看待作为本书作者的角色。自第一版出版以来，我一直在全球各地旅行；我十分赞赏这样的一种资源所产生的积极影响，我认为这是教育和帮助你的一个巨大机会。因此，本书的目的是提供一个清晰、准确的最新方法来帮助运动员提高成绩，这些方法是以功能性训练的最佳实践为基础的。我希望本书中提供的许多建议、练习和方案将使世界各地的教练、体能训练师和运动员都能在各自的角色中有卓越的表现。如有实现，将是我最为欣慰的事情。

目　录

在线视频访问说明

本书提供部分动作练习的在线视频，您可通过微信"扫一扫"，扫描动作练习旁边的二维码免费观看。

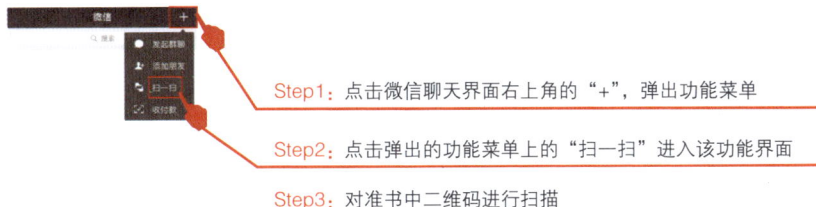

Step1：点击微信聊天界面右上角的"+"，弹出功能菜单

Step2：点击弹出的功能菜单上的"扫一扫"进入该功能界面

Step3：对准书中二维码进行扫描

（打开微信"扫一扫"）

泡沫轴滚动臀大肌和髋部旋转肌

髋部旋转肌在臀肌下面。滚动髋关节时，运动员坐于泡沫轴上，略微向需要被滚动的一侧倾斜，并从髂嵴滚动到髋关节，以按摩臀大肌。为了更有针对性地按摩髋部旋转肌，双腿交叉，让髋部旋转肌群处于伸展位（图5.1）。

图5.1 臀大肌和髋部旋转肌

动作练习视频对应二维码

（通过微信"扫一扫"扫描书中二维码）

- 如果您已关注微信公众号"人邮体育"，扫描后可直接观看该动作练习对应的在线视频；
- 如果您未关注微信公众号"人邮体育"，扫描后会出现"人邮体育"的二维码及进一步的使用说明，请根据说明关注"人邮体育"后，再次扫描二维码进行观看。

扫描右方二维码添加企业微信。
1. 回复关键词【46130】，获取本书 71 个动作演示视频。
2. 加入体育爱好者交流群，一起交流进步。
3. 不定期获取更多图书、课程、讲座等知识服务产品信息，以及参与直播互动、在线答疑和与专业导师直接对话的机会！

第 1 章

让训练更具功能性

　　功能，本质上就是目标。提到功能这个词时，我们是在说某件事有它的目标。所以在体育训练中谈及这个词，我们指的是目标明确的运动训练。功能性训练或功能性练习的概念其实源于运动医学领域。康复的思路和练习通常能从物理治疗室和运动训练场走进体能房。这其中最基本的思路是，那些帮助运动员重返健康的训练也可能是保持和改善健康的最佳练习。

　　功能性训练（译者注：国内也称功能训练或身体功能训练）的概念首次应用于体育运动以来，许多运动员和教练员都对它有误解，或给它乱贴标签。像专项运动（sport-specific）这样的术语，本来指只适用于个别运动项目的特定动作和动作模式，一直被用来描述某种功能训练概念。专项运动训练是运动员在垫子上、田径场上或球场上进行的，而我们的体能训练是为了让运动员更强壮，具有更好的专项体能素质。事实上，要想更准确地表达功能性训练，可以用术语一般性运动（sports-general）训练，而不是专项运动训练。

　　尽管书中会涉及专项运动适应的一些细节，我们也要理解，大多数运动项目之间的相似性远远大于差异性。一般运动学派认为运动的相似性远超差异性。像冲刺、击打、跳跃、侧移等动作是多种运动项目都需要的一般性技能。这一派认为，所有运动项目的速度训练都是相似的。无论我们训练的是美式橄榄球运动员还是足球运动员，快就是快。高尔夫、冰球和网球的核心训练并没有什么不同。事实上，各个运动项目的速度训练与核心训练差异都非常小。

　　在功能性训练中，我们接受并巩固运动项目的共性。在迈克·鲍伊尔体能训练中心（MBSC），我们对柔道和冰球的奥运金牌得主们使用的训练方案非常类似。事实上，如果仔细观察我们的计划，你的第一反应会是，无论运动员看起来有多么不同，训练方案都是相似的。

三个问题界定功能性训练

为了更好地理解功能性训练的概念，请你问自己几个简单的问题。

1. 有多少个运动项目是坐着完成的？

   据我所知，只有少数运动（如赛艇）是用坐姿进行的。我们如果接受这个前提，就可以明白，以坐姿来训练肌肉对大多数运动项目来说都不具有功能性。

2. 有多少个运动项目是在固定环境中进行，并且由外部条件提供稳定性的？

   答案是似乎没有。大多数运动比赛是在田径场或球场上进行的。稳定性是由运动员自身提供，而不是来自于外部。通过进一步推理我们知道，大部分器械训练仅从定义上来讲就不算是功能性训练，因为训练者负载的稳定性是由器械提供的。支持器械训练的人可能会说，器械训练会更安全，但是在力量训练房里，这种相对的安全也会伴随明确的代价。

   虽然在理论上，器械训练可能会减少训练时的损伤风险，但缺少本体感觉信息传入（对身体位置和动作的内部感觉反馈）和缺乏稳定性很可能增加比赛期间的受伤概率。

3. 有多少种运动技能是由一个关节独立完成的？

   答案是零。功能性训练试图尽可能地进行多关节运动。两位广为人知的功能性训练专家沃恩·甘贝塔（Vern Gambetta）和加里·格雷（Gary Gray）指出，"运用某块肌肉所进行的单关节运动是非常不具有功能性的。整合了多个肌肉群共同完成动作模式的多关节运动极具功能性"（2002，第13段）。

根据这三个问题的答案，我们或许可以同意，功能性训练的最大特点就是练习时双脚与地面接触，没有器械的辅助，极少有例外。

功能性训练概念的阻力往往在于那些"我们一直是这样做的"的想法。但是，就像李·科克雷尔（Lee Cockrell）在他的著作《创造奇迹》（*Creating Magic*）中恰如其分地发问，"如果我们一直以来的方式都是错的呢？"

功能性训练如何奏效

功能性训练最基本的用处是让运动员为自己的运动项目做好准备。功能性训练并不是用一项运动来训练另一项运动的运动员。那是交叉训练。许多大学生的力量训练方案混淆了这两个概念，结果就是像训练运动员本身的专项一样，把运动员训练成了力量举选手或奥林匹克举重选手。

在另一方面，功能训练采用了一些专项教练阐述的理念来训练速度、力量和爆发力，以提高运动成绩，减少损伤。要吸收那些来自田径教练或力量举专家的理念，关键是要把它们巧妙地运用在运动员身上。这些理念不能盲目地从一项运动搬到另一项运动。相反，训练方案应该周密地融合运动医学、物理治疗、运动表现等领域的理念和知识，为特定的运动员创造最好的训练方案。

功能性训练教会运动员如何把控自身重量，这有点像在20世纪初非常受欢迎的健美操。教练最初使用自身体重为阻力，并努力运用那些对参与者有益的姿势。

通过单侧练习，功能性训练有意识地将平衡和本体感觉（身体意识）纳入训练中。甘贝塔和格雷（2002，第8段）指出，"功能性训练方案需要引入适当的不稳定性，使运动员为了重获自身稳定而必须做出反应。"引进不稳定性最好、最简单的方法，就是要求运动员单腿站立进行练习。从设计上讲，功能性训练采取单腿动作，这就需要稳定性，适当地开发了肌肉在比赛中所需的功能。对于大多数运动员来说，在负重时只知道用双腿发力是非功能性的。

功能性训练包括简单的下蹲、向前弯身、弓箭步、推和拉。其目的是提供一系列连续的练习，训练运动员在所有运动平面中控制自己的身体。

最后一点：功能性训练方案训练的是动作，而不是肌肉。它不强调在某个特定动作中发展力量；相反，它的重点是实现推拉力量之间的平衡，以及膝关节主导的髋关节伸展（股四头肌和臀肌）和髋关节主导的髋关节伸展（腘绳肌和臀肌）之间的平衡。

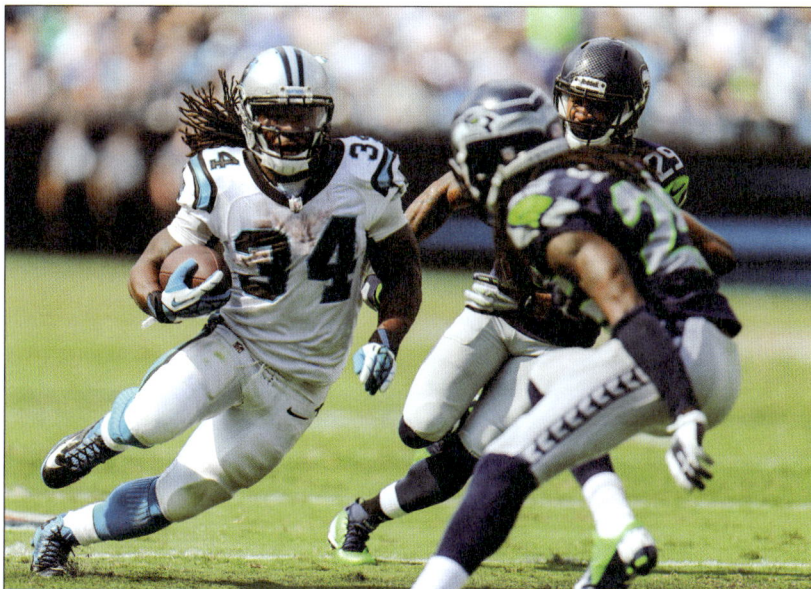

© Jim Dedmon/Icon Sportswire

功能性训练有助于训练速度、力量和爆发力，以提高运动表现，并降低受伤的发生率。

功能性训练背后的科学

真正理解功能性训练的概念，就必须用一种新的范式来解释动作。这种新范式最早是由物理治疗师加里·格雷于20世纪90年代在他的链式反应（Chain Reaction）课程中提出的。格雷创立了一种肌肉功能的新观点，它并不是基于传统意义的屈、伸、内收和外展，而是基于动力链的作用和基于功能解剖学。

以前，有一种版本的解剖学告诉我们肌肉如何驱动一个孤立的关节，最适合被描述为非功能解剖学。它也被称为起止点解剖学（origin–insertion anatomy），可以很好地描述桌子上的人体或骨架模型的潜在动作。起止点解剖学要求记住肌肉的起点（origin）和止点（insertion），以及它的孤立动作，完全不考虑当一个人站着或参与运动时，肌肉在做什么。相比之下，功能解剖学描述肌肉驱动相关的关节和肌肉群，并配合完成动作。

格雷用功能解剖学术语，对运动过程中的下半身（译者注：下文统称为下肢）活动作了如下描述。脚落地时，躯干以下的每块肌肉都有一个一致的行为。下肢的肌肉（臀肌、股四头肌、腘绳肌）共同行动，阻止踝、膝和髋关节屈曲，以防摔倒在地。在格雷的描述中，所有的肌肉都采用相同的活动。所有肌肉都用于降低踝、膝和髋关节的屈曲幅度，或是减缓它们的屈曲过程。对于那些已经学过传统起止点解剖学的人来说，这是一个比较难接受的概念，但在进一步研究之后，就会发现它非常合理。在冲刺的落地阶段，股四头肌是伸膝肌吗？不，脚落地的一瞬，股四头肌实际上是在离心收缩，以防止膝关节屈曲。腘绳肌是屈膝肌吗？腘绳肌其实在发挥着双重作用：阻止膝关节的屈曲和髋关节的屈曲。

想明白这一点之后，答案就更加明显了，并且相应地更容易接受。在行走或跑步的落地阶段，下肢的所有肌肉协同工作来阻止一个动作，而不是产生一个动作。所有的肌肉离心地（通过拉长）减少或者减缓踝、膝和髋关节的屈曲。

掌握了上述概念，下一个步骤就更容易理解了。你现在应该明白，当运动员的脚落到地上，降低屈曲幅度之后，所有的下肢肌肉再次作为一个小分队来行动，发动踝、膝、髋关节的伸展。实际上，股四头肌不仅仅要伸展膝关节，还要辅助踝关节的跖屈和髋关节的伸展。

从功能解剖学的视角来看，所有的肌肉在第一阶段起离心作用，以停止一个动作，然而在几毫秒之后，它们又在起向心作用，以产生一个动作。如果你觉得这些概念有些道理，那么你就已经开始理解功能解剖学和功能性训练的概念了。

当一名运动员进行非功能性训练时，比如伸膝，他所使用的肌肉活动和神经系统模式是在走路或跑步时从来不会用到的。根据定义，该运动员在进行一个*开链肌肉活*

动。*开链*意味着脚与地面（或与稳定的平台）没有接触。

以肌肉真正会被使用的方式去锻炼肌肉，就需要把"链"合上，并让肌肉以脚踩地面时所呈现的状态工作。就下肢而言，*开链*或*单关节练习几乎等同于非功能性训练*。

回顾功能性训练的争议

在过去的20年里，行业的重大转移是试图使训练更具功能性。教练将原本基于双侧、杠铃主导的训练，改变为更注重单侧练习，并融入了更多哑铃和壶铃。加里·格雷的著作是这一变化的催化剂。

这种转变源于物理治疗专业，但功能性训练的概念逐渐地被体能教练和私人教练所接受。将体能训练视作一个连续体可能会有所帮助，一端是格雷的多平面训练法，另一端是西部杠铃（Westside Barbell）力量举训练法。

功能性训练之所以会爆炸式增长，并且被迅速接受，背后的原因很简单：教练员和运动员都认为这是有道理的，并且他们在训练房、球场、跑道或田径场上的实践经验，验证了功能性训练的效果。

功能性训练已成既定事实的第一个迹象是，先前流行的单关节、肌肉隔离式力量训练设备的各大生产商开始推出他们所谓的基于地面的设备，并且开始生产基本的深蹲架和举重长凳。器械训练的流行程度已经稳步下降，因为即使一般的公众也开始更偏向于功能性训练的观念。

现在功能性训练的普及性已增加到连体育用品商店都在出售泡沫轴、壶铃和阻力带等训练器材。许多健身俱乐部都有指定的区域，铺上阿斯特罗人造草皮（AstroTurf），并提供一系列功能性训练器材，让客户可以进行功能性训练。在健身界，小团体功能性训练可能是最大的增长领域。

然而，功能性训练在发展初期也不是完全没有争议和反对者。这是由于人们对它接触不多，缺乏信息，造成了误解。在某些圈子里，功能性训练等同于平衡练习和瑞士球练习。在某种程度上，这一观点得到了一部分功能性训练拥护者的支持，他们想强调各自方法的差异，并提供一个明确的信息：功能性训练应该不使用机器设备，应以站姿完成，并且应该是多关节的。这感觉似乎是常识，并且很难争辩。但是，很多教练理解的功能性训练让运动员和客户远离双侧举重练习和杠铃训练，转而在平衡板和健身球上举起较轻重量。

然而意外的是，有些已经接受了功能性训练的教练却在倡导那些在最初分析中好像非功能性的概念。功能性训练的支持者还在使用明显是非功能的训练，引起了业界内的一些困惑。这种明显的矛盾背后的原因其实很简单。各关节的功能是不同的。对需要稳定的关节进行的功能促进训练和对需要灵活的关节进行的功能促进训练是不同的。

某些肌肉和肌肉群的主要功能是稳定性。那些肌肉的功能性训练包括训练它们成为更好的稳定肌，方法通常是小范围内的简单练习。在许多情况下，为了尽可能地实现整体功能性，教练员和运动员会忽视某些肌肉群重要的稳定性功能。

需要稳定训练的三个主要肌肉群包括：

- 深层腹肌；
- 髋外展肌和旋转肌；
- 肩胛稳定肌。

很多教练一开始将这些部位的练习称为康复练习或预防练习，但事实上，这些练习只是功能性训练的另一种形式。当髋关节表现出很好的稳定性时，踝、膝、髋的功能就会最大化。

有些运动员在开始发展髋关节稳定性前，可能需要单独的髋部训练来激活肌肉。EXOS（前身为Athletes' Performance，位于亚利桑那州凤凰城）的运动表现训练专家马克·沃斯特根（Mark Verstegen）将这个概念称作"为激活而分离（isolation for innervation）"。在某些时候，特定肌肉群（特别是深腹肌、髋外展肌和肩胛稳定肌）需要通过孤立训练来改善功能。出于这个原因，有些显然是非功能性的单关节练习其实有助于改善下肢的整体功能。这是功能性训练的矛盾之一。

通过改善肩胛稳定肌和肩袖肌群的功能，可以增强肩关节的功能。虽然很多运动员会进行肩袖肌群的练习，但很少会锻炼到肩胛稳定肌。然而，完成动作技能时如果肩胛稳定肌不够强壮，就像是想在独木舟上发射大炮一样。在我们的训练中心里，大多数运动员肩袖肌群力量都不够，并且肩胛稳定肌的力量或控制力也不足。因此，我们经常使用锻炼肩胛稳定肌和肩部旋转肌群的练习，它们可能看起来是非功能性的，但这些区域的发展对于肩关节的长期健康非常重要。

物理治疗师再次引领业界开展对腰背部稳定肌的锻炼。增强腹部力量可以帮助提高腰背部的稳定性，这并不是一个新的概念，但具体的实现方法正在迅速发生变化。

要制定真正的功能性训练方案，关键是不要在任何特定的方向过于偏激。多数练习应以站姿完成，并且应该涉及多关节，但同时，应注意发展髋部、核心和肩的后部等关键稳定肌群。

第二个关于功能的矛盾与在专项姿势中完成多平面的运动有关。这种类型的功能性训练支持者主张以弯曲的姿势完成负重练习（如用哑铃或穿负重背心做练习），所使用的脚部姿势会让一部分体能教练认为不甚理想。

虽然运动员在比赛中会发现自己的姿势有所代偿，但教练需要考虑清楚，运动员采用脊柱屈曲的姿势时，你想让他负重多少。例如，虽然棒球选手经常要蹲下来弯曲着脊柱接一个贴地球，但用脊柱弯曲的姿势来做负重深蹲的动作可能并不是明智的做法。你在什么时候会越过界线，从安全训练变成不安全训练呢？我们的这一立场很简单。"这种情况在运动中一直存在啊"的说法不足以承担力量训练房中的风险。在进行力量训练时，永远不要为了练习更具专项性的姿势而使腰背部的安全做出妥协。

探索体育运动中功能性训练的概念时，要对运动员在运动项目中的移动方式和原因保持开放的态度。你要将训练视为一个提高运动表现，而不单是增强力量的途径。很多运动员都忽视力量训练，因为他们并不完全了解在棒球、网球或足球等运动中，力量对于提高运动成绩的价值。从运动员的角度看，训练的关键是要有意义。从教练的角度看，训练的关键是要让运动员认为训练对于他有意义。如果没有围绕运动项目中发生的动作来设计训练方案，那么这个方案就没有意义。关键是设计出的方案要能真正让运动员为他们的项目做足准备。因此，训练肌肉的方式只能按肌肉在运动项目中的使用方式来完成，换句话说，就是要进行功能性训练。

一般运动训练的案例

一般运动训练能让运动员受益的一个极佳范例是奥运金牌得主凯拉·哈里森（Kayla Harrison）。在凯拉的训练方案中，我们不需要去模仿柔道的摔法；我们只需要让她在其基本动作模式中更有力。对于凯拉来说，重要的是发展推、拉、旋转、下蹲和弓步蹲的力量。我们并不是基于运动项目，而是基于伤病史和运动项目的需求来选择如何练习。

柔道需要大量的练习时间，并且对身体会有大量的高强度冲击。我们选择了一遍又一遍地重复每周两次的简短训练，重点放在基本的推、拉、膝关节主导、髋关节主导、核心练习。

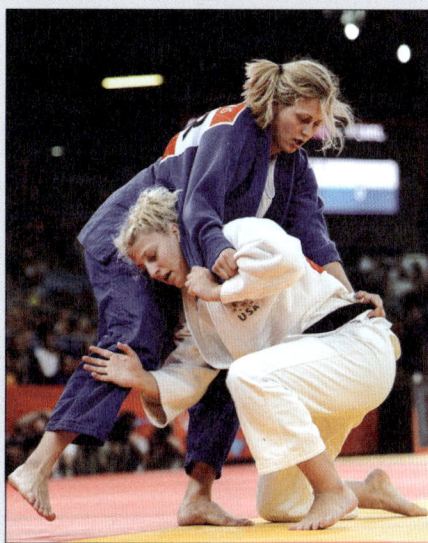

© Zumapress/Icon Sportswire

因为柔道是一个全年均有赛事的项目，该训练方案是一个基础的2天训练方案，你会在最后一章看到它。如我们所见，这些练习极少模仿柔道，但是会非常强调基础的力量和体能素质。

凯拉的一个典型训练日计划包括以下内容。

泡沫轴放松。

拉伸。

动态热身。

爆发力：实心球训练和快速伸缩复合训练。

力量：推（哑铃卧推）、拉（吊环拉）、膝关节主导（单腿下蹲），以及髋关节主导（单腿直腿硬拉）。

核心：组间完成（基本练习，如平板支撑、侧平板支撑，以及负重行走）。

体能：与柔道的能量需求相匹配的专项4分钟练习，主要在固定自行车上完成，以减少对关节的压力。

对于专业的体能教练来说，体能训练的首要目标应该是减少损伤。在职业体育中，体能训练的成败更多的是通过球员的健康来衡量，而不是用输赢来衡量。NFL橄榄球赛使用的统计指标被称为"首发缺席场次（starters games missed）"，棒球赛则跟踪球员在伤员名单上的天数，而冰球赛考察"因伤缺赛次数（man games lost to injury）"。在每种情况下，球员的健康似乎都与科学的体能训练相关，与团队的成功相关。另一方面，如果教练员所采用的训练体系极少使运动员在训练时受伤，却无法减少他们比赛中的受伤情况，那么，他们是在完成自己的工作，还是在保护自己的工作？

每一个功能性训练方案的关键都是：躬行己说，尽量简单。

参考文献

Cockrell, L. 2008. *Creating Magic*. Crown Business.

Gambetta, V., and G. Gray. 2002. *The Gambetta Method*: *Common Sense Guide to Training for Functional Performance*. Gambetta Sports Training Systems: Sarasota, FL.

*书中多用英制单位，1英里 ≈ 1.61公里，1码 ≈ 0.91米，1磅 ≈ 0.45公斤

第2章

分析运动项目的需求

设计有效的功能性训练方案之前，必须分析和了解运动项目的需求。思考一下这个运动项目，在脑海里浮现一个画面，它是什么类型的运动？

大多数运动项目要么是耐力型项目，要么是速度和爆发力型项目。几乎所有的团体项目都是速度和爆发力型项目。像体操和花样滑冰等个人运动项目也主要依靠速度和爆发力。使用球拍的运动项目（包括网球）同样属于速度和爆发力型项目。

现在问问自己，谁是这项运动的主要运动员或最佳表现者。他们是耐力最好或柔韧性最好的运动员吗？通常都不是。最好的球员或成绩最优秀的运动员通常是移动最高效、爆发性最强的人。几乎在每一项快节奏的爆发力型运动中，速度和灵敏性都是最宝贵的素质。

运动项目类型和测试类型的匹配

早在20世纪80年代初，职业运动队，以及顶尖的业余运动员和职业运动员寻求训练建议时，往往找错了人。职业队和体育联盟所聘请的顾问通常是运动生理学家，他们对于应对速度和爆发力型项目运动员的需求几乎没有经验。通俗来说，他们本身都是耐力型项目的运动员。

因此，运动生理学家并没有科学地评估和制定适合于速度和爆发力型运动项目的训练方案，而是采用对所有运动员都一样的通用方案：

1. 测试运动员。
2. 分析测试结果。
3. 得出结论。

他们试图用这个非常简单的方法提高运动员的体能和运动表现，不幸的是，它充满了缺陷，其中有许多瑕疵在30年后仍困扰着体能教练。

大多数的速度和爆发力型运动员在稳态有氧能力（VO_2，亦称"最大摄氧量"）测试中表现不佳。为方便起见，这种测试通常在自行车功率仪上进行，但这些运动员的日常训练并不包含骑自行车。根据VO_2成绩得出的结论是，运动员体能不好。帮助他们提高体能的计划几乎总是强调要提高运动员的有氧能力。其理由是，若球员具有更高的最大摄氧量，他能在赛场上持续更长的时间，并恢复得更快。这一切都似乎是科学有效的。然而，这种方法并不能满足速度和爆发力型项目运动员的需求，原因有很多。

- 在主要使用快肌纤维和需要爆发性移动的运动项目中，运动员在有氧能力测试中通常表现不佳。这并不是一项新发现。

- 间歇性运动项目（大多数团队类运动项目）中，体能好的运动员在稳态有氧能力的测试中不一定会表现得好，尤其是在不属于其主要训练方式的器械（如自行车）上进行测试。

- 对于速度快的爆发力型运动员来说，用稳态或长距离训练来提高其体能或有氧能力往往会导致他们的某些身体素质受损，而这些身体素质特点正是让他们有别于普通人的关键。

- 爆发力型运动员若进行大量的稳态训练，经常会导致过劳性损伤。

- 用于提高有氧能力的技术实际上可能会是敌人。不与地面接触，或缺乏伸髋训练，可能会导致运动员后期大量的伤病。

自行车手应该骑车，赛艇运动员应该划艇，必须跑得快的运动员应该在地上跑得快，必须跳跃的运动员就应该跳跃。适量的交叉训练可能是一个不错的主意，但应将它用作主动休息或避免受伤的工具。太过依赖任何技术都可能要付出代价。

多年后的今天，我们可以很清楚地看到，对于提高运动员的体能和成绩这个问题，运动生理学家的思考角度是错误的。你不能简单地分析成绩最好的人，并试图去改进他的弱点。教练如果一味试图改进所谓的弱点，反而可能会减弱运动员的优点。在培养年龄较小的运动员时，这一观点尤为适用。在指导小运动员时，重点应放在速度和爆发力等素质的培养，而不是整体的体能培养。

训练慢，比赛慢

许多运动员成绩不好是因为一个简单的训练错误：越野跑。无数的运动员（通常由他们忧心忡忡的父母护送）在经历一个令人失望的赛季后到我这里来，他们认为自己在这个赛季中已经很努力地去训练。他们想不通，为什么辛苦地跑了那么多公里竟然没有回报。有些人甚至说，总是感觉慢了一步，在需要的时候缺乏冲力——那种快速、爆发的动作。

我能做的不是去问他：你真的很惊讶吗？相反，我想指出一些事实。没有哪个团队运动项目需要一次跑几公里。即使在一场比赛中要跑几公里，比如足球赛，那几公里是一系列冲刺穿插着一系列的步行或慢跑组成的。在冰球中，运动员进行一系列短距离冲刺，坐下几分钟，然后重复。长距离跑并不会让运动员为短距离跑做好准备，当然也肯定不会为反复冲刺做好准备。

有一个叫"专项训练"的概念。就像这个词所表达的那样，它指出训练某个项目体能的最佳方式是模仿该项运动对能量代谢系统的需求。如果运动是冲刺、慢跑、步行，那么训练就是冲刺、慢跑、步行。非常合情合理。

这里还需要了解另一个非常重要的概念：训练慢，会变慢。现实情况是，让人快起来很难，但让人慢下来很容易。如果想让运动员慢下来，只需要让她跑得更慢，跑更长时间。就这么简单。她也许觉得状态良好，但那是错误的状态。

稳态运动（如越野跑）的另一个问题是受伤。练跑步的人中，大概60%会受伤。如果你希望健康地开始一个赛季，那么概率并不大。

主宰运动项目的运动员是那些跑得最快，跳得最高，爆发最为迅速的人。是的，体能很重要，但要针对运动项目来训练。举重，跳跃，冲刺。关键是在非赛季期提高力量和爆发力。

简单地说，不是越野跑运动员就不应该去练越野跑。希望速度更快，并获得良好的运动状态的运动员需要按最优秀运动员的训练方式来进行训练——通过组合使用力量训练和间歇训练来做好准备。

发现并改进关键素质

注意，速度训练专家查理·弗朗西斯（Charlie Francis）在1986年撰写了一本里程碑式的著作《查理弗朗西斯训练系统》（*The Charlie Francis Training System*）（于1997年再版为 *Training for Speed*，Francis 1997）。他在文中介绍了短跑选手的特点，以及如何正确地训练这些特点。自那时以来，这些知识一直是我们方案设计和理念的基础。

弗朗西斯执教过许多顶级短跑选手，其中包括曾经创造世界纪录的短跑运动员本·约翰逊（Ben Johnson）。虽然约翰逊使用合成代谢类固醇，让他的成绩沾上了污点，但弗朗西斯作为教练的成就怎么强调也不过分。加拿大当时并没有被视为短跑的温床，但弗朗西斯在这个人口基数并不庞大的国家中培养了多名世界纪录保持者。他的运动员曾在奥运会、世界锦标赛和英联邦运动会上夺得金牌。

关于培养短跑运动员，弗朗西斯得出了一个简单且符合逻辑的结论。他认为，在运动员的早期（13~17岁），与爆发力相关的训练必须要充足，以保持由遗传决定的白色肌纤维（快肌纤维，或与爆发力相关的肌纤维）的水平。此类训练还会促进过渡性肌纤维转变为与爆发力有关的肌纤维。弗朗西斯（1997）指出，"耐力锻炼必须谨慎地限制为轻量至轻/中量，以防止过渡性或中间型肌纤维转换为红色的耐力肌纤维。"

弗朗西斯认为，这样做不仅可以使运动员成为短跑选手，更重要的是，专注于耐力可能会对运动员的速度能力产生负面影响。换句话说，让短跑运动员成为耐力型运动员是很容易的，但这通常并不是想要的结果。

在这里，更突出、更重要的一点是必须先分析运动项目，以确定优秀选手的素质，然后制定一个方案来提高这些素质。这与分析一名运动员，并努力改善他做的不好的地方是有很大区别的。

重新获得失去的爆发力

图片来源：明尼苏达大学体育系/布雷特·格勒勒（Brett Groehler）

佐伊·希克尔（Zoe Hickel）是明尼苏达大学德鲁斯校区的女子冰球队队长。她就是一个很好的例子，努力训练，并且体能非常好，但训练可能加强了错误的素质。在18岁时，佐伊是顶尖的大学新生之一，曾入选18岁以下组美国女子国家队。然而，大学三年的努力训练实际上减弱了她的纵跳能力，并且很可能限制了她的效率。

2014年，佐伊搬到波士顿，在迈克·鲍伊尔体能训练中心训练，并开始投入到我们的方案。方案中几乎没有耐力训练，也没有长距离慢跑锻炼。那年夏季，佐伊跑得最长的距离可能是300米往返跑。

　　在短短7周内，佐伊的纵跳增加了7.6厘米（回到她3年前的水平），体重增加了6磅，并且，现在已为她这4年来的第一次全国试训营做好了恰当的准备。关键是显著减少耐力训练，更加重视下半身的力量，以及一个旨在增加体重的方案。佐伊是训练营中的头号得分手，并入选美国女子国家队。毫不奇怪，佐伊在这一年中也创造了自己最好的进攻记录，凭借19个进球和13次助攻在UMD（明尼苏达大学德鲁斯校区）处于榜首，并赢得全联盟荣誉。

　　对于网球这类项目的训练，运动员必须练冲刺和减速，而不仅仅是练习5英里。

　　多年来，教练一直在努力提高爆发力型运动员的有氧代谢能力。最终的结果似乎是，运动员拥有更高的摄氧量，但在运动表现上却没有真正的改变。以这种方式设计的训练方案可以提高运动员保持稳定速度的能力，可运动员从事的项目却不需要他保持稳定的速度。

　　这种做法的拥护者提出有氧系统对于恢复非常重要，并告诉我们"足球运动员在一场足球比赛中要跑5英里"或"网球比赛可能持续两个小时"。这种观点是无可争论的。现在的问题是，以什么速度跑，在什么时间段跑？一场网球比赛可能需要打两个小时，但冲刺和站立的比例是多少？球员是在不停地运动吗？有氧训练的拥护者从来不说这种训练可以提高成绩，只说它有助于恢复。我们的目标是提高运动表现。

© Juan Salas/Icon Sportswire

　　足球比赛实际上是在两个小时中发生的一系列冲刺、慢跑和步行。任何运动员都可以在两小时内跑5英里。其实，在两个小时内5英里就是每小时2.5英里。这是一个缓慢的步行速度。大部分体能不好的人也可以在两个小时内步行5英里。而最重要的一点是，优秀的足球运动员可以在这两个小时里反复地加速和减速。现在问自己，"足球运动员应该如何训练体能？"

　　针对足球或网球这类运动项目进行训练，运动员必须能够冲刺和减速，并且经常要从最快的速度降下来，才能做好比赛的准备。他们在5英里跑中可以培养这种能力吗？可能不会。同样的逻辑几乎适用于任何爆发力型运动项目。在美式橄榄球中，运动员的跑动距离一般在10码以内。一次攻防需要5秒。在两次攻防之间有将近40秒的休息。美式橄榄球运动员应该如何训练体能？很可能就是短跑，配合30~40秒的休息。这是分析运动项目的关键。观看比赛，观察优秀的运动员，寻找共同点。不要关注他们做不到什么；而是要揣摩优秀的运动员为什么可以在这项运动中做得好。如果所谓的常识有违常理，就不要继续听信它。

分析运动项目时问自己几个问题。

- 这项运动需要冲刺或跳跃吗？如果需要，那么下半身的力量（特别是单腿活动类练习）是至关重要的。

- 在这项运动中是否需要频繁地急停急起？

- 比赛时间有多长，或者一次攻防持续多长时间？（这有点复杂，但想想比赛、计划、常规练习的总时长；或者想想换边、攻防或例行程序的时间是多长）

- 运动员的所有时间都是在田径场、冰场、跑道或球场吗？

- 如果是的话，他们冲刺的频率有多高，他们慢跑的频率有多高？他们慢跑的时间长不长（超过5分钟）？如果不长，为什么在训练中要这样做？

- 运动员的速度和爆发力有没有让她在自己的运动项目中处于前10%的位置？[男运动员：我能否在1.65电子秒内完成10码冲刺？（电子秒 指更精确的电子计时，而不是手持秒表。）我的纵跳能否超过86厘米？女运动员：我能否在1.85电子秒内完成10码冲刺？我的纵跳能否超过64厘米？如果答案是不能的话，说明你需要更快的速度和更大的爆发力。]

在所有运动中，速度和爆发力几乎都是必不可少的。网球、足球、棒球、体操、花样滑冰，以及不胜枚举的其他运动项目都倚重于爆发力和速度。提高运动成绩的关键在于提高产生速度和爆发力的能力。耐力应该是一个事后的想法。我们一遍又一遍地告诉运动员，提高速度和爆发力需要几年，但想获得有氧状态却只需要几周。继续往下读时要记住这一点，思考你目前是如何训练你自己或运动员的，如何能够更加聪明地训练。

参考文献

Francis, C. 1997. *Training for Speed*. Ottawa, Ontario: TBLI Publications.

第3章

评估功能性力量

如第1章所述，功能性训练就是有意义的训练。分析完运动项目的需求，接下来就是要估量你自己或者你的运动员的强项和弱项了。本章介绍的测试方法就可以用来进行自我评估。

极少有运动员会在自己的项目中显得力量太大，爆发力太强，或速度太快。你几乎不会听到电视解说员说："这小子跑得这么快，居然跑过了球。"应该把力量视作速度和爆发力的基础。但关键是要培养功能性力量，即运动员可以使用的力量。

即使是最优秀的运动员，其功能性力量的客观测试结果也可能不佳。为了评估功能性力量，运动员必须模拟运动项目或生活中会出现的阻力方式来移动。因此，功能性力量评估中使用最多的就是自身体重——这个最常用的阻力形式。

典型的力量测试需要运动员在一个既定的标准下举起一个预先确定的重量，例如卧推这种经常用来衡量上半身力量的测试。但这种测试能告诉我们运动员的功能性力量吗？

要记住，原始数据必须要放在当下背景去分析。在大多数情况下，我们认为一个能够卧推350磅（约160公斤）的运动员很强壮。但是，如果运动员的体重就有350磅呢？那么，这个运动员只是能够卧推他自己的体重。所以不要被这些数字所迷惑；运动员需要用自己的体重进行功能性训练。

那些主张训练功能性力量的人质疑运动员以仰卧姿势进行测试的价值。在大多数运动项目中，仰卧这种姿势已经预示了运动员在高水平竞技下的失败。我们告诉那些美式橄榄球运动员：如果你是躺在地上向上推，说明你球打得很臭。难道这意味着在功能性训练中不能做卧推？不是的，你可以使用卧推来训练上半身力量，但如果你还不能完成自重练习（如俯卧撑和引体向上），那么你的功能性力量就不够强，并且可能更容易受伤。

良好的功能性力量训练方案包括许多屡试不爽的力量练习，如卧推；还包括非传统的练习，如单腿蹲、后脚抬高分腿蹲、俯卧撑或单腿直腿硬拉。关键是让训练方案的功能性更强，不要不分好坏地全盘抛弃。很多发展力量的训练方法已经成功使用了50年，并不是非要推翻它们才能制定出一个更具功能性的训练方案。

另一方面，发展力量不只是为了力量。很长时间以来，我们一直依赖于力量举或奥林匹克举等运动来定义运动员的力量水平。为了让运动员变得更优秀，教练经常需要模仿或复制其他项目的训练方法。在功能性训练中，关键是要发展能够被使用的力量。

然而，功能性训练并不一定是一个非此即彼的命题。在体能训练方面，教练往往会坚持跟随某个思想流派，而不是为他们的运动员制定合适的训练方案。接受训练的运动员不一定是力量举或奥林匹克举运动员，所以目标应该是结合来自多个学科的知识，尽可能提供最佳的训练方案。用EXOS体能教练丹尼斯·洛根（Denis Logan）的话来说，"我们需要培养出举重也很棒的优秀运动员。"

评估上肢的功能性力量

那么，测定运动员功能性力量的最佳方式是什么呢？多年来，我已经找到了三个简单的测试，它们能够最有效、最准确地评估上肢的功能性力量。

反握引体向上或正握引体向上的最大次数

正确的反握引体向上（手掌朝脸）和正握引体向上（手背朝脸）是准确评估的关键。每次动作完成后，手肘必须伸直，肩胛骨必须有看得见的外展运动（参见图3.1）。若手肘没有完全伸直，或者下巴没有超过单杠，都不能算作一次。

不允许借力完成引体向上（使用惯性移动身体）。大多数声称可以完成大量引体向上的运动员实际上只能完成一半或四分之三的次数。

无法完成引体向上的运动员功能性力量不足，可能更容易受伤，尤其是肩部。如果不经常训练引体向上，大多数运动员可能需要将近一年时间才可以达到高中生水平的要求。

想要提高引体向上的能力，运动员不能做下拉练习。相反，必须进行类似于辅助引体向上、强调离心阶段的引体向上（10~20秒的下降阶段）这样的练习。详细的引体向上进阶练习请参考第8章。

我们已经适应了自己设计的标准，现在，如果运动员能够完成10次引体向上，我们就会要求他们改做负重引体向上。一旦运动员可以完成10次自重引体向上，我们就会要求他在下次测试时戴上负重腰带，并挂上25磅（约10公斤）负重。一般来说，这会使重复次数从10次减为3次，但最重要的是，这样做会迫使运动员进行力量训练。我们以力量为目标，所以希望测试可以巩固我们实现目标的路径。

我们可以用反握引体向上或正握引体向上的最大次数来判断负重练习中的附加重

量。采用这种类型的测试和训练进阶方式，我们有些女运动员现在已经可以负重45磅（约20公斤）完成5次引体向上，有些男运动员能够负重超过90磅（约40公斤）完成引体向上。

图3.1 反握引体向上

仰卧悬垂引体（又称反向划船练习）的最大次数

仰卧悬垂引体是卧推的反向运动，主要锻炼肩胛回收肌，以及参与后拉动作的肩部肌肉。如果运动员不能完成仰卧悬垂引体，说明其上背部力量不足，应从第8章中介绍的基本划船进阶练习开始。上背部力量不足的运动员更容易出现与肩袖肌群相关的问题。这对那些容易产生肩袖问题的运动员尤为重要，如游泳运动员、网球运动员、棒球投手、橄榄球四分卫以及其他投掷类运动员。

运动员的双脚放在长凳或训练箱上，双手握住手柄或吊环，类似于卧推的姿势。悬吊工具应设定在大约腰部的高度。运动员全身保持紧绷，将手柄拉到胸前。拇指必须触及胸部，并且身体位置保持不变。下降后确保肘部完全伸直，并且身体始终保持笔直。只有在大拇指触碰身体，并且身体保持笔直的情况下才算作完成一次（参见图3.2）。

像引体向上那样，一旦运动员可以完成10次，就要加上10磅（约5公斤）的负重背心。重点同样是训练和发展力量，而不是耐力。

图3.2 仰卧悬垂引体（反向划船）

俯卧撑的最大次数

对于体形较大的运动员，这是比卧推更加准确的测试。在每一次俯卧撑中，胸部都应该触及约5厘米厚的海绵垫，并且躯干应保持笔直。头部必须与躯干保持成一直线。若不能保持背部姿势，胸部没有碰垫，头翘起来，或肘部没有完全伸直，都不能算作一次。为了防止作弊，并让数数简单一点，使用节拍器，将它设定为每分钟50次。运动员应该跟随节拍器的节奏，第一拍撑起来，下一拍降下去。运动员无法再做一次俯卧撑或跟不上节拍器的节奏时，测试结束。

与前面两个测试一样，一旦运动员可以完成10次俯卧撑，就加上负重背心 [最初使用10磅（约5公斤）的背心，然后使用20磅（约10公斤）的背心]。下一步的进阶则是在穿上20磅的背心后完成多次，也可将杠铃片放在后背上。

评估下肢的功能力量

安全、准确地评估下肢功能力量显然比评估上肢力量更加困难。其实，能够安全地测量下肢功能力量的可靠测试很少。通过传统的双腿颈后深蹲来测试下肢力量已有很多年的历史了，但该测试的安全性存在问题，尤其是在测试单次最大重量时。此外，许多从业者认为颈后深蹲借鉴了美式橄榄球的训练方式，因而不符合他们各自运动项目的需求。

后脚抬高分腿蹲

在过去的5年中，我们一直在尝试建立、实施一个有效、可靠、安全，并且易于执行的下肢测试。我们已开始使用后脚抬高分腿蹲的最大重复次数，或RM（运动员在使用预先选定的负荷时可以完成的最大重复次数）来测试下肢功能力量。虽然它并不完美，但我们发现，该测试对于评估力量和衡量进步都有效。

该测试相对简单。运动员的后脚放在常规的训练板凳或专门设计的支架上，在地板上放一块 Airex 泡沫垫，用于避免膝盖与地面反复接触。运动员选择在 5RM 范围内的负载，然后尽可能多次地完成动作，直到出现技术性失败（即，直到他不能再保持完美的技术动作）。

负荷通常是两个哑铃或两个壶铃。壶铃是首选，因为更容易将它们拿在手中。出于安全原因，相对于颈后或颈前深蹲姿势下的负荷，我们更喜欢这种侧面负荷的方式。因为在身体两侧握不住哑铃只会导致一对哑铃落在地板上。颈后或颈前深蹲下支撑不住则会导致不安全的、易受伤的姿势。

另一种方法是测试单腿深蹲。我们发现，如果训练方案设定得当，功能性力量较强的运动员在完成一个为期四周的训练方案后就可以拿着一对5磅（约2.5公斤）的哑铃完成多组单腿深蹲了（参见图3.3），每组重复5次。这个为期四周的方案主要针对不了解或不熟悉单腿力量训练的运动员，让他们进行3周弓步蹲（双脚都在地板上），或者3周的后脚抬高分腿蹲（后脚架高），然后再开始练习单腿蹲。我们的女性精英运动员可以使用40磅（约20公斤）的总重量[20磅（约10公斤）的背心和一对10磅（约5公斤）的哑铃]重复10次，而男性最多可承受总重量为100磅（约45公斤）的外部负荷。负重下完成动作对于男性可能会变得困难，因为需要穿上多层负重背心。

图3.3 后脚抬高分腿蹲

最后，若不先教会运动员在测试中所要使用的练习，就几乎不可能安全地评估下肢功能力量。如果不能做到这一点，那么风险就会远远超过可获得的潜在收益。

双腿纵跳

双腿纵跳（参见图3.4）是另一个评估腿部爆发力的方法。在适当的力量训练方案后，它还可以用来重新评估腿部爆发力。进行纵跳测试相对安全，并且有现成的规范。腿部爆发力的增加至少有部分可归因于腿部力量的增加。

Just Jump System和Vertec是用于评估纵跳的最佳设备，但这两种方法都存在固有的缺陷。Just Jump测量滞空时间，并将其转换为以英寸为单位的跳跃高度。运动员的起跳点和落地点必须在同一个地方，运动员必须脚趾先着地，并且膝盖没有向上收起或屈腿。所有这些因素都可能影响分数。Vertec是个可调节的装置，用于测量摸高和跳跃高度。在使用Vertec

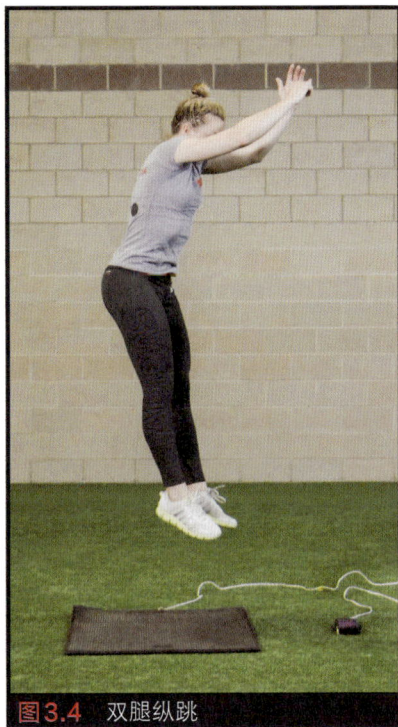

图3.4　双腿纵跳

时，摸高测试必须准确。我们的训练机构会测试跳跃双手摸高和单手摸高。测试仪器和测试执行的一致性是至关重要的。

功能性力量测试总结

测试是用来评估进度的。它们不是训练方案，也不应该是训练方案。测试只能说明哪些身体部位需要训练，哪些身体部位可能会容易受伤。但是，从测试中获得的数字对于激励和监控后续的力量发展很有帮助。

有些教练可能会批评本章中介绍的测试方式。即使重复的次数有上限，部分测试仍会被理解为肌肉耐力测试。虽然我有几分同意这种说法，但必须再次指出，测试并不是训练方案，只是评估进度的方法。

此时此刻，你应该更加理解了运动项目的需求，了解你自己或你的运动员的力量水平。希望功能性训练的原则在你心里已经变得逐渐清晰。我们的思路是，制定一个对于运动项目有意义的训练方案，强化对提高成绩或预防受伤至关重要的区域。功能性力量的评估是制定增强型训练方案的重要一步。那么下一步就是制订这个计划。

功能性力量将冰球伤病拒之门外

© Fred Kfoury III/Icon Sportswire

　　我们为波士顿大学男子冰球队制定了一系列与本章介绍的测试类似的功能性力量测试，它们在增强力量和损伤预防方面的效果非常出色。在反握引体向上测试中，1RM平均是自重加100磅（约45公斤）。

　　最初，10~15次自重反握引体向上已经被认为是成绩优秀了；5年之后，这成为了一个低于平均水平的成绩。在我们的健身房中，看到每个人都在训练负重引体向上非常正常，男性挂上45磅（约20公斤）的杠铃片也不罕见。

　　同样值得一提的是，我们的球队中极少发生与碰撞相关的肩部受伤。这是有力的证据，说明在训练中，抗阻推拉动作的平衡对损伤预防是有益的。

扫描右方二维码添加企业微信。

1. 回复关键词【46130】，获取本书71个动作演示视频。

2. 加入体育爱好者交流群，一起交流进步。

3. 不定期获取更多图书、课程、讲座等知识服务产品信息，以及参与直播互动、在线答疑和与专业导师直接对话的机会！

第 4 章

设计训练方案

我经常会与一些教练谈论体能训练方案设计的相关问题。话题通常是这样进行的："在设计训练方案时，我会用到您的一些方法，一些马克·沃斯特根的理论，再与一些其他的方式进行组合……"。这似乎总有恭维的意思，但表达出来却变了味道。

在设计新的训练方案、采用或部分采用已有的训练方案时，可以用烹饪的例子进行类比。在这个领域中，有些人属于真正厨艺特别好的，而有些人可能需要借助食谱和配方；有些人具备创作食谱的能力，同时还有些人通过阅读食谱进行学习。即使是在餐饮领域，也有一般厨师和主厨之分。一般厨师是看食谱的那些人，而主厨则属于食谱的创作者。

所以，你是一般厨师还是主厨呢？如果你正在制定自己或运动队的第一个训练方案，你就是一般厨师，你需要找到满足需求的食谱并完全按照它来执行。此外，食谱中的每个材料在烹饪中都有它的目的和作用。例如，大多数的烘培类食物都需要加入面粉，你应该不会在烘培蛋糕时丢掉面粉，对吧？

当你第一次尝试做某道菜时，你会从两本不同的烹饪书中选择两种食谱并将它们进行融合吗？你会选择增加一个食谱的材料，同时减去另一个食谱的材料吗？如果你这样做的话，最终会好吃吗？不会。教练在制定训练方案时如果将不同来源的训练方法进行组合，同样的事情也会发生。

不幸的是，在设计训练方案时，很多教练正是这样做的。曾经跟随我训练多年的运动员，有些最终也成为了教练员。但执教过程中，他们并没有使用曾经在他们身上行之有效的训练方案，而是进行了很多改变。他们将训练方案发给我看，说道："你可以帮我看一下吗？"无一例外，这些方案中有我的，也有他们的，可能还有一些来自他人的训练方法。如果你只是组合了不同的食谱，那么你的方案一定不好。这些人都算是没有经验的"主厨"，但他们都选择改变食谱以适应他们的口味。更好的选择是挑选经验丰富的主厨所创作的食谱，并很好地去完成烹饪。换句话说，严格执行教练的计划，不要偏离轨道。

如果你是一个有几年训练方案设计经验的教练，那么你的专业技能可能相当于一个副主厨，副主厨是厨房的第二领导者。许多三年到四年经验的教练就是副主厨，他们具备了在不损坏美食的条件下更改食谱的能力。他们深知，材料可以改变，但应该在合理计划的范围之内。他们也知道，计划是需要执行的。副主厨知道不同材料之间的比例，不能简单按照自己的口味进行烹饪。

最后，有了5年成功设计方案的经验之后，你可能有资格成为一位主厨。此时，你可以考虑对配方进行大胆的变革，因为你有丰富的烹饪和烘焙经验。一位著名的体能教练常说，"打破规则是没问题的。但你必须先要了解规则。"五年后，你不应该是看了新的训练DVD后就抛弃整个方案。主厨不会因为喜欢最新潮流而抛弃自己所选择的烹调方法。相反，你会进行小的调整，相信那将进一步优化自己的系统。

经验告诉我，大多数教练在运动表现训练方案的设计方面需要更多的指导。如果你是一名初学者，不要害怕复制别人的方案。事实上，我会鼓励你复制，而不是混合。本书中提供的方案，就是为了让你能够复制。我宁愿你复制我的方案，也不愿你试图将本书中的一点配方添加到其他人的配方中。

我在以前的文章中曾经警告过，简单地复制方案是不对的。我应该说，盲目地复制方案是不对的。所以，在选择时要深思锐察。但是，如果你没有信心，或没有准备好去设计一个方案，那就尽管去复制吧。食谱的存在是有原因的。

训练方案基础

在诚实地评估了自己的方案设计水平之后，下一步就是确保自己理解那些基本概念。本章将帮助你熟悉方案设计的概念、用于实现这些概念的工具，以及如何正确地执行功能性训练方案。

设计体能和身体素质训练方案

每个方案都应从2~3周的基础建设期开始。对于状态已经很好的运动员来说，这个准备期用于维持他们的体能水平。如果运动员的基础体能出现任何显著下降，都将是一个警告。

准备期应包括节奏跑，为与冲刺相关的体能打下基础。节奏跑既不是冲刺，也不是慢跑。它包括多种距离（通常为100码或200码）的跑动，中间穿插着行走恢复。在我们的训练机构中，运动员经常会在40码草坪上大步往返跑。大步跑是慢跑和冲刺跑的中间速度。我们也在跑步机上进行中等步幅（9~10MPH，英里/小时）的节奏跑训练，一般间歇跑的方式是跑15s休息20s，或者跑20s休息40s。

在确保具备足够的体能基础后，你可以开始设计一个功能性训练方案。重点不仅仅是要增加力量水平，还要创造在专项或生活中能够使用的力量。

首先，回顾在第2章提到的这些基本问题。

- 你的运动项目是否由冲刺主导，并且强调速度和爆发力呢？
- 在你的运动项目中，是否需要频繁地急停急起？
- 在你的运动项目中，一次攻防、得分、换边或例行程序的时间有多长？

分析完比赛中实际会发生的情况后，选择那些能够模拟比赛所需的能量代谢系统和比赛类型的体能训练方式。然后，训练的安排要具体：需要告诉运动员跑多远，跑多快以及两次跑步之间的间隔时间。如果让运动员按照自己的节奏去跑，他们通常会跑得太慢。如果让运动员自己调控间隔时间，他们通常会休息得太久。

例如，足球、曲棍球、长曲棍球、篮球和冰球等都是由冲刺主导的运动项目，在这些项目中，运动员需要频繁地制动和起动。这也就意味着，合理的体能训练应该具备急停急起的项目特点（如300码折返跑）。

力量训练方案

从力量的角度来看，大多数运动项目都是一样的。我最喜欢引用2012年伦敦奥运会高水平运动表现总监马可·卡尔迪纳莱（Marco Cardinale）在波士顿举行的一次研讨会上的讲话。他说："你的项目并没有什么不同，只是你认为它很不同而已。"

卡尔迪纳莱所指的是备战伦敦奥运会时，他协调不同队伍进行体能训练的经历。当时所有教练都认为自己的项目非常特殊，所以需要不一样的训练方案。而事实上，所有运动项目对基础力量训练的需求都非常相似。并且，即使它们有所不同，也不会彻底改变你进行力量训练的方式。在体能训练方面可能会有所不同，但力量训练很可能会遵循80-20法则或帕累托法则（Pareto principle）。在力量训练房中，无论是什么项目，80%的训练内容都可能是相同的。每一位运动员都有相同的肌肉群，而增强这些肌肉力量的方法也惊人地相似。

我们需要力量来提高爆发力和速度。将力量视为建立其他一切运动表现的基础。但是，不要仅仅关注双侧力量这个简单概念；而应专注于特定的单侧力量训练。

力量训练方案很简单，就是推、拉、膝关节主导的运动、髋关节主导的运动以及一些核心训练等。我曾有幸指导和训练篮球、美式橄榄球、冰球、足球、柔道、赛艇以及许多其他运动项目的奥运奖牌得主和世界冠军。我可以告诉你，80-20的比例是准确的，如果它不够准确，那么这个比例也应该更接近90-10，而不是70-30。

训练方案设计精要

想要正确地设计一个功能性力量训练方案，请记住以下原则。

- 先学习基本动作模式。先掌握动作的基础要素，再考虑升级训练方案，使其更具功能性。对运动员来说，最重大的错误莫过于在还没有掌握基本动作（如深蹲）前就尝试负重深蹲或进阶动作。运动员在进行负重训练前必须先掌握每一个练习的自重模式。然后，并且只有在这之后，才应该尝试那些进阶练习。

- 从简单的自重训练开始。把一套力量训练方案搞砸的首要原因就是过早地尝试举起过大的重量。如果运动员可以进行自重训练，但在施加了外部负荷后却非常困难，那么这显然就是外部负荷的问题。此时，要么减轻外部负荷，要么去除它。对于上半身的拉或划船类动作，很多运动员开始时甚至无法在自重阻力下完成。在这种情况下，可能就需要器械或弹力带了。

- 从简单进阶到复杂。本书中的进阶过程是根据多年的训练经验编写的。要遵循这些进阶。对于单腿训练，运动员应该先掌握最简单的练习动作，如分腿蹲，然后再进阶到较复杂的练习，如后脚抬高分腿蹲。训练应遵循功能性进阶的方式，并根据需要提高增加难度级别。

- 使用渐进式阻力的概念。渐进式阻力是成功的关键。最简单的，每周尝试增加负重或重复次数。如果运动员用同样的重量多做了一两次，说明他已经取得了进步。如果运动员增加5磅（约2.25公斤）的重量完成相同的重复次数，他也已经取得了进步。我们已经根据这些朴实无华的原则打造出了奥运冠军和世界冠军。渐进式阻力要归功于克里特岛的米洛，他开始时与一头小牛做伴，每天都抱着它，小牛最终长成了一头公牛。在小牛成长的过程中，米洛的力量也在随之增长。这正是力量训练的朴素基础。

对于自重训练，进阶过程很简单。第1周从3组、每组8次开始，第2周进阶到3组、每组10次，最后在第3周为3组、每组12次。这是只利用自重的渐进式阻力训练的简单升级。

到了第4周，通常可以进阶到去完成更难的练习，或增加外部负荷。外部阻力可以是哑铃、壶铃、负重背心、沙袋或药球等。然后，这些更难的练习可以通过相同的方法（8-10-12），或者通过基本的阻力概念再次进阶。理论上，只需每周在训练时增加5磅，每年就可以增加260磅（约120公斤）。大多数运动员梦想获得这样的效果。现实中，大多数运动员最终会在这类方案中遇到瓶颈，但初学者可以在很长一段时间内通过基本的阻力进阶训练取得进步。

对于方案设计的一句建议：不要依据自己作为教练的喜恶来设计方案；要设计出

对运动员有效的方案。

周期划分

周期划分可能是训练领域中研究最多的课题。超过数万页的文章详细介绍了小周期（microcycles）和中周期（mesocycles）的复杂性。但这却让大家对一个原本相当简单的概念感到疑惑，正如体能训练的传奇人物查尔斯·保利奎因（Charles Poliquin）在1988年发表的文章《力量训练的多样性（Variety in Strength Training）》中指出："训练方案中应该包括大训练量阶段（训练量堆积，大量的负荷）、高强度阶段（强化，高强度的负荷）和无负荷阶段。"

其实就是这么简单。大训练量、低负荷期应与高强度、低训练量期交替。体能领域的另一大师级人物丹·约翰（Dan John）建议重要的训练应该维持在每组重复15~25次。这意味着，你可以选择3组8次（24次），或强度更高的3组5次（15次）来达到训练量要求。

其实最重要的是设计一套简单的方案，并认真执行。执教得好的差方案每一次都会优于执教得差的好方案。难点正是执教过程中对细节的把握，魔鬼就在细节中。

渐进式阻力训练和基本的周期划分

我们的方案使用简单的周期循环，一组8~10次（积累），随后是一组3次（强化），然后是一组5次。我们所做的没什么花哨，但我们的确每周都在努力增加重量负荷或重复次数。我们的运动员已经使用这些方法训练出了惊人的力量。

埃德·里皮（Ed Lippie）是前大学生美式橄榄球运动员，也是一位体能教练和私人教练，他是第一版《体育运动中的功能性训练》中许多图片的模特儿。更重要的是，埃德使用本章中所描述的训练技术，可以负重135磅（约60公斤）进行三次反握引体向上，这是在我们机构中见过最厉害的成绩了。

本·布鲁诺（Ben Bruno）是我们机构的另一位前员工，他在YouTube上展示了自己的力量，已经成为一位网络现象级人物。本已经可以负重305磅（约140公斤）完成后脚抬高分腿蹲5次，同样是使用简单的周期训练方法。无论你是奥林匹克运动员、教练还是训练员，运用渐进式阻力和周期训练的基础内容都会带来显著的成果。

动作分类

我们的上半身、下半身与核心训练动作主要分为以下三类。

- 基准
- 进阶

■ 退阶

基准训练一般是普通运动员的起点。我们将后续的训练定义为进阶训练或退阶训练。运动员首先进行3周的基准训练，然后继续进行进阶训练。然而，因为伤病或技术问题而在基准训练中遇到困难的运动员应立即进行退阶训练。这一套进阶和退阶的体系是正确完成训练的关键工具。

进阶训练从基准训练向前推进，并且从易到难连续编号。进阶可以简单到仅仅通过渐进式阻力增加负荷，难度的进阶也可以通过改变自重使用百分比的方式来实现。进阶到3的练习将会相当困难。

退阶也有编号，但在等级上的顺序相反，从容易到更容易，再到最容易。因此，退阶到3的练习将会是非常简单的。

关键是要理解，每个练习都需熟练掌握才能进阶，掌握的过程可能需要从基准训练开始的退阶训练。

我跟教练们说，在给训练增加负载或进阶之前，你必须先喜欢完成这个练习的方式，我们的退阶训练系统也是以"目测"为基准的。作为教练，你是否喜欢这个练习的方式？

我喜欢传奇田径教练布·希内德（Boo Schexnayder）的这句话："教练这项工作不是编写训练计划，而是观察训练。"

把东西写在纸上很容易，观察别人完成你所编写的训练，然后决定是否符合基准要求或者需要退阶也应该同样容易。你的眼睛会告诉你。

训练工具

很多教练员和运动员认为，功能性训练是用瑞士球和平衡训练器材完成的一些可爱的训练动作。这与事实相距甚远。真正的功能性训练以自重训练和渐进式阻力训练为核心。运动员应该先掌握自重训练，然后在这些训练的基础上逐渐增加外部负荷。当你观察一个新手试图完成自重分腿蹲时，很明显会发现他缺乏平衡。我们所说的"平衡"其实是稳定肌的力量。大多数情况下，运动员在学习这些动作模式时，最初并不需要施加外部阻力。我们需要做的就是先熟练掌握动作模式，然后再增加阻力。

正如美国物理治疗师、Functional Movement Screen（FMS）创始人之一格雷·库克总喜欢说的，功能障碍训练是在功能障碍上添加力量。与功能障碍训练相反，功能性训练这个概念的核心是在负重之前先学会动作。功能障碍训练的例子在美国的健身房里比比皆是，人们只是试图将负荷从A点移动到B点，所用的方法有些存在问题，有些则不安全。

以下是一些功能性训练器材的简要概述，以及在什么时间如何使用它们的简单指导。

药球 作为训练爆发力的最佳工具之一，药球在过去十年中又重新流行起来。尽管药球（参见图4.1）已经存在了几个世纪，但它们已经是面向未来的工具了。药球可以通过胸前传球、过顶抛球和猛摔砸球等方式训练上半身爆发力，并且可以通过远距离投掷训练全身的爆发力。在与砖石墙结合使用时，药球无疑是核心和髋部肌群爆发力训练的最佳工具。使用药球训练的完整内容见第9章。

必须运用常识来预防药球训练可能带来的损伤。在我们的训练中心里，运动员不会进行需要接球的配对训练，也不会进行任何单臂过头的药球训练动作。接药球可能会导致手部受伤，而单臂过头动作可能会对肩关节造成太大压力。药球分弹性药球和非弹性药球，并且有各种不同的重量和尺寸。最常用的药球一般介于2~8磅（1~3.5公斤）。

图4.1 药球

负重背心和负重腰带 可能没有比负重背心或负重腰带更合适的功能性训练工具了。负重背心和腰带有多种款式，它们是从各种古老的帆布钓鱼用具演变而来的。有些教练可能认为，如果运动员已经在使用杠铃或哑铃训练，那么负重背心或腰带就是多余的。但是，负重背心在增加外部负荷的同时对身体动作的干扰是最小的。运动员不需要改变上半身的姿势来支撑外部负荷；他们只需要穿戴上负重背心或腰带。

背心和腰带是给之前提到的自重训练增加更多阻力的绝佳方法。现在，如俯卧撑、单腿蹲起和仰卧悬垂臂屈伸等训练就可以安全地进阶到超过自重的阻力。此外，对于冰球和美式橄榄球等运动项目，负重背心和腰带起到模拟运动装备重量的作用，让运动员在体能训练过程中有所感受。

泡沫轴 在过去的十年中，泡沫轴（图4.2）从完全无人知晓变成了必须具备的工具。泡沫轴有不同的颜色、长度和密度，但都用于自我按摩。*自我肌筋膜放松、自我按摩*，以及*软组织按摩*等术语都适用于泡沫轴滚动。第5章将详细介绍如何使用泡沫轴。

瑞士球 又叫稳定球或健身球（图4.3），瑞士球不幸成为功能性训练的代名词，相关的书籍、视频和课程等都是围绕这一工具编制的。瑞士球的过度使用导致了许多体能教练对功能性训练的整个领域都持负面态度。教练员和运动员应该记住，它只是一种工具，可能并不适用于许多初学者。瑞士球对于几个特定的训练是非常好的（如俯卧推球、瑞士球腿屈伸），但它并不像最初被认为的那样是训练的万能良药，并且它肯定不适合在深蹲或在举起比自身体重更大的负荷时使用。展示运动员站在瑞士球上的视频是不负责任的。运动员永远都不应该站在一个瑞士球上。其风险远远超过任何潜在的益处。如果你想要使用不稳定的平面来对下肢进行额外的平衡训练，请使用另一种工具。

图4.2 泡沫轴

图4.3 瑞士球

对于坐在瑞士球上进行杠铃或哑铃训练，或在卧推动作中用瑞士球替代长凳的做法，教练员和运动员也应谨慎对待。在使用哑铃或杠铃时，永远不应该使用瑞士球作为支撑。即使在使用所谓的防爆球时，也应谨慎。有报告指出，防爆球也会像普通的球那样裂开，并造成严重伤害。我们目前的策略是只使用自身的体重，并且为安全起见，不站在瑞士球上。

滑板 滑板的设计初衷是作为速度滑冰的训练器材，但是，它现在被广泛用于其他运动项目。滑板允许运动员以站姿进行能量代谢系统训练，其产品特性迫使运动员采用屈膝的姿势，这被称为专项运动姿势（图4.4）。只有滑板才能够让运动员以这种姿势进行能量代谢系统和肌肉系统的训练。运动员可以在发展体能的同时也建立起适当的肌肉动作模式，传统的心肺功能训练器械通常是不可能做到这一点的。

图4.4 滑板

滑板可以训练运动员下半身所有的伸肌、髋外展肌群和内收肌群。从功能性体能训练的角度来看，滑板的益处可能等于或优于跑步。

我们训练中心要求所有运动员都使用滑板，因为它可以增强横向移动和平衡的能力，同时还能强化那些很难训练到的髋外展肌群和内收肌群。没有其他能量代谢系统体能训练器材可以带来这么多的益处。此外，滑板可以轻易地适用于不同身高和体重的使用者。

迷你滑板 迷你滑板没有保险杠，但可用于下半身的训练，如滑板弓箭步和滑板腿屈伸，它也适用于不同级别的核心训练。它不是传统意义上的滑板，因为你不能在它上面进行能量代谢系统训练，但它仍然是工具箱中的一个很好的工具。

滑垫 滑垫由洛杉矶的明星教练瓦莱丽·瓦特斯发明，支持在任何地毯或草坪表面完成迷你滑板类的训练。像迷你滑板那样，滑垫也可用于下半身与核心的训练。

敏捷性训练梯（绳梯） 敏捷性训练梯在国内通常叫做绳梯，可能是现有最好的功能性训练器材之一。它让动态热身可以强调任意部分与部分的组合，并且可用于发展平衡、脚下移动速度、协调性以及离心力量等（参见图4.5）。在敏捷性训练梯出现之前，并没有训练脚下移动速度的好办法。敏捷性训练梯能够对肌肉系统和神经肌肉系统提供帮助，同时还可以提高肌肉温度。

图4.5　敏捷性训练梯

BOSU球　BOSU球国内又叫博苏球或波苏球，它可以入选本清单的原因只有一个：它是一个在俯卧撑时增加上半身不稳定性的极佳工具，并且可以为双脚抬高的俯卧撑提供进阶训练方式。在我们训练中心，BOSU球只用于俯卧撑训练。

悬吊训练器材　悬吊训练在过去十年变得非常流行。TRX是最流行的商用模型，除此之外也有很多种类。在所有悬吊训练器材中，我已经成为了吊环的粉丝，甚至超过了TRX。而实际上，像BUSO球那样，我们只在一个训练动作中使用TRX或吊环，那就是仰卧悬垂臂屈伸。悬吊训练器材有助于更好地完成仰卧悬垂臂屈伸，主要有两个原因。首先，TRX和吊环是可调的，因此你可以让任何级别的运动员或客户觉得仰卧悬垂臂屈伸具有挑战性。其次，悬吊训练器材可以让肩膀在开始时内旋（大拇指朝下），并在结束时外旋（大拇指朝上）。这是对肩部非常好的训练。

AT运动弹力绳　这么一个简单的器材，却能如此显著地影响我们进行特定训练的方式，真是非常少见。AT运动弹力绳（图4.6）是一个多功能弹力绳配件，非常适合于进行推、划船和肩胛胸廓的训练。它的设计是如此独特，我认为这是一个必不可少的工具。由芝加哥白袜队（Chicago White Sox）的体能教练托马斯·艾伦（Allen Thomas，此后我们称之为AT）发明的这一工具是必须拥有的选择。

图4.6　AT运动弹力绳

功能性进阶序列

在设计方案时，明确某个训练或练习的功能特性非常重要，所以我认为在这里进行一些分类会很有用。功能性进阶序列（图4.7）可对从功能最弱到功能最强的各级训练进行评价。

功能性最弱 ━ ➤ 功能性最强				
下肢训练				
膝关节主导				
训练类型	蹬腿	器械深蹲	杠铃深蹲	后脚抬高分腿蹲	单腿深蹲
原理	仰卧位，运动员不提供稳定性	站立位，运动员不提供稳定性	双腿	单腿，额外的平衡辅助	单腿，没有额外的平衡辅助
髋关节主导				
训练类型	腿弯举	背部伸展	双腿SLDL 或 RDL*	单腿SLDL*加两个哑铃	单腿SLDL*加一个哑铃
原理	俯卧位，非功能性动作	俯卧位，功能性动作	双腿站立位	单腿站立位	单腿站立位，臀部/腰部连接
上肢训练				
水平推				
训练类型	器械卧推	卧推	哑铃卧推	俯卧撑	瑞士球俯卧撑
原理	仰卧位，运动员不提供稳定性	仰卧位，适度稳定性	仰卧位，单臂稳定性	闭链俯卧位	俯卧位，额外的平衡挑战
水平拉				
训练类型	器械划船	哑铃划船	仰卧悬垂臂屈伸	单臂，单腿划船	单臂，双腿旋转划船
核心训练				
训练类型	卷腹	直线单膝跪地上举	弓步姿势上举	站姿上举	药球侧抛
原理	仰卧位，无旋转	单膝跪地上举，有限的核心运动	弓步姿势上举，有限的核心运动	站在重量架旁边，内旋/外旋（练习）	站姿，使用爆发力动作

* SLDL = 直腿硬拉（Straight-leg deadlift）；RDL = 罗马尼亚式硬拉（改良版直腿硬拉）

图4.7 功能性进阶序列

该表分为下肢训练（膝关节和髋关节主导）、上肢训练（包括推和拉的动作）以及核心训练。该表展示了从相对非功能性的器械练习到功能很高的单腿练习之间的进阶。这个简表强化了一个概念，方案设计不应该采用非此即彼的思路，而应该采用综合的方法来发展力量，并使这种力量与运动项目和动作具有高度的相关性。

表中的进阶序列展示了从功能性最弱到功能性最强的膝关节主导的下肢训练。顺序如下。

1. 我认为功能性最弱的训练是仰卧蹬腿。在这个动作中，运动员仰卧，由器材提供稳定性支撑。

2. 接下来是站姿器械深蹲。运动员已经进阶到了功能性进阶序列中的站姿阶段，这是一个进步，但仍然依靠器械提供稳定性，并且仍采用双腿站立的姿势。

3. 然后就是杠铃深蹲。此时，运动员采用站姿，并靠自己维持稳定性，但训练仍未达到最高的功能水平。

4. 再下一步进阶是单腿训练：单腿深蹲。此时，训练的功能性极强。这时，下半身和躯干的肌肉都参与进来了，就像跑步或跳跃时它们都会参与进来一样。

功能性训练与女运动员

教练们总是好奇男女运动员的训练该有何差异。教练提出的问题往往以"但我练的是女运动员"开始或结束。男女运动员在身体上其实没什么差异，至少身体上的差异与训练无关。所有肌肉和骨骼都是相同的。任何差异其实都与训练方案如何设计或运用无关。无论什么时候，教练都不应该降低对女运动员的期望。事实证明，我最初听到的那些关于训练女运动员的大部分说法都是不正确的。尚不清楚这些说法是有意还是无意的，但对于训练女运动员的大部分偏见是不准确的。

那个认为女运动员需要远离上半身自重训练的陈旧理论尤其不正确。阻碍女运动员进步的原因往往是期望值较低，以及教练对女运动员持有的这些偏见。女性和女孩可能无法从引体向上等自重训练开始，但她们能够迅速进阶到这种训练。在训练过篮球、足球、曲棍球、冰球和花样滑冰的精英女运动员后，我们发现，在配合了适当的进阶训练后，她们可以轻松地完成俯卧撑和引体向上。虽然她们可能无法拥有与精英男运动员同等的上肢力量，但她们也可以发展出相当好的上肢力量。

在同类运动项目中，女运动员的柔韧性往往并不会比男选手更好。我们的精英女子冰球运动员和男运动员一样有髋关节太紧的问题。我们的精英女子足球运动员的柔韧性相比她们的男性同行也不具有明显的优势。运动员出现关节紧张和柔韧性差的问题是来源于其运动项目的重复模式，而不是性别。

女性的可训练程度更高，但外在的竞争性不如男性。说到外在的竞争性，我的意思是，女性几乎不怎么担心另外一个人可以举起多重的重量。女性往往更专注于自己可以做什么，不太关心别人在做什么。所以训练她们会更容易。

但身体形象对女运动员是一个很大的问题，她们远比男运动员更加担心肌肉会增大。教练必须意识到并努力克服这种独特的社会影响力。关于体重和体脂率的统计往往是捏造的、夸大的，或者说是令人泄气的，并且会给女运动员带来不切实际的期望。运动员只应该从教练、运动医学工作人员或运动科学部门获得其体脂信息。和别的学校或别的训练项目中的运动员在不同时期，通过不同人员用不同方法测出来的身体成分相比较，就相当于在比较苹果和桔子。必须提醒女运动员，什么样的身高和体重对其运动项目和体型来才是正常的。

有些运动队伍对饮食不规律、身体形象和营养等问题采用鸵鸟政策（头埋在沙子里），禁止教练员测量女运动员的身高和体重。这些对女性运动员造成了很大的伤害。解决方案是直面这些问题，而不是回避它们。正面积极的教育和宣传对于女运动员非常关键。

女运动员需要看到与自己相似的运动员的照片，并且知道她们的体成分能被接受。很多时候，女性的视觉模板是时装模特和艺人，她们并不具备一般女运动员的特点。

克服女性身体形象的问题

在2012年冬季奥运会之后，美国女子冰球国家队运动员希拉里·奈特以体重172磅（约79公斤）的状态出现在著名的《ESPN杂志美体特刊》（*ESPN The Magazine*'s body issue）中。第一版的《体育运动中的功能性训练》出版时，我不确定是否会有女运动员承认自己体重172磅。我知道一些参加巡回赛的女子网球运动员经常对媒体谎报自己的体重。奈特被引用的话是："运动女性的体型有一种身材娇小的形象——那种瑜伽体型。一般情况下，我们女性倾向于缩

© Josh Holmberg/Icon Sportswire

小自己，并且没有太多的信心去展示我们自己以及我们的体型。只要结实健康，并且让自己的身体感觉舒服，无论是什么身材都没有问题。自从增重15磅并且达到我所在项目（奥运会）的顶尖水平以来，我一直试图打破肌肉型身材没有女人味的身体形象。"

事实是，我曾说服过希拉里让她变得更大、更强、更快，成为世界上最好的球员。我不曾想到，我们的方案会训练出这个最漂亮的例子，展示出了女运动员看起来可以是

而且应该是的样子。很久以来，女运动员都羞于写下自己的真实体重，害怕被别人认为胖。在《美体特刊》中，像希拉里这样的运动员可以告诉成千上万的年轻女孩子，成为女运动员是没问题的。

在你设计方案时需要注意的，功能性最强的训练往往不是最适当的训练。而是要按照本书中所列出的进阶过程那样做，掌握基础知识，力争在进行到训练方案的最后阶段时可以发展出很强的功能性力量。关键点如下。

- 学习基础要素。
- 先使用自重训练。
- 从简单进阶到复杂。

我有一条简单的规则：一切看起来都要好。训练看起来应该流畅且有力。如果运动员在进行某个训练动作时有困难，他们应该退一级，然后努力去掌握该训练动作。技术比一切都重要，而且永远比举起多少重量更重要。

女运动员训练所需的器械

女性和女孩在训练时的主要不同实际上围绕着器械的需求和进阶。大多数私人教练和力量教练不考虑女运动员的特殊器械需求。

以下所有推荐的器材也适用于任何性别的青少年运动员。

- 15磅、25磅和35磅（约7公斤、11公斤和16公斤）奥林匹克杠铃。许多年轻的女运动员几乎完全没有力量训练的背景，她们可能需要从较轻的杠铃开始。需要购买一些使用标准杠铃片的较轻的奥林匹克杠铃杆。许多公司现在都提供这些更轻、更短的杠铃。此外，不要使用传统的杠铃和孔径2.5厘米的铃片。购买完整尺寸的塑料杠铃片，其大小与45磅（约20公斤）的标准杠铃片相同。年纪较小和力量较弱的运动员看起来应该像在力量房里的其他人一样。在镜子中看到自己拿着个头很大的杠铃片会在精神上给予他们很大的激励。

- 哑铃，增量为2.5磅。以2.5磅（约1公斤）为增量的哑铃非常适合年纪较小的运动员和女运动员。以5磅（约2.5公斤）为增量，会使年纪较小或训练经验少的运动员无法以合理的速度进阶。想想看，经验少的运动员从两个15磅（约7公斤）的哑铃升级到两个20磅（约10公斤）的哑铃时，他们是从30磅（约15公斤）升级到40磅（约20公斤），增加了33%。你会要求一个强壮的运动员在一周内从60磅（约30公斤）哑铃进阶到90磅（约40公斤）哑铃吗？在5磅到至少50磅的哑铃组中，以2.5磅为增量是非常关键的。

- 1.25磅 PlateMates 铃片。如果你只有5磅增量的哑铃，那么 PlateMates 铃片就提供了解决办法。PlateMates铃片其实就是1.25磅（约0.6公斤）的磁铁，使你可以按2.5磅（每侧一块PlateMate铃片）增加哑铃的重量。应确保根据你的哑铃型号购买合适的PlateMates铃片：六角形或圆形。圆形的PlateMates与六角形哑铃配合得不好，并可能产生安全隐患。

- 1.25磅奥林匹克杠铃片。这种铃片不常见，但可以买得到。前面描述的逻辑同样适用。从45磅到50磅只是增加了5磅，但这也是一个10%的激增。许多女运动员将无法完成这种类型的进阶。用男性的例子就可以再次说明这一点。试试要求男运动员卧推的重量在一周内从300跳到330。这仅仅是增加了10%，但对于任何运动员来说都是不可能的。

- 臂屈伸腰带。随着运动员力量的增强，他们可以开始进行负重引体向上，可能还能完成负重臂屈伸。对于体形小的女运动员，传统的臂屈伸腰带可能会脱落。需要定制腰带，以适合女运动员的腰围。

- 负重腰带。同样，大部分的力量房都配备负重腰带。如果你是负重腰带的支持者，为女性购买尺码为24至28的腰带。腰部是一个有明显区别的区域。女性的腰围通常比男性小。

一旦训练机构配备了适当的器械，女运动员的功能性训练就不存在任何问题了。有了适当的器械，女运动员便可以使用本书中讨论的所有功能性训练概念，她们的训练方案将具备男性运动员训练方案的大部分特征。可能有一个例外，就是使用自重作为上肢训练的起始阻力。针对入门级的女运动员，可能需要调整俯卧撑和引体向上等训练。尽管女性可以发展良好的上肢力量，但她们开始时可能并不具备这种素质。然而，针对女性调整自重训练并不难。

参考文献

Poliquin, C. 1988. Variety in strength training. *Science Periodical on Research and Technology in Sport*. 8(8): 1-7.

第 5 章

泡沫轴滚动、拉伸和动态热身

随着功能运动的优势不断地渗透到体育训练的各个方面，有一点可以确定：训练前和训练后的运动方案一定会不断地改变和改进。过去所有运动项目都使用一系列相同的静态拉伸方式，现在这已经不再适用。

泡沫轴滚动

当我们看到新的训练器材和训练小件时，都会持有一定的怀疑态度。在每一件有用的创新产品出现时，都会伴有三四件垃圾产品，这些大量的垃圾产品压根不值得在电视购物节目中占用哪怕一分钟的时间。尽管如此，我们还是要接受那些发明和创新，不管它们最初看起来有多么奇怪。

2004年第一版的《体育运动中的功能性训练》出版时，我们还没开始在训练前的热身活动中使用泡沫轴。实际上，10年前，体能教练、运动员和物理治疗师会疑惑地看着一段约90厘米长的泡沫圆轴，并提出一个简单的疑问：我可以用它来做什么？

今天，几乎所有的体能机构都配备各种泡沫轴、泡沫球、长曲棍球以及长度和硬度不同的花生球，全部都是为自我按摩设计的。我们有硬轴、软轴，还有带突起的泡沫轴。这类软组织松解工具都非常好，并且每年都在增加。是什么让一块简单的泡沫变成必备的工具？

实际情况是这样的，体能教练和私人教练开始意识到，按摩可能是提高和保持健康状态的最快途径。如传统的按摩、肌肉激活技术（MAT）以及主动放松技术（ART）等手法技术能够对存在损伤的运动员有非常好的治疗效果，在这方面认知度的大幅提高解释了对伤病预防和治疗领域态度的重大转变。

我们已经脱离了流行于20世纪80年代的等速肌力运动和电子化的损伤护理模式，转移到更偏向于专注软组织手法治疗的欧洲风格。治疗师的成功，如使用软组织松动术（按摩的理疗术语）和MAT（肌肉激活技术）的物理治疗师，以及一些使用ART（主动放松技术）的整脊治疗师，已经明确地将我们的重点放回到肌肉的质量上。精英级别运动队对此的态度是明确的：如果你想更健康并保持健康，你的团队中要有一位很好的手法治疗师。

你可能会问，这与泡沫轴有什么关系？对于请不起很好的按摩治疗师的人群来说，泡沫轴就是他们最佳的选择，能为他们的身体提供软组织按摩。当体能教练和私人教练看着精英级运动员，吹嘘着他们是如何通过各种软组织技术获得进步和成功时，一个显而易见的问题出现了：我们如何以合理的成本为大量运动员批量提供按摩或软组织按摩服务？泡沫轴就是答案。

包括笔者在内的许多人认为，物理治疗师迈克·克拉克（Mike Clark）功不可没，因为是他给运动和物理治疗领域介绍了泡沫轴，并且定义了一个概念"自我肌筋膜放松"。自我肌筋膜放松其实就是自我按摩的另一个技术术语。

浅谈按摩

我认为，按摩手法失宠于20世纪80年代物理治疗的繁荣期。并非由于无效，而是由于它效率低。随着超声波和电疗等医疗器械的大量使用，运动防护师和物理治疗师可以更迅速地治疗更多的运动员。在欧洲和某些精英级的运动项目中（如田径和游泳），按摩一直是物理疗法的首选。慢慢地，竞技体育圈开始意识到，软组织手法可以帮助运动员保持健康或更快地恢复健康。

泡沫轴的使用已经从指压型发展为自我按摩法。对长肌肉群（如小腿三头肌、内收肌和股四头肌），泡沫轴可以进行更持久、渗透更深的按摩，并对阔筋膜张肌（TFL）、髋关节旋转肌和臀中肌等区域施加更柔和、更直接的力量。泡沫轴有多种尺寸、厚度和密度，并催生了整整一代软组织治疗工具。现在，运动员使用泡沫轴以及泡沫球、泡沫棒，甚至在某些情况下，还使用PVC管。

在拉伸前使用泡沫轴可以使组织的柔韧性和延展性更好。关键是要找到痛点或扳机点，并在这些区域上滚动，以减少组织密度，降低过度激活。被滚动过的组织拉长的会更好。为什么滚动会有效仍然是一个有争议的话题，但似乎没有人怀疑它的有效性。大多数运动员或客户，即使是那些最初持怀疑态度的人，都迅速变成泡沫轴的粉丝了。

有一点非常重要，要知道泡沫轴滚动是非常违反直觉的。我们一直告诉客户，"如果觉得痛，就不要这样做。"泡沫轴则相反。现在，我们鼓励客户找到痛处并重点滚动那些区域。泡沫轴滚动大概属于那种"痛的好舒服"的类别。

有一本迈克·克拉克早期的训练手册，是在他的《新千年的综合训练》(*Integrated Training for the New Millennium*)一书之前出版的，提供了几张使用泡沫轴进行自我肌筋膜放松的照片。书中描述的技术简单明了。拿一根泡沫轴，用体重施压于酸痛处。它是自主指压疗法的一种形式。

这些照片促生了一个趋势，现在，这些简单工具的制造和销售大概是数百万美元的生意。忽然之间，热身并不再是字面上所述真与温度有关的词语了（想想术语热身），而是与肌肉组织质量有关。肌肉组织以及肌肉所控制的关节必须在运动之前做好适当的准备。充满了结节、粘连或扳机点（描述同一件事的三个不同的词）的肌肉组织即使在体温上升时也无法很好地工作。

使用泡沫轴

泡沫轴是一根简单的圆柱体，用某种类型的硬质微孔泡沫挤压制成。有点像泳池浮条，但密度更高一点，直径也更大。

迈克·克拉克最初的建议其实不是自我按摩技术，而是更像前面介绍的指压的概念。对运动员或患者的指示很简单，就是使用泡沫轴对肌肉中的敏感区域施加压力。根据治疗的定位，这些区域可以被描述为扳机点或结节，或简单地称之为肌肉密度高的区域。无论名称是什么，在运动和康复领域中的那些人都熟悉肌肉酸痛的概念和按摩的需求。

使用泡沫轴滚动的理由

要解释为什么选择泡沫轴滚动，就一定会谈到两个概念。

1. 蠕变。

2. 由托马斯·迈尔斯（Thomas Myers）创造的两个术语，闭锁延长和闭锁缩短。

蠕变是可伸展的软组织的共同性质。由于胶原纤维重新排列，组织会在伸展时变得僵硬[柯里尔（Currier）和尼尔森（Nelson），1992]。机械式蠕变被定义为：由于长期的恒定负荷，组织的伸长超过其固有的可伸展能力[威廉密（Wilhelmi）等人，1998]。

我经常用一个比喻来描述蠕变：将一个拳头放到塑料袋里慢慢向前推。如果力量缓慢且持续，袋子就不会立即破裂，而是在恒定负荷下随着时间的推移不断被抻开。想想我们的坐姿。著名的背部疼痛研究专家斯图尔特·麦吉尔在一项研究中得出结论，"只要含胸驼背地坐20分钟，就会使后脊柱韧带更加松弛"[麦克吉尔（McGill）和布朗（Brown），1992]。蠕变的结果是肌肉组织或筋膜的特质发生变化。在这两种情况下，组织都会变成托马斯·迈尔斯所说的"闭锁延长"。

"在拉伸的情况下，肌肉在增加更多的细胞和肌节来缩小差距之前，会试图回缩到其静止长度。若快速拉伸筋膜，它将撕裂（最常见的结缔组织损伤形式）。如果足够慢地拉伸它将会发生塑性形变：它会改变其长度并保留该变化"【迈尔斯（Myers），2009, 36】。

关于蠕变有一点很重要，坐姿所造成的这些恒定低负载力量使肌肉组织（或浅筋膜）变得更长并且更密实。在闭锁延长的组织中，我们看到组织的胶原蛋白含量有所增加。将泡沫轴滚动看作对抗蠕变的方法。

我们最经常看到的蠕变发生在身体的背部，在上背部和下背部、臀部和腘绳肌。这些似乎也是从泡沫轴滚动中受益最大的区域。简单来说，我们需要滚动身体的背面（但不要拉伸，因为它已经被拉长），再滚动和拉伸前面。

所以，用哪种方法对抗蠕变的效果更好，按摩治疗还是泡沫轴滚动？对我来说，答案是显而易见的。手法的效果比泡沫更好。双手直接与脑部相连，并且有感觉。但泡沫轴没有感觉。如果不需要考虑成本问题，我想聘请一个按摩治疗师团队，为运动员随时待命。

然而，这根本就不现实。大多数运动员很难负担得起一位合格教练的服务或健身房会员卡。在目前的健康护理条件下，预防一般不在健康运动员所考虑的预算内。由于不能报销，仅仅是按摩治疗费用就可能接近或超过训练费用。泡沫轴的价格不到20美元，就可以提供无限次自我按摩。你自己算算。

泡沫轴滚动技术和技巧

在训练前和训练后滚动都能带来极大的好处；然而，在训练开始前的滚动是必不可少的。在训练之前进行泡沫轴滚动可以降低肌肉密度，并为更好的热身奠定基础。训练后的滚动有助于在高强度运动后恢复。泡沫轴的好处是可以每天使用。实际上，克莱尔（Clair）和安珀·戴维斯（Amber Davies）建议在急性疼痛的情况下，每天进行多达12次的扳机点按摩（2004）。

每个运动员或客户的滚动时间是因人而异的。在我们训练中心，训练开始时前先进行5~10分钟的软组织按摩，再做热身。

现在来看看运动员的哪些主要身体区域可以从泡沫轴滚动中获益最大，以及使用哪些技术可以获得最佳效果。虽然没有硬性规定，但一般的经验法则是在每个位置上做10次缓慢的滚动。通常情况下，建议运动员或客户一直滚动到疼痛消散或消失为止。

泡沫轴滚动臀大肌和髋部旋转肌

髋部旋转肌在臀肌下面。滚动髋关节时，运动员坐于泡沫轴上，略微向需要被滚动的一侧倾斜，并从髂嵴滚动到髋关节，以按摩臀大肌。为了更有针对性地按摩髋部旋转肌，双腿交叉，让髋部旋转肌群处于伸展位（图5.1）。

图5.1　臀大肌和髋部旋转肌

泡沫轴滚动下背部

在滚动完髋部后，运动员需要滚动下背部区域（图5.2），稍微向右或向左倾斜，以便滚动到竖脊肌和腰方肌——在竖脊肌群下层的一块大三角肌。如果你担心脊柱的伤病，可跳过下背部。我们虽然从来没有在滚动腰椎时遇到过任何问题，但请根据主观感受循序渐进。

图5.2　下背部

泡沫轴滚动上背部

运动员将泡沫轴往上滚动，继续滚动竖脊肌群，这是在脊柱两侧的大肌肉层。在运动员到达肩胛骨之间的区域时，提示他双肘在前面要尽量触碰在一起，这样才能滚动到胸椎区域（图5.3）。把手肘并在一起可让两侧肩胛骨的距离尽可能远，从而让泡沫轴可以滚动到下斜方肌和菱形肌。

图5.3　上背部

泡沫轴滚动阔筋膜张肌和臀中肌

阔筋膜张肌和臀中肌虽然是小肌肉，但会对膝前疼痛有明显的影响。按摩臀中肌时，运动员以身体倾斜的姿势开始，将泡沫轴的边缘放置在臀中肌上，略低于髂嵴的位置（图5.4a）。按摩完臀中肌后，运动员转身90度，改为侧身姿势，并从髋关节按摩到髂嵴，以按摩阔筋膜张肌（图5.4b）。

图5.4　（a）臀中肌（b）阔筋膜张肌

泡沫轴滚动内收肌

内收肌可能是最被忽视的下半身区域。人们将大量的时间和精力都集中于股四头肌和腘绳肌群，却很少关注内收肌。滚动内收肌有两种方法。第一种是基于地面的技术，对初学者的效果很好（图5.5）。在地面技术中，运动员的腿外展，放在泡沫轴上，并且泡沫轴与腿大约呈60度。滚动应该覆盖三个部分，从膝盖上面，股内侧和鹅掌滑囊的区域开始。运动员做10次幅度较小的滚动，覆盖大约三分之一的股骨长度。接着，将泡沫轴移动到内收肌群的中点，并在肌肉的中间三分之一处再滚动10次。最后，将泡沫轴向高处移动，进入腹股沟，几乎到耻骨联合的位置。

内收肌的辅助技术应在运动员已经适应了先前的技术后才使用。辅助技术需要一张训练室桌子或训练箱的顶部。运动员双脚张开坐下，腿就压在泡沫轴上，以便转移更多重量到泡沫轴，更深入地按摩到大收肌三角形处。

图5.5 内收肌

泡沫轴滚动肩后部

需要按摩的另一个区域是肩后。为了滚动肩后，运动员侧卧，手臂悬于泡沫轴上方（图5.6）。滚动要从一侧偏到另一侧，从脸朝下姿势转换到脸朝上的时候动作要轻柔。这个动作会滚动到背阔肌和肩部旋转肌群。

图5.6 肩后部

泡沫轴滚动胸大肌

　　用泡沫轴按摩的最后一个区域是胸大肌或胸部肌群。为了滚动胸大肌，运动员面朝下趴在泡沫轴上，泡沫轴几乎平行地放在身体前方，手臂垂放在泡沫轴上方（图5.7）。男性可以向两侧反复小范围滚动。女性将手臂高举过头，向后伸会更好，像是要够什么一样。

图5.7　胸大肌

　　泡沫轴滚动可能是件苦差，尤其对于力量较弱或体重过大的运动员，因为在移动身体时，手臂要积极参与；除此之外，泡沫轴滚动可能会引起疼痛。良好的按摩或自我按摩，都可能会不舒服，正如拉伸。重要的是，运动员或客户要学会区分扳机点所带来的中度不适感与潜在损伤带来的疼痛感。肌肉密度较低的那些运动员或客户应慎重使用泡沫轴。泡沫轴滚动永远不应该造成瘀伤。切记，在短时间使用泡沫轴后，运动员或客户应该感觉更好，而不是更差。

　　泡沫轴有多种密度可供选择，有相对柔软的泡沫，比泳池浮条稍硬一些；还有手感更硬的新型高密度泡沫轴。泡沫轴的软硬度与自我按摩强度必须正确匹配客户的年龄和健康水平。

　　泡沫轴的使用在过去10年中已有爆炸式增长，并且这种势头将会继续。在高中和大学里，运动防护师可以教他们的运动员一些可能不先用滚泡沫轴就做不了的手法治疗，而体能教练可以用泡沫轴为所有的运动员提供一种按摩疗法。泡沫轴只是一个小投资，但可以帮助明显减少非接触性软组织损伤的数量。

静态拉伸

　　在体能训练领域，钟摆从未停止过摆动。在第一版的《体育运动中的功能性训练》里，我们明确表示，在练习前不要拉伸。十年后的现在，我们所有的运动员和客户在每次训练前都要拉伸。

　　运动表现提升专家阿尔文·科斯格罗夫（Alwyn Cosgrove）喜欢说，我们对新事物的反应在短期内是过激的，而长期来看又是不足的。换句话说，我们迅速跟上趋势，又同样迅速地抛弃它。

一个典型的例子就是对静态拉伸的接受或不屑一顾。静态拉伸从最佳热身方法没落到没有人再使用它的地步。我们已经看到钟摆从要求整个团队都做完拉伸再开始练习，摆动到了不允许任何人在练习之前做拉伸。对静态拉伸的反应完美地阐释了科斯格罗夫所说的短期反应过激和长期反应不足。

在20世纪80年代的研究证明，运动前进行静态拉伸会降低肌肉的力量输出。这在业界引起了一个巨大的过激反应，淘汰了静态拉伸后，随之诞生了动态热身。其实这有利也有弊。

作为一种热身技术，动态柔韧性练习的出现给运动表现领域带来了巨大的好处。如果作为运动前的热身，静态拉伸是一种较差的方式，但它对于长期伤病预防仍然是必要的。动态柔韧性练习（或主动热身）在训练前会更胜一筹。然而，研究结果表明静态拉伸会导致爆发力下降，结果导致静态拉伸不论进行时间和练习目的，都被全盘抛弃。其实真相介于两个极端中间。

一方面，在高强度运动之前进行主动热身是防止急性损伤的最佳方法。换句话说，如果你想减少腘绳肌和腹股沟的拉伤，就需要在训练、比赛或举重训练课之前进行动态柔韧性练习。

不过，任何事物都是存在两面性的。缺乏柔韧性似乎是许多缓发性伤病的致病因素，使如今的运动员备受折磨。如髌骨综合征、下背痛以及肩部疼痛等过劳性问题，似乎与慢性组织变化相关性很强，但不一定与动态拉伸有着很强的关联性。

其实，运动员的热身必须要以主动热身练习和静态拉伸相结合，都在泡沫轴滚动之后进行。许多教练认为解决方案就是练习前主动热身加配合练习后静态拉伸。虽然这看起来符合现实，但其思维过程有点瑕疵。训练后的拉伸似乎并不会提高柔韧性。

关键可能是在将要开始训练时进行静态拉伸，然后进行动态热身。做静态拉伸是为了在肌肉最容易被拉长时提高柔韧性。随后应进行动态热身，让肌肉为训练做好准备。教练需要考虑肌肉长度的变化，以做好长期的损伤预防，也需要针对短期伤病预防来考虑动态热身。两者都很重要！

因此，我们的建议如下：

1. 泡沫轴滚动。使用先前介绍的泡沫轴技术，完成5~10分钟的按摩，以降低肌肉的密度。肌肉对损伤、过劳或过度紧张（蠕变）的应变方法就是增加密度。这种增加的密度通常被称为一个结节或扳机点。按摩、主动放松技术（ART）、肌肉激活技术（MAT）以及软组织松动术都是旨在改变肌肉密度的技术。我喜欢把泡沫轴滚动想象为熨烫肌肉，拉伸前的一个必要步骤。

2. 静态拉伸。是的，静态拉伸，对，在训练之前。一旦处理过组织密度问题就可以开始着手改变肌肉长度了。现在，许多顶级的软组织专家建议在肌肉"冷"的时候拉伸它，不需要热身，只需要滚动然后拉伸。该理论认为，热的肌肉会变长，然后就又恢复回正常长度了。实际上，"冷"的肌肉可能会经过某种塑性变形，真的增加了长度。我喜欢能让运动员拉伸得更容易的静态拉伸方式。运动员不喜欢拉伸的一个原因就是因为它太难了。那些能让运动员借助自己的体重和对自己有利的姿势进行的拉伸都有很大的优势。与搭档配合做拉伸的效果也很好。

3. 动态热身。这是在泡沫轴滚动和拉伸后进行的。任何潜在的爆发力减小都会被静态拉伸之后的动态热身抵消。我的运动员每天的训练流程都是相同的。泡沫轴滚动，以减少结节和扳机点。静态拉伸，以提高柔韧性，随后是动态热身。

静态拉伸原则

- 姿势就是一切。务必要明确如何拉伸，大多数人并不是在拉伸，他们只是看起来好像在拉伸。
- 良好的拉伸会不舒服，但不痛苦。了解其中的区别，感觉有一点不舒服意味着你的姿势是对的。
- 使用不同的技术。比如激活拮抗肌；进行时间较长的静态拉伸；使用主动拉伸。
- 善用体重协助。感受舒服和不舒服同时出现的感觉。
- 拉伸所有区域。不要只关注其中一个区域。以下每个区域都要做一次拉伸。
  - 内收肌
  - 屈髋肌
  - 侧腘绳肌
  - 髋关节旋转肌

卡罗来纳飓风冰球队（Carolina Hurricanes）的力量教练彼得·弗里森（Peter Friesen）有一个理论：他认为，某一个肌肉群过于柔韧比所有肌肉都紧张更加危险，运动员不应该只是做自己喜欢或擅长的拉伸。实际上，不让他们做自己擅长的拉伸或缩短这些拉伸的时间，让他们更努力地去拉伸自己不喜欢的位置可能是比较好的。

静态拉伸技术和技巧

最主要的是，拉伸被严重低估了。希望长期保持健康状态的运动员需要在其训练中添加一些老式传统拉伸。另一个要点是呼吸要配合拉伸。

多年来，我一直取笑瑜伽教练，他们把所有的重点都放在呼吸上。最近的研究已经证明他们是对的，而我是错的。呼吸不仅重要，并且非常重要。

紧张的运动员往往会在拉伸时屏住呼吸，很可能使自己更紧张。心里想着完成一次拉伸需要呼吸三次，而不是去计算时间。指导运动员通过鼻子吸气（这很重要，因为鼻子是天然的过滤器，可以将吸入的空气变暖），并通过嘴呼气。争取做到吸气和呼气的时间比例为1∶2——通过鼻子吸气数三下，通过嘴呼气数六下。呼气时，我们希望运动员呼气时嘴唇撅起来（对，这点也很重要）。

站姿腘绳肌拉伸

这种拉伸最好在训练房的桌子、大的训练箱或略低于手腕高度的另一个区域上完成（图5.8）。

姿势

保持双脚朝向正前方。这其实是髋关节的中立位置，将双脚想象为髋关节，如果两脚向内转，则髋关节内旋。

动作

腘绳肌没有与脊柱相连，它们附着在骨盆上。所以，为了拉伸腘绳肌，需要移动骨盆，但不要弯曲脊柱。这么做非常困难，所以通常我们必须动手去教运动员如何去做。

图5.8 站姿腘绳肌拉伸

靠墙腘绳肌拉伸

我很喜欢这种拉伸，因为它毫不费力。关键是姿势要正确（图5.9）。

姿势

找到与墙壁之间的完美距离——臀部在地板上，腰部略微弓起。理想的情况下，在下背部下方放一个小腰枕，以维持腰椎轻微前凸。记住，腘绳肌的止点在骨盆，而不是脊柱。

动作

双脚并拢，从脚趾到脚跟都相碰。如前所述，最紧的是大腿外侧，髋关节外旋会感觉比较舒服，尽量达到中立位，理想状态是要到内旋姿势，就能更好地拉伸外侧肌群。

图5.9 靠墙腘绳肌拉伸

泡沫轴屈髋肌拉伸

髋的前侧结构（髂肌和腰肌）是最难拉伸的肌肉。大多数屈髋肌拉伸实际上没有拉伸到屈髋肌，并给前关节囊造成过大的压力。为了有效地拉伸屈髋肌，腰椎必须放平。脊柱伸展时实际上是让腰肌缩短，而不是拉长。在两腿之间放置泡沫轴可以让你用更好的姿势来开始伸展，并且鼓励脊柱前屈，而不是后伸。

图5.10　泡沫轴屈髋肌拉伸

姿势

这个拉伸需要跨过泡沫轴，像是要做一个大跨步（图5.10）。这个动作很困难，但有泡沫轴的辅助使得多数运动员都能够做。从这个姿势开始，只需弯曲前腿，并尽量伸直后腿就可以了。

动作

双臂既可以用于支撑，也能减少压力。身体后侧的臀肌想着发力，这会对腰肌的拉伸产生直接影响。

箱子屈髋肌拉伸

这是我们目前发现的最好的屈髋肌拉伸方法。在前脚下放置一个高15厘米左右的箱子，起始姿势要有利于髋部内旋，这两点是关键。箱子使髋关节屈曲幅度更大，并能稳定腰椎。让身体与箱子呈45度角，然后身体向上腿方向旋转，让上腿引导下腿（拉伸的腿）内旋。

姿势

起始时左膝跪地，右脚踩在地板上，而不是箱子上。身体应与箱子呈45度（图5.11）。然后，将右脚放在箱子上。这样做会在骨盆旋转时迫使左髋内旋。

图5.11　箱子屈髋肌拉伸

动作

想着骨盆要轻微后倾，这样能够影响连接着腰椎的腰大肌主体。左腿应放在左髋正下方的外面一点，这是关键，因为髂肌和腰大肌附着在股骨的内侧，这种姿势下髋关节内旋将产生更好的拉伸效果。

灵活性和激活

在第一版的《体育运动中的功能性训练》里没有专门讲解灵活性和激活练习。事实上，柔韧性（flexibility）和灵活性（mobility）这两个词在10年前被认为是可互换的。以逐个关节理论为依据的训练方法促进了这种观念的改变。为了充分理解"关节交替关节"（Joint-by-Joint）理论的训练方法，你必须理解著名的物理治疗师斯坦利·帕里斯（Stanley Paris）所说的话："疼痛的出现从来不会先于功能障碍。"你还必须明白，功能训练的目的是为了预防或修复功能障碍。

"关节交替关节"理论指导训练

"关节交替关节"理论在一次没有准备的对话中出现。当时，物理治疗师格雷·库克正在和我讨论我们在他的功能性动作筛查（Functional Movement Screen）中所看到的结果。我发现，深蹲困难似乎总与脚踝灵活性受限有关。库克的答案以及随后对身体的分析都是直截了当的。在库克的眼里，身体就是一堆关节。每个关节或一连串的关节都有特定的功能，并且容易出现特定的、程度可预测的功能障碍。因此，每个关节都有其特定的训练需求。表5.1是从下向上地去观察身体身体的每个关节。

表5.1 "关节交替关节"的训练需求

关节	需求
踝	灵活性
膝	稳定性
髋	灵活性
腰椎	稳定性
胸椎	灵活性
肩胛胸廓关节	稳定性

当你顺着身体的关节逐一向上看时，会发现关节对灵活性和稳定性的需求在交替变化。踝关节的需求是灵活，而膝关节的需求是稳定，髋关节也需要灵活。若沿着这条链条向上，就会出现一个简单、交替的关节系列。

在设计功能性训练时，要考虑训练动作会针对哪个关节。灵活性关节需要在热身过程中进行滚动、拉伸和灵活性提升练习，而稳定性关节则需要在力量训练中强化。从本质上说，逐个关节理论在功能性训练的一些具体方向上给了我们瞄准的目标。

应该明确的是，伤病与关节的正常运作关系密切，或者说的更恰当一点，是与关节的功能障碍关系密切。需要理解的最重要的一个概念是，一个关节有问题时，通常体现为其上方或下方的关节会出现疼痛。

最简单的例子是下背部。根据过去十年的进展，我们需要核心稳定性已经是一个很明显的事实了，同样明显的是有太多人承受着腰背部疼痛。但是，为什么我们的下背部会疼痛？是因为背部的力量较弱吗？斯图亚特·麦可吉尔（Stuart McGill）在讲座上经常说，与没有背部疼痛的人相比，背部疼痛的人其实背部更强壮，所以背部力量较弱并不是下背痛的主因。

背部疼痛同样总被归咎于核心力量不足。但同样没有确凿的证据可以证明这一点。我相信，下背部的疼痛主要是由于髋关节灵活性的丧失。

下方关节的功能丧失（比如对于腰椎来说，下方关节就是髋关节）会影响上方的一个或多个关节（腰椎）。换句话说，如果髋关节不能有效地活动，那么腰椎就会代偿。我们知道，髋关节的作用是灵活，而腰椎旨在提供稳定性。应该灵活的关节变得不能灵活时，稳定的关节作为代偿，被迫要活动，就变得不那么稳定了，并造成疼痛。

过程很简单：踝关节失去灵活性，膝关节会疼痛。髋关节失去灵活性，下背部会疼痛。胸椎失去灵活性，颈肩会疼痛（或下背部疼痛）。

从踝关节开始逐个关节地去看待身体，这个思维过程似乎是合理的。踝关节灵活性差导致落地的应力被转移到上方的关节：膝关节。事实上，我认为篮球鞋的硬度和篮球运动员的髌股关节综合征的高发病率有直接关系，看他们贴扎和护膝的使用量就知道。我们想保护不稳定的踝关节，但为此付出了很高的代价。我们大部分膝关节疼痛的运动员都有相应的踝关节灵活性问题。膝关节疼痛往往会出现在脚踝扭伤及下一步的护具和贴扎使用之后。

髋关节似乎是个例外。髋关节是既可以不灵活，又可以不稳定，导致膝盖因不稳定而疼痛（薄弱的髋关节会让股骨内旋和内收），或者背部因不能活动而疼痛。一个关节为什么能够既不灵活又不稳定呢？这是一个有意思的问题。似乎髋关节在屈曲或伸展方面较差会导致腰椎产生代偿，同时在外展和外旋（或者，更准确地说，避免内收和内旋）方面的薄弱则给膝关节增加了压力。

腰大肌和髂肌的力量或功能性不足会使运动员采用以腰部前屈来代替髋关节屈曲的模式活动（图5.12）。臀肌力量不足或未充分激活将导致腰椎采用伸展代偿模式，以试图替代髋关节伸展的动作。

图5.12　力量或功能性不足的腰大肌和髂肌会造成用腰部前屈的模式来代替髋关节屈曲

有意思的是，这会形成一种恶性循环。髋关节的力量和灵活性不足由脊柱的活动来代偿，使得髋关节进一步丧失灵活性。看来，髋关节的力量不足导致它不够灵活，而不灵活反过来又导致脊柱产生代偿动作。最终的结果是一道谜题：一个关节需要在多个平面内都有力量和灵活性。

腰椎的情况甚至更复杂。腰椎显然是一系列需要稳定性的关节，众多核心稳定性练习已经证实此观点。奇怪的是，我认为近10年来我们在训练中所犯的最大错误就是，热衷于提高一个显然渴望稳定性的区域的静态和动态活动幅度。

我相信，绝大部分的腰椎旋转类练习是被误导的。沙尔曼（2002），以及波特和德罗萨（1998）均指出，不建议尝试增大腰椎的活动范围，并且这样做会有潜在的危险。沙尔曼指出："腰椎的旋转弊大于利，而骨盆和下肢向一侧转动的同时，躯干还保持稳定或旋转到另一侧，这尤其危险"（72）。

我认为，由于不了解胸椎的灵活性，导致我们试图去增加腰椎旋转的活动范围，这是一个巨大的错误。胸椎似乎是我们了解的最少的区域。很多物理治疗师似乎都建议增加胸椎的灵活性，我认为，我们将会继续看到越来越多旨在提高胸椎灵活性的练习。有趣的是，沙尔曼主张发展胸椎灵活性，并限制腰椎的灵活性。

盂肱关节与髋关节类似，也就是说它们都属于灵活关节，因此需要进行稳定性的训练。提高盂肱关节的稳定性可通过练习瑞士球和博苏球俯卧撑，单侧哑铃上肢练习也能很好地提高盂肱关节的稳定性。

海曼和李潘尼斯（2005）很好地描述了目前的医疗系统对损伤的应对方法。冰敷疼痛的膝盖但不检查脚踝或髋关节，这就好比将烟雾探测器的电池拿出来使它不再发出警报一样。疼痛，就像烟雾检测器的警报声那样，是对一些其他问题的警告。

灵活性练习

灵活性练习的关键是，只为那些需要灵活性的关节做灵活性练习。稳定性关节则需要力量训练来创造稳定性。需要灵活性的关节则需要活动。再次强调，灵活性和柔韧性是不一样的，这点很重要。柔韧性的目标是肌肉，往往需要某些静态的动作保持。灵活性的目标是关节，要求动作缓慢。灵活性练习也可以看作是激活练习，因为，正如物理治疗师雪莉·沙尔曼（Shirley Sahrmann）常说的，它们的目的是"让正确的肌肉在正确的时间活动正确的关节"。

注：在为期四天的方案中，灵活性练习将在第2天和第4天进行，并配合侧向热身练习和绳梯练习。

胸椎灵活性

胸椎是在我们对人体了解的最少的区域之一，以前这是物理治疗师的工作领域。

苏·法尔松（Sue Falsone）是洛杉矶道奇队（Los Angeles Dodgers）的前首席运动防护师，可以说正是她的亲历亲为，使得运动界认识到胸椎灵活性的必要性，她更大的贡献是向体能界提供了提高胸椎灵活性的一种简单方式。关于胸椎灵活性的好消息是，几乎没有人的活动范围是足够的，并且几乎不会有人出现过度灵活的情况。因此，我们鼓励运动员每天都做胸椎灵活性练习。

胸椎练习1

我们的第一个胸椎灵活性练习是简单的泡沫轴滚动胸椎。正如在泡沫轴滚动那一节中提到的，双肘要相触，让肩胛骨前伸，并露出胸椎，这非常重要。

胸椎练习2

我们的第二个胸椎灵活性练习只需要两个网球，所以真的没有任何借口说做不到。只需将两个球粘在一起，然后就可以开始练习了。这个练习基本上是一系列的卷腹动作，开始时，两个球要放在胸腰联合处。两个球要被压在竖脊肌下方，每一次小幅度的卷腹都可以有效地提供一个前后侧的脊柱松

图5.13　胸椎练习2

动运动。重要的是，每一次卷腹后，头部都要返回到地面，并且双手以45度角向前伸（图5.13）。每一节段重复5次，然后身体向下滚动大约半圈球的距离。让球从胸腰联合处开始向上滚动，滚到刚刚到达颈椎就可以了。不要滚动颈椎和腰椎区域，因为这两个地方并不需要灵活性练习。

胸椎练习3

第三个练习是跪姿支撑的胸椎动作（图5.14）。此练习增加了脊柱前屈、后伸和旋转的组合，同样是针对胸椎的。开始时四肢着地，并且臀部坐在脚后跟上。一只手放在头后面，动作是肘关节的屈曲和旋转组合。一般每一侧各重复5~10次。

图5.14　胸椎练习3

踝关节灵活性

踝关节灵活性练习在我们的热身中是第二步。与胸椎灵活性一样，很难找到一个人是完全不需要踝关节灵活性练习的，不管你是多年前扭伤过脚踝的运动员（谁没有扭过？）还是每天都穿高跟鞋的女性。

踝关节灵活性练习1

这个练习要归功于另一位EXOS物理治疗师近江岩崎。踝关节灵活性练习的第一个关键是，要明白这是一个灵活性练习（图5.15），而不是一个柔韧性训练。你需要的是踝关节来回活动，而不是保持拉伸。

第二个关键是观察脚后跟。脚后跟要保持与地面接触，这是至关重要的。大多数踝关节灵活性受限的人会立刻抬起脚后跟。我会经常帮初学者压着脚后跟，让他们找到这种感觉。第三个关键是让运动在多平面上发生。我喜欢重复15次，

图5.15 踝关节灵活性练习1

5次向外（小趾），5次向正前方，还有5次使膝盖向前越过大脚趾。

踝关节灵活性练习2

摆腿。摆腿是一个有趣的练习。我曾经认为摆腿是一个髋关节灵活性练习和动态的内收肌拉伸。物理治疗师加里·格雷让我意识到，实际上摆腿是对脚踝的一个很好的横截面灵活性练习。是的，我说的是脚踝。观察踝关节灵活性较差的运动员做摆腿，你会看到在每次摆动时，脚都会外旋（向外转）。摆腿的关键是保持支撑脚与地面接触，把旋转带到足部和踝关节（图5.16）。摆腿动作能给踝关节在横截面上提高灵活性。

图5.16 踝关节灵活性练习2

髋关节灵活性

与胸椎和踝关节的情况一样，很少有人不需要髋关节的灵活性练习。其实，可能大多数运动员会更需要髋关节灵活性。

髋关节灵活性练习1

分腿蹲。你的第一反应可能是，"分腿蹲是一个力量练习。"实际上，分腿蹲（图5.17）是一个矢状面髋关节灵活性练习。为了防止酸痛并提高灵活性，我们让运动员在练习弓箭步之前，先做3周的原地分腿蹲练习。丹·约翰喜欢说，"如果某件事情很重要，就要每天都去做。"这意味着，运动员可以每天都做单腿练习。有些时候，我们做分腿蹲是为了培养灵活性，有些时候，我们将负重分腿蹲作为力量训练。我们用作热身的许多灵活性练习都与我们用作力量训练的练习相同。

图5.17 髋关节灵活性练习1

髋关节灵活性练习2

侧弓步蹲。侧弓步蹲（图5.18）是侧向弓箭步的早期原地练习。这个动作培养了额状面的髋关节灵活性，这是许多运动员都存在受限的区域。侧步蹲中的关键是看脚——双脚必须笔直向前。外旋是一种代偿。侧步蹲有点违反直觉。因为站姿越宽，侧步蹲其实越容易，而不是越困难，但大多数人会选择从较窄的站姿开始。试着让双脚分开3.5~4英尺（1~1.2米）。我以木地板上的线条（通常是4英尺的木条）或举重平台上的木头的宽度（通常也是4英尺）作为标准。

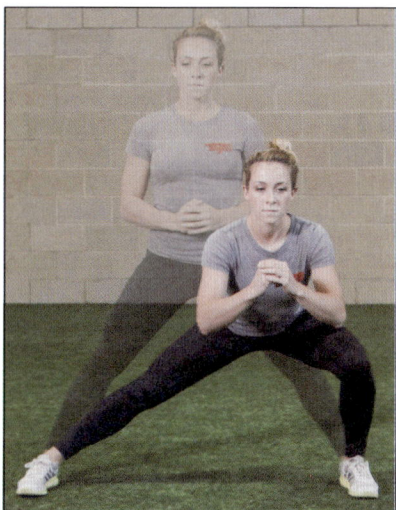

图5.18 髋关节灵活性练习2

髋关节灵活性练习3

伸手单腿直腿硬拉。(图5.19)正如前面所提到的,基本模式的练习每周可以进行多次,有时加一些负荷,有时可作为热身和灵活性练习。

图5.19 髋关节灵活性练习3

上半身的灵活性和稳定性

地板滑动(图5.20)非常有利于提高上半身的灵活性和稳定性。它们能有如下作用。

- 激活下斜方肌、菱形肌和外旋肌。
- 拉伸胸大肌和内旋肌。
- 减少上斜方肌的参与。

在第一次尝试地板滑动时,有些运动员会惊讶地发现,他们甚至不能到达这个姿势。这并不奇怪。许多人也为自己肩膀的不对称而感到惊讶。在他们试着向头顶滑动时,可能会出现第三个惊讶。很多人会立刻耸肩。这是由于上斜方肌在发挥主导作用。

图5.20 地板滑动

以下是地板滑动的关键点。

- 回缩并下压肩胛骨。
- 保持双手和手腕 平放在地板上（理想情况是，双手手背能接触地面）。
- 在向头顶滑动时，试着用前臂轻轻下压地板。
- 感觉到不适就不要再动了。肩的前部会放松的，运动范围也将增加。不要强行用力。

<h1 style="text-align:center">动态热身</h1>

站姿动态热身部分应逐渐增加对肌肉的负荷，让关节活动起来，并激活和拉长肌肉。正确的热身是从滚动到拉伸，再到灵活性和激活练习，逐渐增加运动的强度。练习首先应该强调柔韧性，然后再强调动作。

功能性热身的第二个好处是，它强化了正确动作的基础，同时让身体准备好进行更高强度的快速伸缩复合练习、速度练习或侧向移动练习。

良好的热身应在所有站姿练习中都强调正确的双脚位置，让运动员在热身的同时也开始了解双脚位置与力量产生的关系。简单来说，双脚放在髋部下方可以成为加速器。双脚在身体前面则起到制动的作用。此外，所有练习都应以完美的身体姿势来完成。运动员应该学会活动髋关节，而不是去弯腰。

热身和运动训练可分为直线训练日和侧向训练日。这样的划分是EXOS创始人马克·沃斯特根的心血结晶，是逻辑上组织动作训练部分的最佳方式。直线性热身用于让运动员为直线速度、快速伸缩复合训练和体能训练做准备，而侧向性热身用于让运动员为反复侧向运动、侧向快速伸缩复合训练和侧向体能训练做准备。

直线性主动热身

直线性主动热身就是一组动态拉伸以及与冲刺相关的练习，让身体准备好向前的直线冲刺。直线性热身运动先是站姿动态拉伸练习，然后是大部分教练将之归类为姿态跑的练习。姿态跑练习是田径动态热身的一种变体。这些练习不仅教运动技能，同时也帮助下肢为后续的速度练习做好准备。

姿态跑练习让运动员可以给主动肌热身，同时让拮抗肌得到适当的动态拉伸。这就是直线性热身如此有益的原因。正确热身的两个要求得以满足：肌肉温度升高，并且带着肌肉主动完成其完整范围的活动。千万不要认为只满足两者中的一个就足够了。拉伸也能帮助肌肉完成其完整范围的活动，但却不是主动的。慢跑提高肌肉的温度，但没有让肌肉完成其完整范围的活动。大部分运动项目的运动员为了做好恰当的准备，其直线性热身必须包括向前和向后的练习，所以它必须也包括向后跑练习。记住，向后

条条框框是有原因的

你是否经常听到有人被形容为"能跳出思维框架的人",或听到有人被称赞能"跳出框架来思考"?这通常被认为是一种恭维。然而,大多数人如果能熟练掌握条条框框内的规则就已经很好了。我宁愿认为,我所佩服的那些成功教练是首先透彻地了解了框架内的主题事项,而不是去想框外的事。

教练约翰·伍登说了一句很棒的话:"如果你花太多的时间去学习做事的伎俩,你可能根本学不会做事。"他是一位才华横溢的人,而他执教篮球的方法非常简单。事实上,他在每年年初都会详细解释如何穿袜子才能避免皮肤上磨出水疱,这可以说就是框框里面的想法。但是,有些教练可能会认为,如此无关紧要的事情就是浪费时间。伍登认为,球员由于没有正确穿袜子(鞋内没有皱折)而磨出水疱因而缺席训练,这才是真正的浪费时间,他是对的。伍登训练的是基础,就在条条框框里面。

实话实说,在我所认识的最好的教练里,大部分人更关注简单性,而不是复杂性。EXOS创始人马克·沃斯特根喜欢在演讲中用"拼命地做好简单的事情"这句话,而冲击训练中心(Impact Performance Training)的杜威·尼尔森则规劝我们要明智地对待基础知识。佛教有一句话:"在初学者的眼中选择会很多,而在专家的眼里选择却会很少。"我经常与很多我认为优秀的教练意见达成一致,我觉得这是有原因的。那些已经达到了专家级的人似乎有非常相近的想法,并且对新信息的反馈也非常类似。专家们对变化持开放态度,大脑也会对新的信息快速过滤。因此,优秀的教练虽然用不同的角度去思考,但他们似乎最终都会得出相同的结论。

人们可能会认为我是能跳出思维框架的人,但是这可能是由于我30年来都在框框中。事实是,我对不同的问题给出相同的答案,这种情况特别常见。有人提出问题时,我告诉他们,"保持简单,保持拙朴。(Keep It Simple, Stupid.)"待在条条框框里。跳出框架思维说的是那些对框架已经充分了解,熟悉到就像是自己的手背一样的人。

下一次你听到有人被描述为跳出框架思考的人时,问问自己,这个人是不是也是熟悉框架的大师。作为教练,我们的关键是在开始跳出框架思考之前非常熟悉这个框架。

的练习在田径中可能并不重要,但在大多数其他运动中都很重要。在速度教学中的一大失误就是过分依赖来自田径的经验。虽然我们对速度的大部分知识都来自于田径,但你需要跳出框架去思考,将其中一些概念运用到其他运动项目中。

直线性主动热身主要集中于在跑步活动中经常紧张的三个肌肉群:屈髋肌、腘绳肌和股四头肌。最初的6个练习是速度较慢的动态拉伸。接下来的一系列练习(跳跃和跑步)会更快,更主动,因为现在要激活已被拉长的肌肉。

直线性主动热身（每个练习20米）

高抬腿走

摇篮抱腿

步行，脚后跟到臀部

步行，脚后跟到臀部，并且前倾

向后弓箭步走，拉伸腘绳肌

向后直腿硬拉走

高抬腿垫步跳

高抬腿跑

提脚跟跑

直腿走

直腿垫步跳

后撤步

向后跑

在适当的直线性热身结束后，肌肉群应在一个从慢到快的过程中完成了其完整范围的活动。这种类型的热身应该先于任何类型的直线运动训练课，如冲刺、快速伸缩复合训练、田径类训练或折返跑。不要以为提高肌肉温度就足够了。热身必须让肌肉准备好，使它能用所需要的速度移动，并在所需的活动范围内移动。

高抬腿走

高抬腿走非常温和，可作为热身起点。首先拉伸髋关节后面的肌肉，最重要的是臀肌。向前跨步时，抓住对侧腿的胫骨，并将膝盖拉向胸部（图5.21）。集中精力伸直支撑腿，并踮起脚尖。伸直腿并踮起脚尖的动作还可以拉伸对侧的屈髋肌。

图5.21　高抬腿走

摇篮抱腿

在抱腿练习中，用同侧手抓住膝盖，并用另一只手抓住胫骨。将腿抱到胸前，抓住胫骨的手能让髋关节外旋（图5.22）。伸展支撑腿的髋关节，同时踮起脚尖。不允许两只手都抓胫骨，这会让膝关节下降到腰部高度。

图5.22　摇篮抱腿

步行，脚后跟到臀部

用同侧手抓住脚，每一步都将脚后跟拉向臀部（图5.23）。一旦脚后跟到达臀部，内收肌发力，试着让双膝相触。这个练习针对的是股四头肌的外侧和髂胫束。

图5.23　步行，脚后跟到臀部

步行，脚后跟到臀部，并且前倾

正如前面的练习那样，将脚后跟拉到臀部。此外，身体向前倾，躯干保持挺直，并尽量抬高膝盖（图5.24）。该练习刺激了抬起腿的股四头肌和股直肌，同时给支撑脚和脚踝提供了很好的本体感觉输入。

图5.24 步行，脚后跟到臀部，并且前倾

向后弓箭步走，拉伸腘绳肌

在所介绍的所有练习中，这是技术要求最高的练习。该练习包括两个后弓箭步，加上两步之间的腘绳肌拉伸（图5.25）。向后弓箭步走是一个很好的练习，可以拉伸髋前部，并帮助腿部和髋部的所有伸肌进行预热。在做练习时，双手应该用力伸过头。在弓箭步时增加伸手过头的动作，可以同时拉伸前部核心和屈髋肌。蹬地使其成为帮助股四头肌预热的很好练习。在向后做第一个弓箭步时，将双手放在前脚的两侧，伸直前腿进行腘绳肌拉伸。从腘绳肌拉伸的姿势，恢复为弓箭步姿势，然后蹬地，双腿交换位置。动作顺序是后弓箭步，手

图5.25 向后弓箭步走，拉伸腘绳肌

伸过头，腘绳肌拉伸，后弓箭步并换腿。我喜欢每一侧重复三次，这样可以真正集中注意力完成它。如果要这样走较长的距离，运动员将匆匆完成动作，不注意细节。

注：向前弓箭步走对腿部造成的刺激大于许多运动员习惯的程度，向前弓箭步走10米可能会让初学者感觉非常酸痛，使他们无法完成余下的训练。没有练习过弓箭步走的运动员会将其感觉描述为类似于腹股沟肌肉拉伤的感觉。其实，这种单腿力量练习刺激了长收肌作为髋关节伸肌的功能。这导致很多运动员感受到了不同寻常的、陌生的酸痛。一般情况下，在我们的训练机构里，运动员首先练习向后弓箭步走（图5.25a），因为这对膝关节伸肌的刺激更大，对长收肌的刺激较小。

向后直腿硬拉走

直腿硬拉走是另一个很好的主动腘绳肌拉伸练习。此外，它为脚踝的肌肉提供了极好的本体刺激。双臂尽量向前伸，同时尝试将一条腿抬到腰部的高度（图5.26）。这个动作为支撑腿的腘绳肌提供了极好的动态拉伸，同时激活对侧腿的腘绳肌作为髋部伸肌。提示应是"把身体拉尽可能地拉长。"我喜欢让运动员想象双手伸向房间或场地的一端，同时脚伸向另一端。从这个长拉伸的姿势，后跨一大步，用对侧脚落地。在做这个练习时要小心，因为它可能会使一些初学者腘绳肌酸痛。

图5.26 向后直腿硬拉走

高抬腿垫步跳

高抬腿垫步跳（图5.27）是从动态拉伸过渡到主动热身的第一个练习。动作就是轻跳，旨在让屈髋肌和伸肌的肌肉组织开始工作起来。不强调高度或速度，只强调有节奏的动作。高抬腿垫步跳标志着热身开始转向速度更快、更少柔韧性主导的部分。在跳跃时，想着膝盖向上，脚后跟向上，脚尖向上。膝盖应该到达腰部的高度，脚后跟应该上提到臀部，并且脚面应该勾向小腿。

图5.27　高抬腿垫步跳

高抬腿跑

在高抬腿跑的过程中，屈髋肌群会受到更大的刺激。这个动作类似于稍向前移动的原地跑。重点是在保持直立的姿势（力量不足的运动员往往会前倾或后仰），完成多次的蹬地动作。该练习的关键是要保持完美的姿态，这样才可以刺激到正确的肌肉（图5.28）。给高抬腿跑的最佳提示是，"想着要跨过对侧膝盖的高度"。我们让运动员想象在下腿的膝盖处有一根木棍伸出来。提示语就是要跨过那条木棍。同样，关键提示是"膝盖向上，脚后跟向上，脚尖向上。"这意味着，膝盖应抬起至腰部高度，脚后跟上提到臀部，胫前肌激活，向上抬起脚趾。

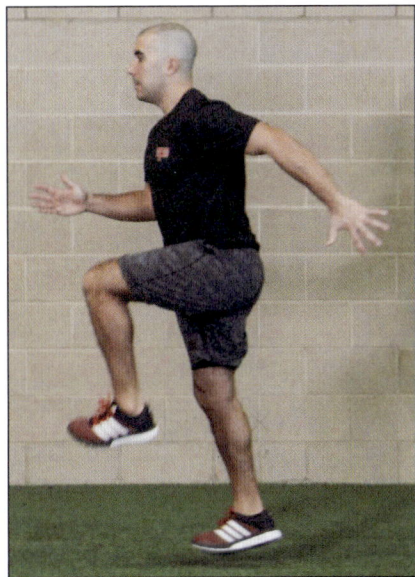

图5.28　高抬腿跑

提脚跟跑

提脚跟跑，或者有时也被称为"后踢跑"，将重点从屈髋肌转移到腘绳肌。主动将脚后跟提到臀部，不仅可以帮助腘绳肌预热，也可以带动股四头肌完成其完整范围的活动。在提脚跟跑时，可以轻微抬膝（图5.29）。

图5.29   提脚跟跑

直腿走

直腿走（图5.30）增加了对腘绳肌的动态拉伸，同时还激活了屈髋肌。屈髋肌必须用力收缩才能在髋关节屈曲时保持腿伸直。关键是要主动地让腘绳肌向下拉。如后所述，腘绳肌是非常强大的髋关节伸肌，需要预热其伸肌的能力。

图5.30   直腿走

直腿垫步跳

　　直腿垫步跳只是在直腿走中增加有节奏的跳跃动作。（图5.31）此外，直腿垫步跳动作增加了对腘绳肌的动态拉伸。

图5.31 直腿垫步跳

后撤步

　　要清楚地区分后撤步与向后跑，这是非常重要的。它们看起来可能很相似，但它们在热身过程中有着完全不同的作用。后撤步用来帮助股四头肌预热，而不是腘绳肌。在后撤步中，臀部的位置保持得很低，双脚在身体下方或在身体前面（图5.32）。该动作由股四头肌主导蹬地，双手无需向后伸。双脚从来不会落在身体后方，那是向后跑的做法。重点放在蹬地腿的伸展动作。足球中的防守后卫可以轻松完成这个动作，但其他许多运动员做起来却很艰难。

图5.32 后撤步

向后跑

　　向后跑（图5.33）就是反向跑。重点是前腿主动蹬地，同时后腿强有力地后伸。向后跑有力地激活作为髋关节伸肌的腘绳肌，并动态拉伸髋的前部。这个动作在激活腘绳肌的同时拉伸了屈髋肌。实际上，它与直腿垫步跳正好相反。

图5.33　向后跑

安全简单地发展直线速度

　　先让我们澄清一点：体育运动的重点是加速，而不是速度。

　　我们在体育运动中有一个问题。教练在讨论他们最渴求的素质时始终用错词。如10码、20码和40码冲刺等测试实际上是加速的测试，而不是速度的测试。你只要看看世界级的短跑运动员就会明白，跑到大约60米时才可以实现最大速度。作为教练，我们的兴趣并不是最大速度，而是加速度，相当于汽车从0到60的能力。团队运动项目取得成功的关键取决于运动员加速得有多快，而不是他的绝对速度有多快。

　　为什么这很重要？关于速度发展的大量研究都侧重于田径场上的速度，而没有从体育运动的角度出发。在田径中，最短的项目是55米。在体育运动中，40码冲刺就算是长距离跑动了（虽然棒球将会达到60码）。田径所带来的影响可能真的限制了其他运动项目，因为体育运动会频繁地使用加速技术，而不是速度技术。在田径训练中，教练经常在跑步中引用拉的动作，并做一些练习来培养扒地动作。在体育运动中的动作主要是蹬地时让重心稍稍在脚的前方，有点像反向的迈克尔·约翰逊这可能意味着，我们目前视为能发展速度的训练对团队运动的运动员作用很有限。事实上，在过去20年里，关于速度训练已经没有多少可说的了，德高望重的教练们已经在各自的视频和演讲中把可以说的都说过了。我们可以很容易地从许多不同的来源获得有关发展速度的技术方面信息。

越来越多的教练们意识到，运动员需要力量和爆发力的训练才能提高速度。很多教练用阻力方法来训练速度。许多公司为教练提供用于发展速度的工具，如雪橇车。有一件事我们知道，如果运动员想在短距离中跑出较快的速度，他最好能在短距离中快跑。我们知道的另一件事是，对地面施加力量是很重要的。速度和纵跳成绩之间有很强的相关性，而纵跳和下肢力量之间也存在着很强的相关性。从某种意义上说，要变得快是既简单又困难的事情。它的概念很简单。但做起来可能很难。

我提出了一个用于发展速度，或者更恰当地说是用于发展加速度的体系，并且重视团队运动及大小团队人员的伤病预防。这个提高直线速度的体系结构简单，易于实现。该体系中的大部分速度训练是在10码以内完成的，实际上就是加速度训练。在团队运动中，加速度比速度重要得多；然而，教练经常在语言中将这两个词等同起来。教练经常表达想要更快的速度，其实，大多数运动项目青睐那些加速能力更强的运动员，但他们不一定是最快的运动员。可以用一个最简单的比喻来描述速度和加速度之间的区别，那就是汽车。每辆汽车的时速都可以达到60英里（约97公里）。被"福布斯"评选为历史上最差的汽车的Yugo和保时捷之间的区别就是，从0加速到60需要多少时间。给速度过多不必要的关注，而不去关注加速度，这是许多以跑步机为导向的速度发展方案和许多基于田径的训练方案的隐患。

设计速度发展方案时的一个大问题包括，进行什么训练，练多远，以及练习的频率。我所提出的体系最初的实地测试是在2000年夏季，有400名运动员参与，执行了大约19 000次训练（400名运动员每周训练4天，为期12周），结果只有不到10例腹股沟和腘绳肌拉伤。

该体系的关键点如下。

- 每次速度训练之前至少进行15分钟的动态热身和灵敏性练习。
- 在热身后和冲刺练习之前要完成快速伸缩复合训练。这应该能为冲刺训练的收缩速度提供良好的过渡。

该方案根据简单的概念可分为三个阶段，每个阶段为期3周。

第1至3周：非竞争性速度练习

在非竞争性速度阶段，用简单的练习来训练前三到五步。重点是强调起动技术和第一步的反应。运动员完成3~5次用力的蹬地，然后顺势跑。起初，鼓励他们以略低于全速的速度跑步，帮助肌肉逐渐适应冲刺。在这个非竞争性阶段，运动员任何时候都不应该互相比赛的或以任何形式去竞争。在这个阶段使用的主要练习是前倾、落地和跑动（图5.34），以及来自沃恩·甘贝塔的"直线向前速度（Straight Ahead Speed）"视频（1995）的90度前倾、落地和跑动。一般来说，每一天只完成6次10米冲刺。

图5.34   前倾、落地和跑动

第4至6周：短距离竞争性速度练习

第二个阶段引入一系列竞争性练习，但距离是有限的。冲刺练习的强度增加，但距离（训练量）保持不变。速度发展方案的其中一个难点是，教练往往并不能够控制或者辨别运动员在速度训练课中是否真的努力达到自己的最大速度。引入竞争性激励可以确保运动员努力加速。竞争性激励只需要一个网球。短距离竞争性速度阶段使用多种双腿或单腿起跑姿势下的落球冲刺（图5.35）。落球冲刺保证运动员实现短距离的速度爆发。即使天赋较高的运动员一般也无法突破7米。运动员经常扑过去接球，但我们不鼓励这样做。落球冲刺创造了一个竞争性环境，有利于加速，同时又不会给腘绳肌或屈髋肌太大的刺激。

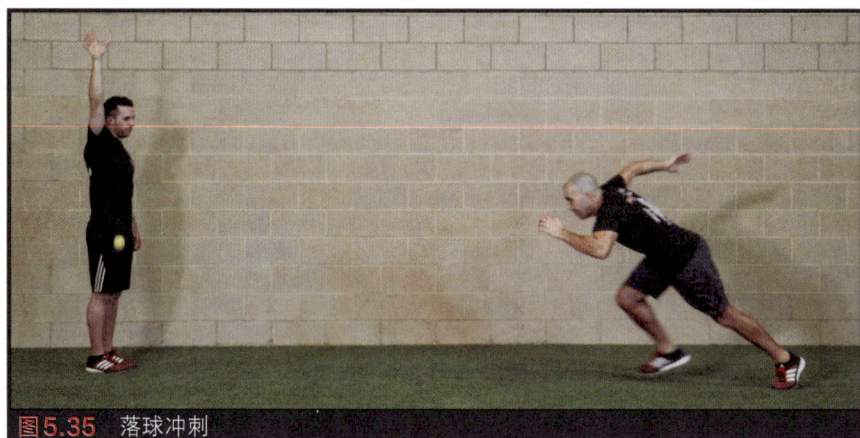

图5.35   落球冲刺

第7至9周：长距离竞争性速度练习

在第三个阶段中，运动员采用多种不同的起跑姿势和训练伙伴比赛冲刺。用站式和卧式起跑姿势完成追逐冲刺和分离带冲刺。此时，冲刺训练成为追赶游戏，运动员轮流充当追逐者或被追逐者。竞争性氛围保证人人都要付出最大的努力，使运动员的加速能力受到挑战。在这个阶段中，运动员被限制在一个10~20米的追逐区域中。

若结合恰当的热身、恰当的下肢力量方案以及快速伸缩复合训练进阶方案，这个速度发展方案可以产生很好的效果。在9周的时间内，运动员逐步从个人节奏起步和第一步起跑练习，逐渐进展到竞争激烈的追逐赛，以保证肌肉良好的适应性。每个阶段中都会增加训练量或训练强度，但从来不会两个方面都增加。在下半身力量方案中，膝关节伸展（分腿蹲或颈前深蹲和单腿的练习变体）和髋关节伸展（直腿和屈腿的练习变体，强调臀肌和腘绳肌）每周要进行两次。在我们的训练机构中，运用渐进式速度、渐进快速伸缩复合训练与渐进式力量训练相结合的方式，训练的受伤率低于千分之一。

雪橇车训练

没有什么比负重雪橇车可以更好地帮助运动员提高速度了。事实上，如果我的时间有限，并且只能够做一个练习，它可能就是推雪橇车。许多研究都质疑将负重雪橇车作为速度发展工具的价值，提出负重雪橇车"对最大速度的作用有限"。

事实上，负重雪橇车可能无法提高跑步的最大速度的那些证据，并不适用于加速度，并且可能会使教练低估了这件具有潜在价值的器械。有许多作者虽然指出负重雪橇车不能提高速度，但也指出了它能提高加速能力。我们的问题是误解了研究结果，这是常有的情况。

大多数教练把时间花在姿态跑和提高速度的技术上。这些教练也会结合下肢力量训练来增强力量。虽然这些看起来都很重要，但可能缺失了一环——特定力量的培养。我们是否常常看到运动员跑得"好看"，但跑不快？在我看来，很多试图培养速度的教练在技术训练上花的时间太多，而在培养跑得更快所必需的特定爆发力和特定力量上花的时间又太少。

2000年，《应用生理学杂志》（*Journal of Applied Physiology*）发表了一篇题为"人类跑步速度的力学基础（Mechanical Basis of Human Running Speed）"的文章。其文章概要的开头是"更快的最大跑步速度是通过更大的蹬地力量实现的，而不是更快的腿部动作。"这就是广为人知的韦兰研究，因其首席研究员彼得·韦兰（Peter Weyland）而得名。负重雪橇车练习针对在冲刺中所使用的特定肌肉，帮助架起姿态跑练习和力量房练习（如深蹲和奥林匹克蹲举）之间的桥梁。

许多运动员可以使用很大的重量完成深蹲。但是很少有运动员还能够跑得快。任何参加速度训练的学生都会告诉你，通常针对发展速度的很多力量练习只是推荐锻炼髋关节伸展，而不是髋关节的过伸。在跑步速度中，所有的力量都来自髋关节的过伸。只有把脚放在重心正下方，并向后蹬地，才有可能对地面施加力量，并产生向前的运动。虽然深蹲等练习能训练到所涉及的肌肉，但并不是为冲刺设计的特定训练。我们看到力量训练对纵跳的提升效果比对速度的提升效果更明显，这可能是其中一个原因。负重雪橇车教会了强壮的运动员如何产生能够帮助他们向前冲的那种力量。体育科研人员喜欢将这种力量分解成特殊力量和特定力量。尽管我相信两者的差异极小，但明白其中的区别也很重要。

- 产生特殊力量（special strength）的抗阻动作结合了该技能的关节动力学特点。雪橇车行进就属于特殊力量类别。我认为雪橇车行进可能是用于培养速度的最佳工具。冲刺力量差的运动员在练习雪橇车行进时会暴露的特别明显。
- 产生特定力量（specific strength）的抗阻运动会模仿关节运动的方式。我会将雪橇车跑放进特定力量类别。

在迈克·鲍伊尔体能训练中心，我们喜欢在12周训练周期的前6周进行负载较重的雪橇车行进，然后做6周负载较轻的雪橇车冲刺。

在过去，教练会建议，抗阻速度训练不能让运动员的速度下降超过10%，或不得使用超过运动员体重的10%的负载。这些建议似乎根据的是动作习得（Motor Learning）方面的研究，这些研究指出，过度的负载会改变像冲刺或投掷等活动的运动模式。我一直觉得速度培养的方式好像缺失了一环，但是受到这个10%规则的影响，直到近几年我才开始积极跟随自己的直觉。目前，我的感觉是，只要运动员表现出类似冲刺加速阶段的运动模式，特殊力量训练就可以使用达到甚至超过运动员体重的负载。将雪橇车行进看作一种特殊类型的腿部推举。通过抗阻情况下的髋关节过伸，运动员结合了冲刺运动的关节动力学特点。只要我们使用技术上可行的行进动作（完美的姿态），就可以使用极其沉重的负载。

利用雪橇车跑这种方法可以增强特定力量。在雪橇车跑中，负载显然会更轻，但我还是不会遵循10%原则。在雪橇车训练中的主变量并不是雪橇车的重量，而是运动模式。如果运动员能保持加速姿势，并且不改变动作的技术，那么这就是一个冲刺的特定力量练习。为什么我们要受限于像10%的负载或速度降低10%这种武断的规定呢？在20米距离内，10%就是两个百分之一秒。关键应该是看运动员的姿势和运动模式。如果运动员必须改变动作技术才能完成练习，则说明负载太重。这个10%的规则不能让我们把渐进性的概念运用到这种形式的训练中。

影响10%规则的另一个明显又容易被忽视的变量是——跑步的地面。若是在草地上，雪橇车上的负载需要较轻，若是在阿斯特罗人造草皮上，负载则需要较重。这只是摩擦系数的关系而已。重量较轻的话，雪橇车在滑过草地时会产生大量的摩擦。但是，在阿斯特罗人造草皮或类似的表面上，相同的重量就会显得太轻了。另一个变量是选择平坦的雪橇车与双联雪橇车。平坦的雪橇车会产生更大的摩擦力，因此在雪橇车上用较轻的负载就能获得类似的效果。

其实在涉及到冲刺阻力训练时，我们可能曲解了一些信息。虽然有研究表明，雪橇车训练可能无法提高运动员最大速度下的跑步能力，但它能让运动员跑得更快。记住，体育运动的关键是加速度，而不是最大速度。很少有团队项目的运动员能够掌握田径教练所谓的绝对速度技术。负重雪橇车可能是最易被低估的速度培养工具，因为我们误解了有关速度培养的科研结果和专业术语。

侧向热身：提高侧向敏捷性和速度

侧向热身能为下一步进行侧向运动训练做准备。它包括约8分钟的灵活性练习（见泡沫翻滚、拉伸和灵活性等章节），然后是侧向动态热身。最后5分钟集中在绳梯练习。侧向热身的关键是刺激外展肌群和内收肌群，这会比直线性热身所能达到的强度更大。大多数热身往往受到田径的直线训练的影响，并没有让运动员向两侧移动。重要的是，热身需符合当天训练内容的需求。侧向热身为运动员后续的侧向运动和侧向速度进阶做准备。侧向动态热身强调从一侧移动到另一侧，或者说在额状面中的运动。

侧步蹲

大多数教练认为侧步蹲是腹股沟拉伸。我更喜欢将侧步蹲视为一个动态柔韧性练习，旨在提高髋关节在额状面的活动范围。开始时双脚分开4英尺（约1.2米），并蹲向右侧，保持左腿伸直，左脚平放（图5.36）。下蹲要尽量低，身体要尽可能挺直，重心放在右脚脚后跟上。在最低的位置保持一秒钟，然后移动到左侧。

图5.36　侧步蹲

侧向跨步跳系列

　　侧向跨步跳系列（图5.37）是最难教的练习之一。最好是从原地跳跃开始。侧向跳到右侧，运动员必须用左腿侧向蹬地。这给运动员引入了一个概念，就是要想向右移动不要通过右脚来跨步，而要用左腿去蹬地。我喜欢教运动员原地跳跃，心里想着，每一次左脚的触地都变成了左脚蹬地。在他们向右侧向跨步跳到的时候，我会提示"左，左，左"。这是一个外展的动作，或者说是向侧面蹬地的动作。

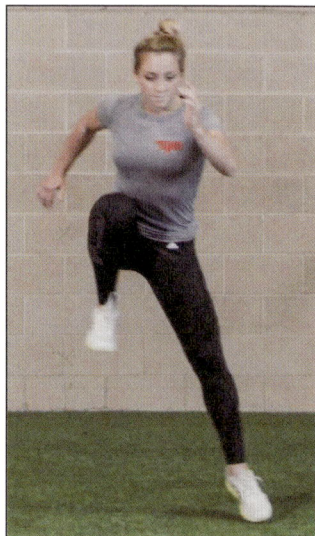

图5.37 侧向跨步跳

上交叉跳

　　掌握了侧向跨步跳后，继续练习上交叉跳（图5.38）。现在，上面的腿跨过去，并完成相同的侧向蹬地。再次使用向右移动的例子，左腿跨过去，落地后侧向蹬地。提示同样是"左，左，左"方式，使运动员把重点放在左腿下蹬并横跨的动作上。跨越时膝关节要越过身体中线，所以上交叉跳给侧向移动增加了一个轻微的旋转成分。

图5.38 上交叉跳

下交叉跳

　　下交叉跳看起来和上交叉跳完全相同，但肌肉的动作却有变化。不是用上交叉腿用力蹬地，而是被交叉的下腿完成蹬地。对于运动员来说，这将是三种侧向跨步跳中最难学的一种，有时候需要几个星期才能学会。这里的变化是，尽管运动员在向右移动，重点却是用右腿用力地向对侧方蹬地。在心理上把握这一练习的最好办法是，将上交叉跳视为外展跳跃，利用髋外展肌侧向蹬地，而下交叉跳则视为内收跳跃，强调用下腿的动作实现侧向蹬地。

注：在交叉步的动作中，外展肌和内收肌都必须工作，掌握这种跳跃节奏会帮助运动员熟悉侧向移动所必需的素质。上腿的外展蹬地与下腿的内收蹬地相结合才是交叉步的关键所在，帮助运动员把握这个概念是极其重要的。

侧向滑步

侧向滑步（图5.39）就像它看起来那么简单。运动员通过向左蹬地来向右移动。强调重点是运动员的姿势，双脚指向正前方。这是对于专项运动指导很好的一个练习。篮球运动员可以使用手心朝前的防守姿态，而美式橄榄球运动员可以将双手放在身前，在面对阻挡队员时更能自我保护。

图5.39　侧向滑步

卡里奥卡步

我们使用标准的快步练习（图5.40）。

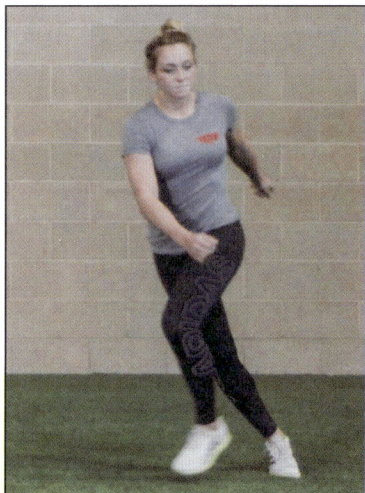

图5.40　卡里奥卡步

侧向爬行

侧向爬行（图5.41）在侧面帮助核心和肩胛胸椎区域进行热身。

图5.41 侧向爬行

培养灵敏性和变向能力

有句老话说，"速度是教不出来的"，这在多年前就被推翻了。然而，很多教练仍然认为，灵敏性和协调性是教不出来的。其实，变向是侧向运动的本质，它是可以被教会的，并可以归结为三个简单的标准。

1. 你是否具备足够的单腿力量，不仅能够制动，还能够在制动后重新起动？

   单腿力量是培养灵敏性的必备素质。如果单腿力量不足，无论有多好的灵敏性或灵敏性训练都无法让运动员在最快的速度时变向。这意味着要在力量房做单腿练习。

2. 你可以减速吗？

   离心力量才是减速的真正关键所在。不要将离心力量看作是降低重物的能力，而是要把它看作是让身体急停的能力。离心力量就是快速刹车的能力。这可以通过快速伸缩复合训练获得，也可以通过绳梯练习来指导。

3. 你可以稳定地落地吗？

   你的本体感觉系统是否准备好进行一个稳定的落地了？同样，跳跃和绳梯练习是关键。

运动员需要理解最基本的灵敏性概念：要想移动到左侧，则必须用右脚来蹬地。若是向着目标的方向跨步蹬地，永远都无法快速地到达任何地方；你必须得用离目标最远的脚把自己蹬向目标方向。但是，在完成变向所必需的蹬地之前，你需要先减速并稳定地落地。大多数灵敏性训练仅仅是给动作计时。更好的做法是去教动作，而不是给动作计时。不要以为只要让运动员绕着标志物跑就能逐渐缩短时间。要教运动员学会右转、左转或45度急转向的正确动作。

为了做到这一点，我们从简单的绳梯练习开始。注意，绳梯这件器材的学名叫做敏捷性训练梯，而不是速度梯。绳梯并不会使运动员变得更快，但它可以帮助提高协调性，并教会他们变向的概念。

快速的脚步？

我已经数不清有多少人问过这个问题了，"我怎样才能提高我的儿子/女儿/运动员的脚下速度或灵敏性？"似乎每个人都想要找到捷径和快速解决问题的方法。更好的一个问题可能是"你觉得自己可以提高脚下速度吗？"或者甚至更大的问题，"脚下的速度重要吗？"这带出了另一个问题，"脚下速度与灵敏性有什么关系？"

教练和家长读到这里时很可能会说，"这家伙疯了吗？我们听到速度制胜已经多少次了！"我认为问题是，教练和家长将脚步快等同于速度快，将脚步灵活等同于灵敏。其实，脚步快并不会让你变快，脚步灵活也不会让你变得敏捷。在某些情况下，快速的脚步实际上可能使你变慢。

我经常将脚步过快视为对加速的损害。事实上，我们有一些转身速度很快的运动员，就是那些被认为是脚步快的人，在起动时的速度却很慢。脚步快的问题就是，你不能很好地利用地面来发力。如果要走过火烫的炭，脚步快可能会是件好事，但是在硬地上，它们就不那么好了。将地面视为速度的水井。脚步的移动速度不重要，重要的是有多少力量传导进了地面。这是基本的物理学作用力与反作用力原则。传导入地面的力意味着向前的运动。这也就是为什么纵跳最好的运动员往往是速度最快的。归根结底就是发力大小。教练通常会说，纵跳与水平速度无关，但来自NFL新秀训练营（NFL Combine）的多年的数据却不支持这一观点。传到地面的力就是传到地面的力。其实，家长应该问的是纵跳进步了没有，而不是脚步快了没有。我的标准回答是"舞王迈克尔·弗拉特利脚步就很快，但他不也哪都没去么。"如果你脚步移动很快，但是哪儿也没有去，脚步快还重要吗？这就和"树林里倒了一棵树"的道理一样。

如果脚步慢的话，最好的解决办法是让腿部更强壮。双脚并不像双腿那么重要。我们要这样想。如果你站在起跑线上，快速迈出了第一步，但后腿无法蹬地，你是不会到达任何地方的。

现实情况是，第一步脚步快的原因是第一下蹬地十分有力。我们应该改变行话并开始说，"那小子第一次蹬地蹬得很好。"下半身的力量可以真正解决脚步缓慢的问题，并且是速度和灵敏性的真正关键。

我认为训练脚步变快的本质在于训练单腿力量和单腿稳定性（落地技巧）。如果你不能减速，就不能加速，至少加速不会超过一次。我特别喜欢魔法训练的概念。这个理论是，培养脚下速度和灵敏性不是一个增强力量和爆发力的过程，关键要看你能不能找到一个完美的练习。我告诉身边的人，如果我相信真的有一个魔法训练方法，我们会天天练。而现实是，归根结底，脚下速度还是需要动力和神经系统的支持，而这两个方面的变化都是非常缓慢的。

那么，我们如何培养速度、反应和灵敏性？我们还是得用见效慢的老式做法。关键是加大动力、制动力以及加速能力。对我来说，答案永远是一样的——培养速度、灵敏性和反应能力的关键是良好的训练。我们需要锻炼下半身力量和下半身爆发力，并且需要用单腿来完成这些训练。

敏捷性训练梯（绳梯）

正如前文所提到的，绳梯是用于热身、变向及多平面移动的工具。绳梯每周使用2次，每次大约5分钟，它并不是万灵丹药，也不一个魔法训练。它只是一个有助于在热身中教步法、变向以及制动概念的好工具。我们使用大约5米长的半绳梯。此外，在选择绳梯训练时，我喜欢让运动员在所有三个平面上活动。至少选择一个能让运动员在额状面内顺着绳梯训练的动作，一个能让他面对绳梯在矢状面内移动的训练，以及一个包括旋转或在水平面内的训练。记住，绳梯并不是体能工具，绳梯太长或锻炼次数太少只会让你脚步更慢，不会更快。

宽滑步加停顿

宽滑步加停顿（图5.42）被俗称为伊奇滑步，得名于辛辛那提猛虎队（Cincinnati Bengals）跑卫伊奇·伍兹（Ickey Woods）的达阵得分舞。这是一个三拍训练。绳梯训练分为节奏为1-2的两拍训练，节奏为1-2-3的三拍训练，以及四拍训练。

图5.42 宽滑步加停顿

其动作是"进进出"。换句话说,运动员从绳梯的左侧开始,用左脚站立。训练的动作是右-左-右:双脚进入绳梯,随后右脚稳定地落在对侧地面上。落地时需要停住一拍。该训练的本质是停顿,这是体育运动中大部分进攻躲避技巧的基本组成部分。例如篮球中的胯下运球,以及在曲棍球或冰球中的宽步带球,就是通过停顿来躲避对方的例子。

进行绳梯练习时,双脚要迅速、准确地移动,并且脚步要低。我们喜欢提示"进进出"和"停住"。这里的关键是快速进入绳梯,然后用一只脚稳定地落在外侧。我们所有面朝前进行的绳梯练习,前进完成之后在回程时都是倒着退,运动员在练习宽滑步加停顿时也是先向前进,然后倒退返回。记住,大多数运动项目都不仅仅需要向前移动。

快速滑步

快速滑步和上一个训练是一样的,只是减去了停顿部分。外侧脚不再是稳定地落地,而是脚步快速地立即跨越到另一侧去。

快速滑步加停顿

在学习了3周的宽滑步加停顿和快速滑步之后,进阶到一侧停顿,另一侧快速滑步的练习(图5.43)。整个过程需要在绳梯上完成两次往返。顺着绳梯前进,右侧用快速滑步,左侧用停顿,然后反向回来。再换边,左侧用快速滑步,右侧用停顿,前进和后退均如此。这是一个很好的将双脚和大脑结合起来的练习。运动员必须边移动双脚边思考,这可能就是体育运动的精髓了。

图5.43 快速滑步加停顿

前交叉步

这是另一个基本的三拍快脚绳梯训练（图5.44）。现在的顺序是"进出出"。运动员开始时双脚都在绳梯外。从左侧开始，第一步是交叉步，左腿进入绳梯。然后右腿跨过绳梯，随后是左腿。顺序是左-右-左。我喜欢提示"交叉进，出，出"，让运动员明白其思路和节奏。我也喜欢用1-2-3的华尔兹节奏，让运动员按照1-2-3去触地。先一步一步往前，再后退返回。

图5.44 前交叉步

高难度交叉步

这与前交叉是相同的脚步动作，但它更有挑战性。之前的练习是一个快速脚步训练，这个练习才是真正的变向训练。在进行高难度交叉步练习时，我们提示用内侧的腿非常用力地蹬地，非常鼓励运动员向绳梯倾斜。落地是非常积极主动地双脚落地停止，因此它不是1-2-3的节奏，它更偏向于一个两拍训练。该动作是向绳梯倾斜，内侧腿用力蹬地，跨进绳梯，双脚在另一侧稳健地落地。落地时应该模仿溜冰者的停止动作或双脚滑垒式移动的动作。

后交叉步

这与前交叉是基本相同的训练，但是现在脚要在后面交叉。许多运动员觉得这很难做到，因为这不是一个常用的动作，但教会运动员如何双脚交缠同时还能移动顺畅，就非常有用了。另外，在足球和曲棍球等运动项目中，传球往往是在身后进行的，可以用后脚-后交叉的动作完成。

进进出出

进进出出是我最喜欢的练习之一，因为它可以向前、向后（图5.45a），也可以向左、向右移动（图5.45b）。这是一个四拍练习，其过程就像它的名称一样。在向前的版本中，运动员开始时双脚分开，跨越着绳梯，并通过进进出出的动作前进。随着运动员向前移动，在绳梯外侧的双脚移进和移出格子。向左向右移动的动作完全相同，但运动员开始时面对绳梯，而不是跨越着它。

图5.45　进进出出

出出进进

我喜欢这个练习是因为它更像是一个针对空间感的训练。运动员开始时侧身站在绳梯里，但现在必须向左或向右移出绳梯（图5.46）。虽然看似简单，但绳梯摆位的改变使得难度增大了。

图5.46 出出进进

剪刀步

剪刀步训练（图5.47）是一个简单的侧向矢状面练习，运动员开始时应该有一只脚在绳梯内，并通过简单的两脚交替来完成侧向移动。如果要向右移动，运动员首先用右脚进入第一格，并按左-右-左-右的顺序沿绳梯继续移动。

图5.47 剪刀步

扭髋

扭髋（图5.48）基本上是剪刀步加交叉。在换脚时，远端脚跨越到下一格。该练习在侧向练习中增加了一个旋转（或水平面）成分。

图5.48　扭髋

还可以选择许多其他练习，变化形式种类无限。关键是要保持简单。使用直线训练和侧向绳梯训练的组合，再加入一些增加旋转成分的练习。把绳梯当做一个很好的热身工具，也是很好的步法和变向练习的工具。

本章提供了一些简单有效的进阶练习，以提高直线速度和侧向运动。运动员要完成一系列针对当天训练动作重点设计的专项热身。有些专项训练日专注于直线速度，另一些则专注于侧向运动。这个简单的体系可以让教练们轻松地设计训练，并让运动员为随后的训练刺激做好恰当的准备。这些热身包含了神经肌肉系统的进阶练习，依据的是当前最新的热身练习和损伤预防科学，因此确保了方法的安全性。记住，功能性训练是有意义的训练。根据即将进行的训练和活动来安排相应的热身练习也是有意义的。

参考文献

Currier, D.P., and R. M. Nelson.1992. *Dynamics of Human Biologic Tissues.* Philadelphia: Davis.

Davies, C., and A. Davies. 2004. *The Trigger Point Therapy Workbook.* New Harbinger Publications.

Gambetta, V. 1995. *Straight Ahead Speed* (video). Gambetta Sports Systems.

Hyman, M., and M. Liponis. 2005. *Ultra-Prevention*. Atria Books.

McGill, S.M., and S. Brown. 1992.Creep response of the lumbar spine to prolonged full flexion. *Clinical Biomechanics*. 7: 43-46.

Myers, T. 2009. *Anatomy Trains: Myofascial Meridians for Movement Therapists*. 2nd ed. Philadelphia: Churchill Livingstone, Elsevier.

Porterfield, J., and C. DeRosa. 1998. *Mechanical Low Back Pain: Perspectives in Functional Anatomy*. Philadelphia: Saunders.

Sahrmann, S. 2002. *Diagnosis and Treatment of Movement Impairment Syndromes*. St. Louis: Mosby.

Weyland, P. 2000. Mechanical basis of human running speed. *Journal of Applied Physiology*. 89(5): 1991-1999.

Wilhelmi, B.J., S. J.Blackwell, J. S. Mancoll, and L.G. Phillips. 1998. Creep vs. stretch: A review of viscoelastic properties of skin. *Annals of Plastic Surgery*. 41: 215-219.

第6章

下肢训练

自第一版《体育运动中的功能性训练》出版以来，我对下肢训练的看法发生了巨大的变化。在过去的10年中，我们的训练方案从非常传统的颈后深蹲主导转变为颈前深蹲为主导，并最终形成以单侧硬拉和多种形式的单侧深蹲为中心的训练方案。在某些情况下，我们首先会练双侧深蹲和双侧硬拉，但就发展下肢力量而言，重点显然已经更偏向单侧训练了。

下肢训练经历了这种演变的主要原因是，我们希望最有效地实现以下三个目标。

- 训练中不受伤。几乎所有运动员的背部疼痛问题都来源于大负荷的下蹲训练。
- 减少赛季中受伤的情况。与强调双侧练习的训练方案相比，强调单侧练习的训练方案在减少伤病方面似乎有更好的效果。
- 改善运动表现。运动员使用单侧训练后获得的运动表现提升等同甚至高于使用双侧练习所达到的效果。

尽管我们一致认为在高质量的训练方案中，下肢的功能力量都应该是重中之重，但许多人对如何发展下肢功能力量却持有不同的意见。我们知道，几乎每个团队运动或者个人运动项目在很大程度上都依赖于速度，而提高速度的第一步就是增强力量。无论我们的目标是改善运动表现、预防损伤、增强力量还是促使肌肉肥大，下肢训练是实现所有这些目标的最佳途径。

从自重深蹲开始

我们的下肢力量训练通常从学习自重深蹲和壶铃相扑式硬拉开始，两个练习都是双侧练习。深蹲和屈髋后顶仍然被认为是基本的运动技能。然而，对于许多运动员来说，更多髋关节主导的练习（如壶铃相扑式硬拉或菱形架硬拉）是比深蹲更好的起点。事实上，硬拉可能更容易学习，而且往往较少受到灵活性问题的限制。教会运动员进行自重深蹲仍然很重要，并且可以揭示一些有关柔韧性和潜在伤病的重要信息。

现在的问题是要不要给深蹲负重，或者怎么给深蹲负重。无论从生理还是心理的角度来看，深蹲和负重深蹲都带来了独特的问题。从最简单的意义上说，我们需要问自己，"是否应该让一个无法完美地完成一次自重深蹲的运动员承受外部负荷？"

为了理解深蹲指导所面临的挑战，首先从整体上去探讨举重的心理成分异常重要。年轻男性身上最为明显的大男子主义使学习力量训练的练习变得非常困难。在团队环境中，动作习得的过程会变得更加困难。很少有运动员愿意在不负重的情况下做深蹲，以发展正确深蹲所必要的灵活性。相反，运动员总是想练习举重并希望不断地挑战自己。

很多时候，深蹲做不好的运动员仍然会被好心教练鼓励着去"练得更强壮"。物理治疗师格雷·库克将这样的错误描述为"在功能性障碍的情况下增加力量。"简单来说，库克的意思是，如果你深蹲不好，就不要做负重深蹲。如果我们允许技术差的运动员练习负重深蹲，我们只是在运动功能障碍上增加力量罢了。运动员或客户仍然在使用不良的模式，但不良的模式现在可以通过外部负重来证明了。这是在高中和大学里常见的一种力量训练误区，也是很多运动员背部疼痛的根源。

所以，教练最初给运动员的建议应该是"灵活性好起来"或"去完善深蹲的模式。"只有在掌握正确的技术动作之后，运动员才适合给训练增加负重。

我们目前的做法是，提高灵活性，先培养深蹲模式，然后再负重训练，并且大多数的下肢深蹲模式练习都是在单侧负重下完成的。单侧膝关节主导的模式更容易教，并且更有用。

双侧深蹲最好作为热身的一部分来学习，假定热身在力量房外进行，那么运动员就不会去想，杠铃上有多少重量，谁在看着我。从心理学的角度来看，我们为成功学习深蹲消除了一个障碍。在力量房里对不断增加重量的渴望会迫使运动员回到更为熟悉的错误动作模式上。而在热身时完成一些深蹲动作的灵活性练习则正好相反。虽然我们在热身中练习深蹲动作的灵活性，但我们同时还会在力量方案中通过单侧下肢进阶练习去增强单腿力量。

我们的运动员还可以利用如壶铃相扑式硬拉或菱形架硬拉（比深蹲更容易学习的练习，因为其髋关节活动范围较小）等练习来培养髋部和背部力量，同时增强单腿力量和灵活性。

区分深蹲和硬拉

当人们要求我定义深蹲和硬拉之间的差异时，我通常能够给出一个简单的答案：在硬拉时，重物是在手中（图6.1a）。对我来说，这是区分深蹲和硬拉最简单的方法。在深蹲中，无论是颈前深蹲还是颈后深蹲，杠铃都在肩上（图6.1b）。两种训练看起来非常相似。但是，如果用重物在手中来定义硬拉，那么图6.2所描绘的是什么呢？

熟悉练习的读者会说，这是一个后脚抬高分腿蹲，或者如果你喜欢用比较傻气的名字，可以将它称为保加利亚弓步蹲（说它傻是因为它既不是保加利亚的，也不是一个弓步）。但是，难道重物不是在手中吗？将之归类为深蹲的依据是躯干更挺直。

图6.1　（a）硬拉和（b）深蹲

下肢力量训练可以细分成膝关节主导模式和髋关节主导模式。在过去，下肢力量训练被细分为双侧深蹲、双侧硬拉以及它们的变体。

我的观点是，目前这张图片的情况要复杂得多。我们的练习清单已经有了这么大的演变，深蹲和硬拉的旧定义已不再适用，我们需要新的定义。在高脚杯式深蹲中，重物在手中但高于腰部，所以它是深蹲。也许是前蹲的一种，但仍属于深蹲。在壶铃相扑式硬拉中，重物在手中，但下肢却转换成了膝关节主导的模式，看起来更像是深蹲，而不是硬拉。

图6.2　后脚抬高分腿蹲

图6.3中是菱形架硬拉还是菱形架深蹲？是否取决于这个练习的完成方式？如果被称为菱形架硬拉的练习使用了一个深蹲下肢模式，它会变成一个菱形架深蹲吗？在一个手提箱式后脚抬高分腿蹲中，重物握在手中并且在腰部以下，显然并不像硬拉。

于是，我们回来看看硬拉的定义。从地上提起重物，然后将它放回地面，这是硬拉吗？在读丹·约翰和帕维尔·查苏莱恩（Pavel Tsatsouline）的《简单的力量训练》（*Easy Strength*）之前，我一直都是这么定义的。两位作者可能已经重新定义了深蹲和硬拉。他们指出两者的区别是，硬拉是"膝关节屈曲微小的髋关节深度运动"，而深蹲是"膝关节和髋关节的深度运动"（179页）。

图6.3 菱形架硬拉还是菱形架深蹲

换句话说，髋关节主导的运动是硬拉，而膝关节主导的运动是深蹲。正如约翰和查苏莱恩所说，髋关节主导的运动是"膝关节屈曲微小的髋关节深度运动"。想想壶铃甩摆（图6.4）和名不副实的直腿硬拉（图6.5）。我喜欢*改良版直腿硬拉*这个术语。随着挥摆的普及和菱形架的出现，下肢力量训练的格局改变了不少。

图6.4 壶铃甩摆

图6.5 直腿硬拉或改良版直腿硬拉

也许我们应该使用约翰和查苏莱恩的定义重新审视一些练习并对它们进行分类。

我们首先分析一下相扑式硬拉（图6.6）。前链？可能是。后链？可能是。目标是内收肌？绝对。这是一个硬拉吗？当我还是一个力量举运动员时，这个练习对于深蹲运动员来说就是硬拉。在我练习力量举的日子里，我是相扑式硬拉型选手，因为我的腿比我的背强壮得多。

宽站姿的深蹲运动员更偏向于前链主导，相扑式硬拉可能会比传统硬拉的重量更大。这种运动员基本上把硬拉当成深蹲来做，杠铃是拿在手里的。到底占主导地位的是膝关节还是髋关节，我想我们必须把票投给膝关节。在第一版的《体育运动中的功能性训练》里，我将这些练习称为复合练习，因为我们好像不能明确地把他们分到膝关节主导或髋关节主导的类别里。

图6.6 相扑式硬拉

在图6.7a中，无负重版本将是相扑式深蹲。按指示加一个壶铃，它就成为一个相扑式硬拉（图6.7b）。将负重向上提到高脚杯位置，就变成了高脚杯式深蹲（图6.7c）。困惑了么？我希望不会。要点在于事情从来不会像我们所希望的那么清晰或简单。

图6.7 （a）相扑式深蹲；（b）相扑式硬拉；（c）高脚杯式深蹲

最终意见：谁在乎呢？这只是语义问题而已。在力量举比赛中，硬拉永远会要求你从地上提起重物。然而，在健身房和运动表现训练方案中，清单已经发生了改变。屈髋后顶加上微小的膝关节运动——硬拉。膝关节和髋关节都运动——深蹲。

更糟糕（或更好）的是，我希望你教运动员深蹲。但是当他们开始变得强壮时，可以改为深蹲的单侧变体，如果你真的想用双侧练习的话，可以改为菱形架硬拉。下肢训练主要依靠单侧的概念是基于一个简单的想法，即我们跑步和跳跃时，大部分时间都是单腿发力；还有一个不那么简单的想法，即所谓的双侧缺损。

"双侧肢体缺损（BLD）现象是指，单侧肌肉单独收缩时跟与对侧肌肉共同收缩时，产生最大（或接近最大）力量的能力之间的差异。单侧力量之和大于双侧力量时，就会出现缺损。许多研究人员在上肢和下肢的等长收缩和动态收缩中都观察到了BLD现象"[库鲁甘地（Kuruganti），墨菲（Murphy）和帕拉迪（Pardy），2010]。

这是什么意思？这意味着运动员单腿深蹲时的负重能够超过他用双腿深蹲时负重的一半。如果把总力量除以二，我们用单脚站在地上时其实比用双脚站在地上时更有力。我们训练的每一个运动员做后脚抬高分腿蹲时的负重都可以比做颈后深蹲时负重一半多得多。事实上，当测试颈前深蹲和后脚抬高分腿蹲时，我们有很多运动员都可以在这两种深蹲中使用相同的负重。我知道这感觉是不可能的，但其实真的可以。

所以，第一步还是教深蹲动作模式。请注意，我说的是深蹲动作模式，而不是深蹲。我们的目标是深蹲姿势的灵活性，而不是用颈后深蹲或颈前深蹲姿势举起杠铃。只需教运动员自重深蹲、高脚杯式深蹲或壶铃硬拉，就可以揭示有关力量、柔韧性和潜在伤病的重要信息。自重深蹲和高脚杯式深蹲可以用来评估髋关节和踝关节的灵活性，腘绳肌的柔韧性，以及下肢的总体状况。

运动员在做自重深蹲时若不能达到大腿与地面平行的姿势（图6.8），原因往往是踝关节或髋关节的灵活性不足，腘绳肌柔韧性不够，或是这三个因素的综合。纠正深蹲模式的第一步是可以在深蹲时抬高脚跟。用一块约2.5×10厘米左右的板或特制的楔子垫起脚跟，这个方法能帮助大多数运动员下蹲到适宜的深度。加这块板仅仅是人为地提供了踝关节灵活性。

注：抬高脚跟完全不会损害膝关节。我们没有见过任何科学研究证明抬高脚跟会增加对膝关节的压力。事实上，几十年来，奥林匹克

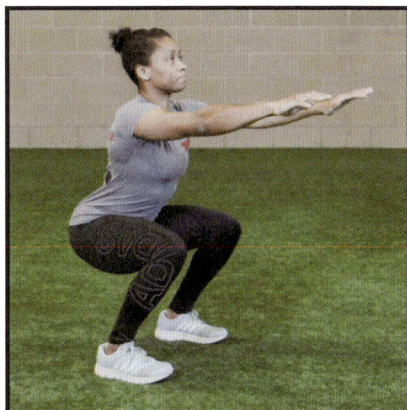

图6.8 运动员在做自重深蹲时若不能达到大腿与地面平行的姿势，原因往往就是踝关节或髋关节的灵活性不足，或者腘绳肌柔韧性不够，或是这三个因素的综合

举重选手和高水平力量举选手在比赛和训练中都穿着增高鞋。

正确的深蹲模式包括教运动员将重心保持在脚后跟，并后坐到深蹲姿势。大多数运动员听到指令"深蹲"时，他们的大脑告诉自己的身体，用最简单的方法把髋降下去。

对于力量较弱的运动员，最简单的方法往往是不要给力量弱的肌肉（通常是股四头肌）造成过大的压力。力量较弱的运动员或伤愈重新开始训练的运动员经常在开始下蹲时通过膝盖前屈过脚尖来降低重心，直到达到踝关节活动范围的极限之后（图6.9），才开始以膝关节为主导。为了实现大腿与地面平行的位置，这种以踝关节主导的深蹲会导致过度屈膝。

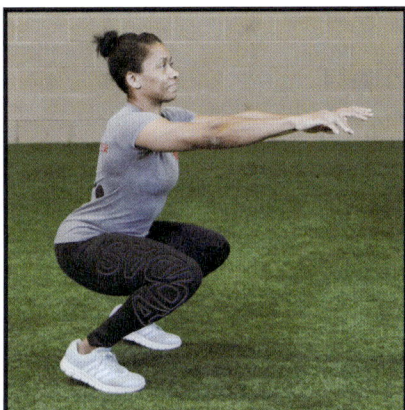

图6.9 力量较弱的运动员或伤愈重新开始训练的运动员经常在开始下蹲时通过膝盖前屈过脚尖来降低重心，直到达到踝关节活动范围的极限

深蹲至力量举式平行

大多数物理治疗师和运动防护师在犯的错误是，只根据膝关节活动角度来描述深蹲，往往指导病人下蹲至90度。然而，我们的目标姿势是股骨（大腿骨）要平行于地面。在实现大腿与地面平行之前，膝关节早就可以达到90度。

而力量教练通常不会从膝关节的角度来定义下蹲深度，而是用股骨与地面的这种平行关系来定义。如果运动员深蹲是以踝关节主导，下蹲到股骨平行姿势常常会使膝关节的活动角度大于135度。这种踝关节主导的深蹲常见于有膝关节疼痛或髌骨肌腱炎（股四头肌腱的肌腱炎）的运动员。

指导深蹲模式的关键，是把治疗师想要限制运动员膝关节屈曲范围的想法和体能教练想让运动员大腿与地面平行的愿望结合起来。体能教练、运动防护师和物理治疗师都需要有同样的认识。运动员获得的指导必须既考虑到教练，又考虑到运动防护师或物理治疗师。一定要指导运动员在进行自重深蹲时尽量减少踝关节的活动范围并尽量增大膝关节的活动范围。

我们的训练方案里总是会教全蹲。我们对全蹲的定义是大腿的上部平行于地面。

我们使用约30厘米的训练跳箱作为教深蹲时的深度标准。我们用Airex垫调整高度以得到一个能让大腿平行地面的深度。到底有多少运动员可以使用一个30厘米左右的跳箱？这个结果你会感到很惊讶。

请注意，这并不是箱式深蹲，而是利用箱子实现自重深蹲或高脚杯式深蹲所要达到的深度标准。半蹲或微蹲（全蹲的四分之一）永远不应该教，也不应该用。半蹲和微蹲常见于设计很差的体能方案。由于在这些不完整动作中使用较大的重量，背部受伤风险更大。

柔韧性正常的运动员可以在不抬脚后跟的情况下下蹲至大腿与地面平行。柔韧性较差的运动员可以把脚跟踮起来。学习深蹲模式是增加下肢力量、速度和纵跳能力的第一步。

在某些圈子中，深蹲低于平行线的概念变得流行起来。然而，应谨慎采用我称之为"力量举式平行"以下的深度。卡尔·克莱因（Carl Klein）在其上世纪70年代的里程碑式作品《运动中的膝关节》（*The Knee in Sports*）一书中曾告诫不要进行全蹲。可悲的是，许多人只是读到了克莱因的建议，却没有读到他的书。正如人们所说，魔鬼藏在细节中。克莱因告诫不要进行全蹲而引发了很大的争议。但是，遵循克莱因建议的医生中极少有人真正读过这本书或者看过书中的照片。

克莱因警告说："在接近全屈曲时，内侧和外侧副韧带的前部纤维均紧张，并牵拉至超出其正常长度的状态。在膝关节全屈曲时，膝关节因杠杆效应被迫分开，所以前十字韧带也受到牵拉，如果大腿后侧和小腿的肌肉比较厚实则效果更明显。连续这种形式的动作最终将削弱这些支持性韧带的完整性，在受到牵拉时可能会降低'牵拉作用下的预备状态'(stretch-effect readiness)（也就是本体感受的刺激），得不到有效的肌肉支持"（14）。

克莱恩接着说，"下蹲的深度应控制在大腿刚刚越过平行位置。若超出这一点很多，腘绳肌和小腿肌肉之间所发生的杠杆作用就迫使关节在前面和侧面被分开，从而牵拉到韧带"（30）。

即使四十年后，我们也很难驳倒克莱因的逻辑。低于平行线的深蹲确实会带来一些受伤的顾虑。

主要的问题在于克莱因对全蹲的定义。克莱因的全蹲是主要由奥林匹克举重选手使用的低于平行线的版本，但现在在力量训练的一些铁杆群体中比较流行。

克莱恩提出了一个非常合理的顾虑，"在全蹲姿势中，内侧软骨的后角或边缘被锁定在胫骨和股骨之间……如果在这个时候，关节力学受到任何形式的破坏，软骨的后部保持固定而前部向前移动，结果就会是后部撕裂"（56）。

最关键的是，"不需要冒双腿屈曲到平行线以下的风险，也可能培养出很好的腿部力量。因此，除非你是高水平举重运动员，并且发现这种深蹲模式对你特别有效，否则我们强烈建议你在练习时不要蹲到平行线以下"（57）。

最终意见：下蹲到"力量举式平行"，避免当前流行的手枪式深蹲。

基准、退阶和进阶

　　我们将上肢练习和下肢练习分成为基准、退阶和进阶。基准练习是普通运动员的一般起点。从这里开始，运动员或者进阶，或者退阶。进阶练习带有从易到难的编号。退阶练习也带有编号，但顺序则是容易，更容易，最容易。因此，进阶3将是相当难的练习，而退阶3则是最为简单的。

自重深蹲

基准

　　对于自重深蹲（图6.10），开始时双臂在身体前方伸出，双手与肩同高。应挺起胸腔，上背部和下背部略弓并紧张。双脚分开大约与肩同宽，略向外转约10~15度。如果柔韧性不足，可以采用宽站姿，以下蹲至适当的深度。如果运动员在下蹲过程中出现以下情况：身体前倾、脚跟离开地面、骨盆在下蹲时后倾，就可以在鞋跟下放一块约2.5×10厘米板、一块10磅（约5公斤）的杠铃片或一个特制的板子。

　　尽管许多权威专家告诫不要在脚跟下放物体。但是，在我们的训练中心，运动员运用此法取得了巨大的成功，并且没有膝关节疼痛的现象出现。

图6.10　自重深蹲

下降

1. 在下蹲之前，通过鼻子深深吸一口气。
2. 在下降进入深蹲时，集中精力向后坐，将重心放在脚跟上。我喜欢提示初学者脚趾向上抬，顶住鞋子的顶部。如果将重心放在足中部或脚趾上，会让身体前倾，这样不好。不要呼气。双手保持与肩同高。
3. 缓慢下降直到大腿上面，与地面平行。
4. 在下降过程中，膝盖应保持在脚趾上方。膝盖不要内扣；允许膝盖在脚趾上向外展。

上升

1. 专注于挺胸向上，把髋关节向上向前带。
2. 脚跟蹬住地面。
3. 呼气时噘起嘴唇，有力地吹气，好像吹蜡烛那样。

学习高脚杯式深蹲

退阶1＋进阶1

深蹲的第一个退阶练习需要增加重量。意外的是，第一个进阶练习也需要负重。其实，进阶和退阶是同一个练习。我知道这听起来很矛盾，但先忍一会儿。

高脚杯式深蹲

退阶1

在本书中，除了这个练习，另外只有一个练习是我提倡要通过增加重量来使其更容易的（稍后详述）。其实，我知道这是违反直觉的建议，我甚至会说，技术问题中的90%源于使用的重量过大。但学习自重深蹲是其中一个例外。

如前所述，对于任何一个不够完美的深蹲，第一个纠正措施总是脚跟垫板。第二个纠正措施是增加一个哑铃，摆成高脚杯姿势。

在体能大师丹·约翰所推广的高脚杯姿势中（图6.11），双手拿着哑铃的一端。

约翰将它比喻为拿着一大杯饮料或一碗汤（注意：*汤碗式深蹲*这个名字作为术语就太不好听了）。

图6.11   高脚杯式深蹲

动作的关键是，哑铃的上端要接触到胸骨和锁骨，而下端则保持与下胸骨或剑突接触。

高脚杯形式的负重效果是非常神奇的。以高脚杯姿势拿着哑铃可以瞬间把不好的深蹲变成好的深蹲。这是不折不扣的魔术。

在听到丹·约翰反复赞美高脚杯式深蹲后，我们在MBSC做了一个简单的实验。我们找来我们深蹲做得不好的人。大多是十几岁的男孩，在高脚杯姿势下给他们10~20磅（5~10公斤）的负重。结果是100%的变好，每一位运动员看起来都做得更好了。高脚杯的方式就像反射一样，能激活核心和上半身的稳定肌，结果就是技术的显著提升。再说一遍，高脚杯式深蹲的关键是在整个动作的过程中都保持两个接触点（锁骨和剑突）。如果哑铃下部失去与身体的接触，这表明身体出现了前倾，那么就必须要纠正。

重要提示：可以使用高脚杯式负重的每一个下肢练习，都应该首先使用高脚杯式负重。使用高脚杯姿势直到运动员不能再将哑铃举到位为止。通常哑铃才能与身体有更好的接触，不要用壶铃。

高脚杯式深蹲

进阶1

不难理解，能够把不好的深蹲变成好深蹲的技巧，同样可以使好的深蹲变得更好。不管是技术完美的人还是技术较差的人，我们的第一个负重选项都是相同的——在高脚杯姿势中增加一个哑铃。这是我们负重深蹲直到运动员不能保持两点接触的唯一方法。我们的男性高中运动员在高脚杯姿势中使用120磅（约55公斤）的哑铃并不少见。我们的女性运动员可以轻松地达到70~80磅（30~35公斤）的范围。事实上，我们只有在帮助运动员练习奥林匹克举时才使用杠铃（详见第10章）。

壶铃相扑式硬拉

退阶2

我知道，更加混乱了。刚才我说的是如果你深蹲做不好，那就尝试加点重量，这已经非常违反直觉了。现在，我又说退阶到硬拉？我真的爱上了单个壶铃和单个哑铃的相扑式硬拉练习。如果你没有壶铃（它有方便的手柄），运动员只需将哑铃倒过来，放在地板上，并抓住上端就可以了。壶铃相扑式硬拉的好处是，它简单得不能再简单了。

采用下蹲的姿势，臀部一直向后坐，直到哑铃的一端或壶柄在可触及的范围内就能抓住。背阔肌和下斜方

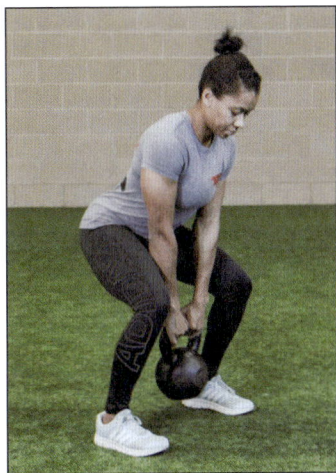

图**6.12** 壶铃相扑式硬拉

肌发力，把它提起来（图6.12）。有些举重运动员会使用更偏向于硬拉的模式（较多髋关节运动，较少膝关节运动），这没有问题。

根据我们最近几年的经验，这个练习一直是一个关键的退阶练习。在运动员能够顺利拿起最重的哑铃之前，我们一直采用壶铃或哑铃相扑式硬拉作为我们主要的下肢练习。

注：我们最后几乎总要从壶铃转向哑铃。因为我们最重的壶铃为46公斤（约100磅），而我们最重的哑铃是120磅。

双脚垫高的哑铃硬拉

进阶2

一旦运动员可以使用120磅（约55公斤）（或你最重的哑铃）进行练习，就让他双脚踩在约15厘米高的箱子上，用来增加活动范围。这个进阶过程需要3~4周。一般来说，我

们在增加了动作范围后，会减少大约20磅（约10公斤），即120×5变为100×5。

菱形架或六边形架硬拉

进阶3

菱形架或六边形架硬拉（图6.13）、壶铃硬拉和高脚杯式深蹲是我们的三大双侧练习。其中壶铃硬拉和高脚杯式深蹲可以作为初学者的基本练习，菱形架硬拉可以作为主要的双侧力量练习。

菱形架是一个伟大的发明，它使硬拉动作（重物在手中）和类似深蹲的模式（膝和髋的深度运动）组合在了一起。实际上，因为身体从菱形架中穿过，所以杠铃杆拉离地面后必须从膝关节前移动的问题就被消除了。这消除了前后剪切力的影响，一些举重选手可能因剪切力而难以完成硬拉。

菱形架也可以在更偏向于常规的硬拉模式（髋关节大幅屈曲，加上有限的膝关节弯曲）或改

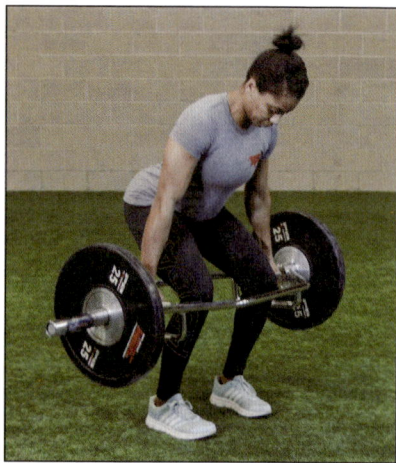

图6.13 菱形架硬拉

良版直腿硬拉模式中使用。菱形架是一个非常有用的工具，因为它是一个双侧的全身练习，如果能正确完成，对背部来说会比深蹲更加安全。

硬拉可能比深蹲对下背部造成的压力更小，其原因居然和肩关节的活动能力有关。肩关节活动能力差，则需要腰椎后伸来代偿。肩关节活动能力差是背部疼痛的主要致病因素。如果运动员想将杠铃放在肩膀上进行深蹲，却缺乏肩关节活动能力，他会怎么做呢？他会伸展腰椎。如果他想在颈前深蹲中让手肘提起来，但肩关节活动能力不足，他会怎么做呢？他会伸展腰椎。

正如髋关节和脊椎是有联系的，腰椎和肩关节同样如此。下次如果遇到有腰痛的运动员，不要只是看他髋关节的活动能力；还要看看肩关节的活动能力和他所选择的练习。这就是为什么与深蹲相比，在硬拉中较少出现腰痛问题的原因。这个练习对于肩部外旋能力不足的人来说，能消除被迫的外旋，可以让背部痛症明显减少。知道吗，在你聆听并思考时，所学到的知识是非常令人惊奇的。

菱形架硬拉就是在第一版《体育运动中的功能性训练》中所说的复合练习，即深蹲和硬拉之间的交叉。在任何情况下，它指导起来都会比较简单。并且因为菱形架的独特设计会比常规的硬拉更加安全。钻石形状的菱形架可以让运动员站在里面，只需要提着负重站起来就可以了。它不同于传统硬拉，可以避免背部压力过大，因为运动员可以向后坐而不会向前倾。菱形架不需要像杠铃杆那样，始终需要离小腿很近，从而消除了传统硬拉的许多潜在危害。

给深蹲模式减轻负重

`退阶3`

如果高脚杯式深蹲未能正确纠正动作技术，可以有另一种选择，特别适合年纪较大的客户，就是给深蹲模式减轻负重。有些年纪较大的客户或受伤的运动员可能就是因为力量太弱，所以无法正确完成深蹲模式。减轻负重可以实现低于自身体重的练习，并且不需要腿部推蹬机等机器的帮助。减轻负重可使用任何悬吊装置（例如，吊环、TRX）或下拉器械来实现。通过使用较少的上肢辅助（吊环或TRX的情况下），或通过减小下拉机器上的重量来逐步增加负重。我更喜欢用下拉器械，因为它可以让你量化辅助的减少量。

在一定程度上掌握了正确的动作后，就是增加负重的时候了。有许多负重工具，包括但不限于杠铃、壶铃、哑铃、石头和砖块，但要记住：首先要掌握正确的动作。

发展单腿力量

在过去十年来，单腿力量的发展过程已有了显著的进展。十年前，极少会看见有运动员进行单腿功能性练习。事实上，很多教练曾嘲笑过像弓箭步和多种单腿下蹲这样的单腿练习。就算运动员真的去做单腿练习，通常也是基于器械的单侧练习，比如单侧腿推或单侧腿屈伸练习。现在，有些教练已完全抛弃了传统的双腿练习，并倾向于严格执行单腿训练方案，对有腰背问题的运动员和对力量训练存疑的运动员尤其如此。很多运动员如果以前并没有着重进行过大重量的力量训练，会对颈后深蹲和高翻等练习持保守态度，但对单腿力量训练和快速伸缩复合训练的想法却很开放。单腿训练让那些有可能完全不愿意力量训练的运动员积极地锻炼下肢。

虽然传统的力量方案一直忽略单腿训练，但其实单腿力量对于速度和平衡的改善以及预防损伤都极其重要。单腿力量是功能性下肢力量训练的精髓；我们有理由认为，对于大多数运动项目而言，所有的双腿练习都是非功能性的。

虽然将双侧深蹲和硬拉都视为非功能性练习可能会有点极端，但这种说法却指出任何力量训练方案都需要单腿练习。不幸的是，许多力量训练方案仍然只专注传统的双腿练习，比如深蹲和硬拉，更糟的是，仍然只专注那些完全非功能性的腿部练习，如器械蹬腿、腿部伸展和屈腿练习。

要正确地解释功能性与非功能性的争论，我们回到本书前文中已提出过的一个简单问题。有多少运动项目在比赛的时候需要双脚同时接触地面？答案是只有一个：赛艇运动员会用双腿同时发力。然而，大多数的体育运动技术是用一条腿完成的。出于这个简单的原因，力量训练方案以单腿力量为培养重点至关重要。

单腿力量非常特殊，它不能通过双腿练习来培养。在单腿站姿与双腿站姿中，骨盆稳定肌的动作是不同的。单腿练习迫使臀中肌（在臀部里面的肌肉）、内收肌和腰方肌（下背部的肌肉）作为非常关键的稳定肌在工作，而这是体育运动技术关键。在传统的双腿练习中这些肌肉（臀中肌、内收肌、腰方肌）不需要完成其作为稳定肌的角色。此外，目前单腿力量被公认为是减少损伤的关键，并且已成为所有康复、体能重建和膝伤预防训练方案的主要内容。

这些单腿练习被分类为基准、进阶（1、2、3或4）或者退阶。所有的运动员，无论在哪个训练阶段，前三周的训练中都应从适当的基准练习开始。水平更高的运动员几乎都可以加上某种形式外部负荷来完成进阶2练习，但要记住，运动员只有在掌握了一个练习后才应该进行进阶练习。在运动员掌握了基准单腿力量练习后，就可以进阶到下一级的单腿力量练习了。

大多数单腿练习在开始时都可以使用一个简单的自重进阶。意思是运动员在最初的三周内只使用自身体重（无外部重物），但每周增加重复次数，从8次增至10次，再增至12次。这是一个简单的渐进式阻力概念。水平更高的运动员可能希望在开始时就使用外部负荷（杠铃、哑铃或负重背心），但如果没有过单腿训练的经验，我们不鼓励这样做。随着运动员水平的不断提高，可以在训练方案中任意添加单腿练习，前提是重复次数不要少于5次。

分腿蹲

基准

分腿蹲（图6.14）可能是发展单腿力量的最佳练习。分腿蹲既容易执行，又简单易学，所以它在我们的单腿进阶练习中总是第1步。我们有退阶和进阶，但基准练习就是分腿蹲。

在进行分腿蹲时，采用分腿站姿，双脚与肩同宽，前后分开3~4英尺（1~1.2米）。这个站立姿势与地面有两个可靠、稳定的接触点。进行自重分腿蹲时，双手可以交叉放在脑后，或将双手卡在腰部。从该位置，后膝下降碰到地板（或Airex垫子）上，同时保持重心在前脚的脚后跟上。提示的关键点是，后膝下降，重心在前脚的脚跟上。我们不希望重心大幅向前移动到脚掌。膝盖可以向前移动到脚尖上方，但前提是重心要保持在前脚的脚后跟上。

图6.14   分腿蹲

教学提示

在坦帕工作的体能教练布拉德·卡奇马尔斯基（Brad Kaczmarski）给了我们一个非常好的建议，有助于指导分腿蹲。卡奇马尔斯基建议采用"自下而上"的方法，如果运动员在学习这个动作时有困难，我们首先要采取这个方式。要教自下而上，只需让运动员进入跪姿弓步拉伸的姿势，并指导他用脚后跟蹬地，快速站起。提示"自下而上"，可以帮助快速纠正那些后侧髋部姿势或核心控制不好的运动员。

请注意，分腿蹲并不是弓箭步。本练习没有双脚的移动和跨步。分腿蹲还有额外的好处，可以培养平衡和屈髋肌的动态柔韧性。

技术要点

- 集中精神让后腿膝盖下降到地板上，重心放在前脚的脚跟上。
- 保持抬头挺胸。双手放在头后的姿势最适合初学者。
- 把后脚当作一个平衡点。不要使用后腿来发力。
- 如果运动员感觉有困难，要想着自下而上。
- 后腿的膝关节应稍微弯曲。如果姿势正确，运动员可以感觉到屈髋肌的轻微拉伸。

所有这些单腿练习的初始负重最好都采用前文所描述的高脚杯式姿势。采用高脚杯式姿势负重，直到运动员难以让哑铃到位为止（保持两个接触点），然后转换为使用两个哑铃的双侧负重姿势。

注：多年来，我们都很快地从分腿蹲转换到后脚抬高分腿蹲。现在回想起来，这可能是一个错误。当初快速转换的原因是，随着负重的加重，运动员抱怨后脚的大脚趾承受的压力过大。然后我们就让每个人都转换了练习，之后才意识到，我们应该坚持分腿蹲直到运动员抱怨大脚趾不适再让他们转换，而不是简单地分腿蹲三周，就马上转换到更高级的动作形式。我们发现，运动员会在分腿蹲中变得非常强壮有力，并且没有抱怨。

后脚抬高分腿蹲

进阶1

在过去的五年中，后脚抬高分腿蹲一直作为我们训练方案中的主要下肢力量练习。我们的传统分腿蹲至少练习6周，随后就转换到后脚抬高分腿蹲。

练习后脚抬高分腿蹲（图6.15）时，起始动作与分腿蹲类似，但后脚要放在长凳或专门设计的圆台上。脚面一定要向下。不要让运动员只把脚尖放在长凳上。如果运动员在做后脚抬高分腿蹲中试图用脚趾来平衡身体，他们将不能够承受较重的负重。

图6.15　后脚抬高分腿蹲

这个姿势有一个稳定的支撑点在地面，但还有一个稍微不太稳定的点在长凳或圆台上。与分腿蹲相比，这个练习的难度有相当明显的提高，因为后腿现在提供的稳定性和辅助都较少。从这个姿势开始下降，直到前侧大腿平行于地面，后腿的膝盖几乎接触地面为止。与分腿蹲练习一样，双脚并没有移动，并且也可以改善屈髋肌的动态柔韧性。

该练习可以从自重练习开始，遵循前面描述的8-10-12自重进阶过程，但最好是配合哑铃或壶铃来进行力量训练。开始时以高脚杯姿势使用哑铃负重。只要运动员可以将哑铃移动到位（两个接触点），就可以继续使用高脚杯式负重。我们的男运动员已经使用超过100磅（约45公斤）的负重，而我们的女运动员在更换负重模式之前通常使用50~60磅（23~27公斤）。一旦运动员不能再使用高脚杯式负重，从握法和平衡的角度来看，壶铃都是非常合适的替代品。我们将减少至每条腿每组做5次（例如，3组，每条腿每组5次）。运动员将很快到达使用现有最重的哑铃或壶铃的阶段。根据需要，可以使用负重背心来增加额外的负荷。在后脚抬高分腿蹲中的负重需要比前面练习的分腿蹲负重轻30~40磅（13~18公斤）。这意味着，练习难度的进阶导致了负重的退阶。

为了让读者了解负重的情况，我提供一些数据以供参考，我们有些女运动员可以使用一对36公斤重的壶铃（每只手80磅）完成10次，而男运动员可以每只手使用120磅（约55公斤）的哑铃完成10次。

单腿深蹲

进阶2

单腿深蹲（图6.16）是单腿练习之王。它可能是最困难的，但也可能是最有用的。单腿深蹲要求只用一条腿，对侧腿对平衡或稳定没有任何贡献。不像在分腿蹲的各种变体中，后脚还能提供一些支撑，在进行单腿深蹲练习中，由于没有了对侧腿接触地面或长凳下的帮助，骨盆肌肉必须作为稳定肌。这一点的重要性怎么强调也不过分，因为在所有冲刺动作中，都需要骨盆或髋关节的稳定性。在冲刺过程中，支撑腿必须在没有摆动腿的任何辅助下产生力量。

有些运动员一开始做不了这个练习也不必灰心。大多数运动员在最初几次都会感到不稳或笨拙，可能需要几次训练才可以适应。单腿深蹲的一个主要好处是可以培养平衡能力。

图6.16　在增强式箱子上的单腿深蹲

注：不应混淆单腿深蹲与手枪式深蹲。我们有很多理由不做也不赞成做手枪式深蹲。虽然这两个练习看起来很相似，但它们是不可互换的。与手枪式深蹲相比，单腿深蹲给屈髋肌的压力明显更小，因此对下背部的压力也就更小。选择在箱子上练习，而不是在地板上练习，可以让自由腿放得更低。由于过度使用屈髋肌来保持自由腿伸展且平行于地面，手枪式深蹲常常会引起腰背痛。另外，单腿深蹲只需做到大腿平行地面的位置。不要尝试蹲至低于水平线。低于水平线的深蹲经常会导致腰椎呈弧形，并且可能会让内侧半月板的后部被挤压到关节线里。记住，在膝关节屈曲时，关节中的半月板会向前移动，在深蹲低至水平线后，半月板的后部（后角）可能会受到挤压。

技术要点

- 站在跳箱或长凳上，双手拿着一对5磅（约2.5公斤）的哑铃。这是负重能使得力量训练更容易的第二种情况。单腿深蹲时每只手5磅所带来的平衡力使它比没有任何负重时完成起来更容易。试着下蹲到大腿平行于地面的位置。使用哑铃可能看起来不太适合，但平衡力作用肯定会让这个动作更容易学习。
- 在开始下蹲进入深蹲姿势时，将哑铃提至与肩水平的位置以帮助重心后移到脚后跟上。
- 专注于将重心保持在脚跟，以减少脚踝的移动，并且在下蹲到最低位置时避免膝关节超过脚尖。在脚后跟下面垫上一块板子或一个特制的坡形楔子会非常有帮助。

- 下蹲从膝关节屈曲开始，而不是从脚踝开始，这一点非常重要。教练要仔细观察这点。

大多数运动员应该从双手各5磅哑铃，完成3组，每组5次开始。通过增加重复次数或通过增加哑铃的重量来进阶，具体取决于训练周期的阶段（例如，力量阶段或积累阶段）。像后脚抬高分腿蹲那样，每条腿的练习不要少于5次。

部分单腿深蹲

退阶1

单腿深蹲是极少数可在小于所描述的活动范围内练习的动作之一。虽然我们一般都要避免只做局部活动范围的练习，但从髋关节和骨盆的稳定角度来看，该练习的价值如此之大，非常值得我们去教那些无法深蹲到要求（直至达到平行）的客户或运动员去练习。我称之为渐进性活动范围训练。不用渐进性的阻力，这个练习的阻力（体重加上每只手拿5磅哑铃）保持恒定，但运动员或客户要努力去达到教练要求的动作范围。我们一般通过堆叠Airex垫子来增加或减少下蹲深度。

单腿硬拉

退阶2

在第一版的《体育运动中的功能性训练》中，我们称这个练习为滑冰者单腿深蹲。我们用这个词是因为该练习被描述为跳箱单腿深蹲的冰球专项版本。不需要保持躯干直立并把自由腿伸向前方，而是用躯干去触碰大腿，并且让自由腿

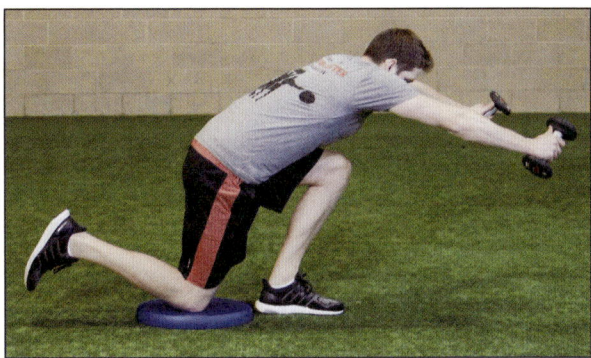

图6.17 单腿硬拉

的膝弯曲向后。这种向前屈的姿势模拟了滑冰者的出发姿势。然而，随着我们对深蹲和硬拉的思维过程发生了变化，我们意识到，该练习有很深的髋部运动，所以应被归类为硬拉。实际上，如果从侧面观察，关节角度几乎与菱形架硬拉完全相同。

对于那些因腰背问题而不能训练硬拉的人来说，单腿硬拉是一个很好的替代练习。它并不是稍后会介绍的单腿直腿硬拉，尽管这两个练习中髋关节和膝关节的运动方式有共同之处。这是第三个使用负重会让动作变得更好的练习。就像单腿深蹲那样，开始时双手各持一个5磅（约2.5公斤）的哑铃。

遵循8-10-12的自重练习进阶，然后用哑铃和负重背心的组合来增加重量。

弓箭步

进阶3

弓箭步（图6.18）是另一个非常好的单腿练习。许多人错误地认为这是深蹲的一个更容易的替代动作。其实，弓箭步会产生很大的酸痛感，并且不容易简单归类。弓箭步的主要优势也是它成为高级练习的原因，就是在身体向前移动时，下肢肌肉必须要努力减速。弓箭步是一个高级进阶，因为身体必须为减速部分进行适当的准备。此外，弓箭步能为髋部区域提供非常好的动态拉伸，仅仅是这个

图6.18 弓箭步

原因，就可以把它包含在常规力量训练和热身当中。腹股沟或屈髋肌有问题的运动员会发现弓箭步是一个非常有益的练习。

技术要点

- 背部应保持紧张并略弓，上半身应保持直立。
- 该动作开始时，双脚并拢站立。
- 迈步的距离应该只是略短于运动员的身高。迈步应该足够长，才能微微拉伸后腿的屈髋肌。
- 该动作过程是先前跨一步，再向后"蹬地"回到原位，结束时双脚并拢。

每条腿可进行多达10次的练习，以锻炼耐力。弓箭步可以与其他练习组合，成为腿部循环练习中的内容。

滑板弓箭步

进阶3A

滑板弓箭步是一个极好的单腿练习，结合了单腿力量、动态柔韧性以及适度的不稳定性。该运动对训练和康复都非常好。为了避免独占滑板，这个练习可以在4英尺（约1.2米）长的滑板顶部材料上进行，不必使用滑板本身或者滑垫来完成。后脚穿上滑板套并向后滑，做后弓箭步动作（图6.19）。后脚向后再向前滑动，同时前脚进行单腿深蹲。

图6.19 滑板弓箭步

　　双手放在头后，并保持前腿膝盖在足中部的正上方。这是一个非常有趣的练习。它看起来像一个分腿蹲，但拉的动作可能使它与单腿直腿硬拉等练习一同被划分为后链类型。如果你只能做一种下肢训练，一个看起来像膝关节主导，而实际上是由髋关节主导的练习就是一个很好的选择。滑板弓箭步的一个缺点是，我们使用较大的重物的效果不是那么好。当用作力量练习时，该练习的效果似乎会受影响，所以最好在增肌和解剖适应的早期阶段中进行练习。

　　对该练习使用自重进阶过程，因为它包含额外的牵拉和不稳定性因素。

侧步蹲

进阶3B

　　侧步自重深蹲既可以作为热身练习，也可以作为力量练习。这是一个非常好的练习，可以促进内收肌的动态柔韧性，并增强需在额状面内移动的运动员（如棒球运动员或冰球运动员）的力量。双脚开立，分开大约4英尺（约1.2米），并坐向一侧（图6.20）。重心保持在蹲下那一侧的脚跟上，并保持膝盖在脚尖正上方。在该练习中，站位越宽越好。身高超过173厘米的运动员若双脚分开不到4英尺，将难以完成该练习。

　　侧步蹲可使用自重进阶方式。

图6.20　侧步蹲

侧向弓箭步

进阶4

　　侧向弓箭步是在额面中完成的减速型练习。换句话说就是身体从一侧移动到另一侧。学习了侧步蹲的运动员将无缝地进阶到侧向弓箭步。侧向弓箭步和侧步蹲都既能被用作动态热身，又能被当作力量练习。

不赞成登台阶

　　登阶可以作为深蹲的替代练习，但与前面提到的所有单腿部练习相比，登台阶可能会让膝盖有问题的运动员感到更多不适，因为它缺乏初始的离心收缩。登台阶并不是单腿练习的首选，因为作弊太容易了，运动员可以用在地上的脚来蹬地。

提高单腿稳定性

运动员经常在分腿蹲和单腿长凳蹲中做得不错，但很难完成真正的单腿深蹲。通常这些运动员也会有膝盖问题，如髌骨软化症（膝盖软骨软化）、髌骨肌腱炎或其他髌骨综合征。根据我的经验，这些运动员在深蹲时通常难以稳定下肢的原因是他们髋部侧面较弱。臀中肌是髋部经常被忽略的一块肌肉，其主要功能是在单腿动作（如跑步、跳跃和深蹲）中稳定下肢。

很多运动员的这块肌肉要么是薄弱的，无法完成其功能，要么是神经上没有"兴奋"起来。因此，膝关节的支撑结构被迫要代替臀中肌来提供稳定性。这可能意味着髂胫束、髌腱或膝骨部位的疼痛。多年来，这些问题都归咎于股四头肌力量不足，为了解决这个问题，医生和治疗师开出的处方都是些简单的非功能性练习，如腿屈伸。最近，物理治疗师和运动防护师已经开始认识到外侧臀肌在这些膝关节问题中的作用。

我们发现有两种方法可以让这些肌肉"兴奋"起来：迷你弹力带侧跨步和交叉后伸。

迷你弹力带侧跨步

迷你弹力带侧跨步是让外侧臀肌兴奋的简单方法。运动员只需把弹力带套在脚踝外侧，并横向移动就可以了。使用迷你弹力带侧跨步时，两侧髋关节同时外展，站立腿属于闭链外展（脚与地面接触），另一条腿则是开链外展。迷你弹力带练习有两大关键点。

- 保持弹力带的张力。双脚必须分得足够远，以保持弹力带的绷紧状态。
- 不要摇晃。一般外侧臀肌较弱的人经常会向两侧摇晃，而不是横向跨步。

为了刺激髋部旋转肌群，将弹力带套在双脚上，而不是在脚踝处，可以对双脚产生一些内旋力，给髋部外旋肌更大的刺激。

交叉后伸

交叉后伸可以在所有以膝关节或髋关节主导的练习中使用，以更大程度地促进臀肌的参与。可以提高臀肌的参与度。复杂的解剖学解释是，骨盆顶着固定的股骨旋转，使髋关节产生内旋。因为臀肌是外旋肌，它们受到拉伸后再发力就会有更大的参与度。这会使髋关节的稳定性更强。有趣的是，许多人将髋关节稳定性看作是膝关节稳定性，并将不稳定性描述为"膝关节内扣"。其实，这种膝外翻是髋关节内收和内旋的共同结果，完全不是膝盖的问题。

髋关节伸展和腘绳肌的健康

如前所述，伸展髋关节的肌肉主要是臀大肌和腘绳肌群，但它们在许多训练方案中仍然被忽略。许多方案过分强调深蹲和深蹲的变体练习，而忽略了伸髋肌群。

在方案设计中一定要理解，膝关节主导的练习（如深蹲和单腿深蹲的变体）对臀肌和腘绳肌的影响不同于约翰和查苏莱恩在《简单的力量训练》中所描述的髋关节主导的练习，因为后者是膝关节弯曲微小的髋部深度运动。虽然功能解剖学概念告诉我们，每一个下肢练习都包含所有肌肉的参与，但髋关节和膝关节的屈曲程度决定了参与的重点区域。为了让臀肌和腘绳肌得到更多的利用，动作必须以髋关节为中心，而不是以膝关节为中心。

要理解这个概念，请想象单腿深蹲。髋关节与膝关节在大约90度的活动范围内同步移动。一般而言，每1度的膝关节移动就会有1度的髋关节移动。练习的重点由膝关节伸肌和伸髋肌均分，并且膝关节和髋关节都有深度移动。在诸如单腿直腿硬拉这样的练习中，髋关节的活动范围有90度，而膝关节则保持略微弯曲10至20度。这是髋关节的深度移动。一个设计合理的方案必须平衡膝关节主导的练习和髋关节主导的练习。

髋关节主导的单腿进阶练习

为了提高成绩和防止腘绳肌受伤，可能没有什么比单侧髋关节主导的练习更重要的了。我甚至会说，像单腿直腿硬拉及其变体这样的练习是在下肢方案中最重要的练习。这种情况的主要原因是，在常规的力量训练方案中，后链往往被忽视。在运动中，很少听说会拉伤股四头肌，但拉伤腘绳肌是很常见的。在设计功能性力量训练方案时，不要忽视这一关键区域。

单腿直腿硬拉

基准

单腿直腿硬拉已成为后链练习之王。它不仅发展整条后链（臀肌、腘绳肌和长收肌），还可以增强平衡。该练习安全，具有挑战性，而且极为有益，正是我们前面提到的"膝关节弯曲微小的髋部深度运动"的经典例证。目前有一个时髦的术语可以最准确地描述单腿直腿硬拉的动作，就是髋关节铰链的概念。髋关节铰链能力是无需弯曲腰椎，只用髋关节运动的能力。膝关节弯曲10~20度，余下的所有动作都来自髋关节。关键是腰椎的零屈曲。这个动作经常被称为"捡高尔夫球"，因为它类似于从草地上捡球的动作。

　　如果我只可以在方案中安排两个下肢练习，那基本上就是分腿蹲和单腿直腿硬拉。如果是针对初学者设计的方案，我也会用同样的这两个练习来开始。在我们的方案中，首选的是单腿直腿硬拉，而不是任何双腿版本的后链练习。单腿后链练习明显比双腿后链练习的功能性更强，单腿后链练习同时可以挑战平衡和本体感觉则益处最大。单腿直腿硬拉的下一个好处是它给脚踝提供了极好的本体感受训练。其他优点包括，不一定需要大负重，并且背部受伤的可能性几乎不存在。

　　这是另一个像侧步蹲那样，既可以当作自重热身也可以当作负重力量训练的练习。有些时候，我们不用分腿蹲和单腿直腿硬拉做力量训练，而是将它们作为自重练习，目的是训练灵活性和热身。

　　务必要注意，这个练习最终还是要成为一个力量练习。我们有的运动员可以在单腿直腿硬拉中使用高达225磅（约100公斤）的重量。

技术要点

- 支撑脚对侧的手握住一个壶铃或哑铃。（壶铃是首选，因为它易握，并且会产生恒定向下的力。）从髋部开始前倾，同时向后抬起自由腿，腿抬起后要与躯干呈一条直线。心里想着从头到脚是一完整的移动长条（图6.21）。保持挺胸的姿势，下背部要平坦。

图6.21 单腿直腿硬拉

- 尝试着将壶铃或哑铃刚好放在支撑脚内侧的地面上。

- 通过后腿的延伸，想着要尽可能地拉长身体。后脚的脚尖回勾向胫骨，脚跟向后蹬，想象着好像能蹬到后面的墙上。

- 该练习的目的是不要把壶铃或哑铃放到地上。专注于腘绳肌拉伸的感觉，以强化正确的技术。

- 重要提示：如果膝盖内扣，尝试将腿伸向支撑脚的外侧。这种旋转动作让骨盆顶着股骨旋转，能拉伸到臀肌。

每条腿做2组或3组，每组5~10次，具体取决于训练水平和训练阶段。

单腿直腿硬拉伸手版

退阶1

对于学习髋关节铰链动作有困难的人来说，单腿直腿硬拉的伸手版本（图6.22）是绝佳的退阶方式。许多初学者很难用髋部移动，他们总想从腰椎开始活动。很多人在开始时也会很难取得平衡。

伸手版本在开始时没有负重，而且最好用一个锥桶来辅助，这将鼓励和强化伸手动作。在伸手版本中的关键仍然是尽可能拉长身体，但这一次的指令是自由脚向后伸，同时手向前伸。该练习几乎是万无一失的，因为后腿的伸展激活了自由腿的臀肌和腘绳肌，而伸手则激活腰部和胸部

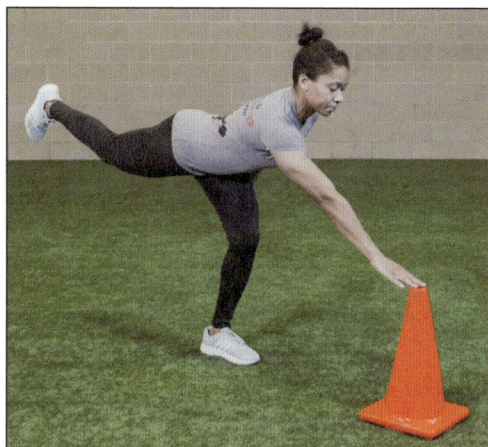

图6.22　单腿直腿硬拉伸手版

的伸肌。运动员和客户可进阶到手持较轻的手柄实心球，但最初的教学指导只需要使用自身体重。该练习可以成为年龄较小（11岁或12岁）或者年龄较大（30岁以上）的客户的基准练习。

技术要点

- 想着后脚的脚尖向前勾起指向胫骨，手向前伸得尽可能远。
- 尽可能地拉长身体。长是一个重要提示，提示"长"将防止腰部屈曲，并促进髋关节的铰链动作。
- 通过手持实心球可以增加负重。较轻的手柄实心球可以产生特别好的效果。

单腿直腿硬拉交叉伸手

退阶2

如果伸手退阶不起作用，往往是因为运动员或客户不能正确使用臀肌来稳定髋关节。这会带来若干的身体不稳和技术错误。为了解决这个问题，鼓励运动员或客户再次在固定的股骨上移动骨盆，在单腿稳定性部分称之为交叉后伸（图6.23）。（不要试图解释骨盆顶着股骨运动；只是告诉运动员要往交叉方向后伸就行了）。交叉后伸能够带动骨盆，让骨盆顶着站立腿的固定股骨进行内旋。其结果是拉伸臀肌，增加肌肉的募集。让站立腿有更好的稳定性。

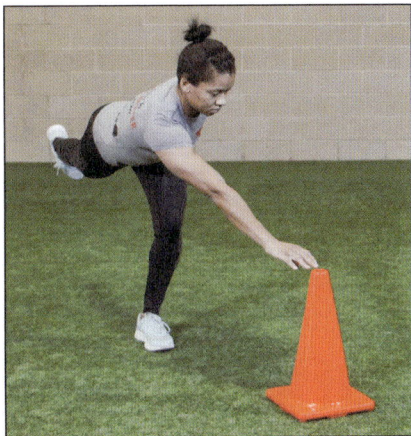

图6.23 单腿直腿硬拉交叉伸手

为了做出这个动作，运动员站在锥桶前，锥桶放在支撑脚外侧30厘米外的地面上，要求她把手伸到身体的对侧去碰锥桶，保持身体挺直。这是一个神奇的纠正练习，往往可以让一个不稳定、摇摇晃晃的运动员马上稳定起来。可以使用带手柄的药球来增加负重。

拉力绳负载单腿直腿硬拉

进阶1

如果场馆有大量低位滑轮拉力绳，可以使用单腿直腿硬拉的低位滑轮版本（图6.24）作为基准练习。在一对一的情况下，这可能是开始指导进行单腿直腿硬拉模式的最佳方式。但是，对于大型团体或运动队可能就不是最实用的选择了。该练习可以是一个负载进阶练习，同时也是很好的教学工具，因为它似乎有一个自我纠正的成分在里面。

图6.24 拉力绳负重单腿直腿硬拉

关键是负载阻力的矢量方向。学员并不是将负重放到地面上，而是被负重拉向前方。这改变了后链的负荷方式，带来了很大的回拉、伸髋矢量。

- 在低位滑轮的前面安装一个手柄。

- 握持手与支撑脚是对侧。
- 再次提示"拉长身体"和非常有力的髋关节伸展。
- 前腿膝关节仍然是屈曲10到20度。

弹力带负载单腿直腿硬拉

进阶2

与前面的练习相同，唯一区别是阻力是由弹力带提供，而不是低位滑轮。这里有双重的好处。

- 如Perform Better的超级训练带等训练工具比低滑轮系统便宜得多。
- 阻力随着髋关节的伸展幅度而增大。

弹力带的其中一个好处（也是潜在的缺点）是，随着弹力带的拉伸，活动范围边界的阻力会增加。这种给后链负载的方式被认为是积极的，因为肌肉压力最大的时刻就是在其活动范围的边界处，在跑步蹬地阶段开始之时。

- 动作的练习方式没有变化。重点仍然是拉长身体，并以髋关节为铰链。
- 所不同的是，该练习在拉伸姿势中最容易，负载随着弹力带的拉长而增加，使髋关节在伸展时所承受的负载最大。

下肢力量和爆发力案例研究：格斯德·切利鲁斯（Gosder Cherilus）

在美式橄榄球中截锋位置的球员需要具备篮球球员的身高、美式橄榄球球员的块头（通常超过300磅）以及卓越的运动能力。坦帕湾海盗队（Tampa Bay Buccaneer）的进攻截锋格斯德·切利鲁斯符合这种要求，他大约195厘米，315磅（约143公斤）。通常，这些运动员的身高会使深蹲和硬拉等练习变得困难。较高的运动员往往难以掌握双侧举重训练的技术，并可能经常发生背部疼痛的情况。然而，如单腿深蹲、分腿蹲和单腿直腿硬拉等练习则让这些巨人们能够刻苦训练，并保持健康。格斯德在过去的五年来通过进行这些功能性练习来让自己在NFL中保持健康。单侧练习对于任何运动员都是很好的，对于那些随着年龄增长，伤病增加，想绕过伤病继续训练的大块头运动员来说更具有特殊的价值。

对于大块头来说，单侧训练的一个好处是，他们的体重自动成为负重的一部分。使用10磅（约5公斤）的负重来完成单腿深蹲或分腿蹲，就等于负重325磅（约147公斤）。因此，大块头球员由于其庞大的体重而获得了功能性练习的额外好处。大块头运动员可以用杠铃证明自己有很大的力量，但如果缺乏相关的功能性力量，单腿深蹲这样的练习对于他们来说就是很大的挑战。

桥式进阶：学习屈腿

髋关节主导的练习可以进一步细分为针对臀肌的练习，以及针对腘绳肌的练习。臀桥和单腿臀桥是核心练习，最初可作为针对臀肌的训练，然后进阶到针对腘绳肌的屈腿变体。

有个难题是，帮助伸展髋关节的肌肉，特别是腘绳肌，仍然经常被错误地作为膝关节的屈肌进行训练。在许多过时的力量训练方案中，有些肌肉群的训练还是根据我们前面所说的起止点解剖学对其功能的陈旧理解来设计的。

尽管一些解剖学文献仍然将腘绳肌群描述为屈膝肌，但腘绳肌实际上是有力的伸髋肌和膝关节稳定肌。腘绳肌仅在非功能性环境下才作为屈膝肌。在跑、跳和滑冰中，腘绳肌的功能并不是弯曲膝关节，而是伸展髋关节。

因此，卧姿或站姿的屈腿等练习是在浪费时间。机械辅助的屈腿练习完全不是运动或在生活中腘绳肌的使用模式和方式。我们经常以这些非功能性的模式来训练或康复腘绳肌，这可以解释用屈腿等练习进行康复后的运动员为什么会反复拉伤腘绳肌。

请注意：本章后面将会介绍瑞士球屈腿和滑板屈腿，这两个练习是例外，因为这些特殊的练习使用了闭链动作（脚与支撑面接触），正确完成时会与臀肌相配合。

将臀肌和腘绳肌作为髋关节伸肌，而不是膝关节屈肌进行训练，长远来看，对消除经常在运动中出现的腘绳肌拉伤大有帮助。提醒运动员和教练，要考虑肌肉的真正功能，而不是解剖书中的描述。忘掉腘绳肌是屈膝肌。将腘绳肌视为有力的伸髋肌，以及在跑步时离心收缩减慢膝关节伸展的肌肉。还要记住，要在膝关节屈曲和伸展两种情况下锻炼腘绳肌和臀肌。对于一部分人来说，这可能是一个重大的思想转变，但它的回报就是健康的腘绳肌。

臀桥和桥式进阶有许多名称。臀桥也被称为提髋和挺髋。我不喜欢*挺髋*这个名称，更喜欢提髋。对我来说，*挺*表示一个有力的动作，缺乏在该练习中非常有必要的控制。臀桥是从核心训练到下肢训练的交叉点。臀桥的初始阶段往往是在方案的灵活性练习和激活部分完成的，此时运动员或客户正在困难地学习动作，区分髋关节伸展和臀肌功能与腰椎伸展。但是，同样的动作将进阶为单侧桥或单腿提髋，以及进阶为抬肩桥和提髋。最终，臀桥的动作形成滑板屈腿或瑞士球屈腿的起点。

单腿臀桥或库克式提髋

基准

著名物理治疗师格雷·库克推广了这一练习，教运动员学会如何快速、轻松地区分伸髋肌和伸腰肌的功能。大多数运动员都没有意识到，在有意限制腰椎的活动范围时，其髋关节的活动范围是多么有限。正确进行提髋或臀桥的好处是，它将核心练习、主动拉伸练习以及臀肌力量练习集中在了一个简单的动作中。

图6.25　单腿臀桥或库克式提髋

要练习该动作，仰卧并且双脚平放在地板上（钩腿卧姿）。然后，放一个网球在肋骨的下端，将一侧腿用力拉回到胸前，夹住网球。之后，踩在地板上的脚向下蹬地然后伸髋，同时对侧腿继续保持网球紧贴肋骨（图6.25）。在该练习中，活动范围只有5~8厘米左右。如果放松上腿不再夹球，活动范围可以大幅增加，但这样做就违背了目的。上腿放松不再夹球后，腰椎伸展就会代替髋关节伸展了。

该练习有三个明显的好处。

1. 该练习使用臀肌作为主要的伸髋肌，同时减少腘绳肌作为伸髋肌的参与。
2. 该练习教运动员如何区分髋关节伸展和腰椎伸展。
3. 教练可以评估屈髋肌群的紧张程度，可能会限制髋关节伸展，并导致腰背部的疼痛。

如果运动员发生腘绳肌痉挛的现象，则说明臀肌没有正常工作。美国国家运动医学会（NASM，National Academy of Sports Medicine）的物理治疗师迈克·克拉克用此作为协同主导的一个例子，其中腘绳肌被迫要补偿薄弱的臀大肌。

抬肩提髋

进阶1

抬肩提髋是库克式提髋的一个很好的进阶练习。把肩膀抬起来，放在一个标准的运动长凳上，以增大练习的难度。

所有这些提髋练习都使用次数为8-10-12的自重进阶。

瑞士球屈腿

进阶2

瑞士球屈腿是一个高级练习，因为它需要使用臀肌和竖脊肌来稳定躯干，并使用腘绳肌进行闭链屈腿。该练习可培养躯干的稳定性，同时也能加强腘绳肌的力量。我只建议两个屈腿动作，就是瑞士球屈腿和滑板屈腿。

技术要点

- 脚跟放在球上，身体保持髋部离开地面的姿势。
- 用脚跟将球勾到身体下方，同时身体保持平直（图6.26）。

图6.26 瑞士球屈腿

滑板屈腿

进阶3

滑板屈腿与瑞士球版本几乎完全相同，唯一的区别是前者使用滑板、迷你滑板或者滑垫。动作是完全一样的。滑板屈腿比瑞士球屈腿更难，因为瑞士球屈腿会形成一个下坡姿势。

本章介绍了科学的下肢力量训练方案。学习深蹲和进行单腿练习是培养速度和力量的两个关键点。遵循前文所给出的进阶练习和指引。不要寻求捷径改回用器械辅助完成下肢训练。运动员不可能用坐着或躺着的姿势来发展平衡性、柔韧性和力量。难走的路往往是最好的路。

参考文献

John, D., and P. Tsatsouline.2011. *Easy Strength*. St. Paul, MN:Dragon Door.

Klein, K., and F. Allman. 1971. *The Knee in Sports*. Austin, TX: Jenkins.

Kuruganti, U., T. Murphy, and T. Pardy. 2011. Bilateral deficit phenomenon and the role of antagonist muscle activity during maximal isometric knee extensions in young, athletic men. *European Journal of Applied Physiology*. 111(7): 1533-1539. doi: 10.1007/s00421-010-1752

第 7 章

核心训练

本书的目的之一，就是给你提供一些能够立即投入使用的思路和方法。本章内容可用于改善任何运动员的健康与核心功能，尤其适合挥拍（杆）击打类运动项目（如棒球、高尔夫、网球、曲棍球、冰球以及板球）的教练和运动员。

这里的核心训练是为了给击打或投掷建立更加稳定的身体基础。此外，核心训练方案对患有下背痛的运动员也有帮助。药球练习将提高在击打和投掷动作中使用到的所有肌肉群的爆发力和协调性。无论是想把棒球、高尔夫球打得更远，还是把冰球、网球打得更快更有力，发展击打爆发力时都缺少不了核心训练这一环。此外，核心训练可能是获得长期、健康的运动生涯的关键。

任何锻炼腹部、髋部甚至肩胛胸壁稳定肌的训练都可以被看作核心训练。其实，最好的功能核心训练可能是本书其他章节中所讨论的由膝关节或髋关节主导的单侧练习。

"核心"这个词含义广泛，指人体的中央部分的全部肌肉。核心肌群包括如下肌肉。

- 腹直肌（腹部肌肉）。
- 腹横肌（腹部肌肉）。
- 多裂肌（背部肌肉）。
- 腹内斜肌和腹外斜肌（腹部肌肉）。
- 腰方肌（下背部肌肉）。
- 竖脊肌（背部肌肉）。
- 以及在一定程度上可以算作核心肌群的臀肌、腘绳肌、髋部旋转肌群（这些肌肉跨越髋关节）。

这些肌肉是连接上肢力量和下肢力量的重要枢纽。可是，尽管核心的作用非常重要，但核心肌肉的训练方式却往往是不高明的、缺乏科学依据的，并没有真正考虑到所涉及肌肉的实际功能。此外，许多常用的甚至是指定的核心练习不但不能预防和缓解腰背痛，可能还会加重疼痛。

过去，核心训练主要包括腹直肌的屈伸练习，如卷腹或仰卧起坐，但上肢和下肢之间需要一个稳定有力的连接带，这点从未得到解决。核心训练做得不好，主要是因为它一直都是这样做的。这让我们回到李•科克雷尔在《创造奇迹》中的思路："如果我们一直以来的方式都是错的呢？"

核心功能

要真正理解核心训练，请回忆第1章中有关功能解剖学的内容。腹肌本身就是稳定肌，而不是运动肌。即使这些肌肉是运动肌，问问自己，有多少运动项目或体育活动包含躯干的前屈和伸展？如果你真正了解体育运动，答案会是"寥寥无几"。运动要求的是核心稳定和髋关节旋转。核心肌群实际上是躯干的屈肌或旋转肌吗？

功能解剖学已证明，核心肌群的主要目的是阻止运动。事实上，请注意物理治疗师雪莉•沙尔曼在其里程碑式的著作《运动障碍综合征的诊断和治疗》（*Diagnosis and Treatment of Movement Impairment Syndromes*）中说道，"在大多数活动中，腹部肌肉的主要作用是提供静力支撑和*限制*躯干的旋转"（2002, 70）。还请注意，下背部研究专家詹姆斯•波特菲尔德（James Porterfield）和卡尔•德罗萨（Carl DeRosa）提出过大致相同的观念，"与其将腹部肌肉视为躯干的屈肌和旋转肌（它们当然具备这种能力），倒不如将其功能看作是躯干的抗旋转肌和抗侧屈肌"（1998, 99）。这两个相对简单的思路完全改变了我对核心训练的看法，我开始看到核心肌肉的真正作用，而不是我在1980年的解剖课上所学习的内容。现在，我不会再将这些肌肉视为躯干屈肌和侧向屈肌了，也不再进行如卷腹和侧弯这样的练习；我将它们看作抗旋转肌和抗侧屈肌。更重要的是，我当时设想了一个概念，后来被称为"抗旋转"。核心训练实际上是要阻止运动，而不是产生运动。

在过去的20年中，体能训练已经从以矢状面为导向转移到以单侧训练及多平面训练为重点。这个过程中出现过一些误导（尤其是对于运动员），就是去培养脊柱的旋转灵活性。那些旋转类项目的运动员，如棒球、冰球和高尔夫球运动员，他们经常会受到教练的敦促，要提高自己的旋转活动度。

像许多其他体能教练那样，我最初也是这个错谬的牺牲品。我曾经是自己非常不喜欢的那种人，盲目跟随别人的建议，并使用我现在认为可疑或危险的练习。即使作为一个背痛患者，我也只是将自己的不适归咎于年龄大了，并且继续进行旋转拉伸和旋转动态热身练习。

上文提到的雪莉•沙尔曼（以及斯图尔特•麦吉尔和菲利普•比驰 [Phillip Beach] 等其他人）让我重新考虑了我的立场，并最终淘汰了一大批曾是我们训练计划中雷打不动的拉伸和动态热身练习。正如沙尔曼在她的书中所说，"大部分下背部问题是由于腹部肌肉没能很好地控制骨盆和脊柱在L5-S1节段之间的旋转"（71）。很多私人教练和专业教练想要提高腰椎活动的范围，其实这个活动范围可能完全不需要，甚至有可能造成伤害。

抗拒或阻止旋转的能力可能比产生旋转的能力更重要。客户或运动员必须先能够阻止旋转，然后我们才能允许他们旋转。

沙尔曼继续指出了一个关键性的事实，我认为这在体能领域一直受到忽视——"腰椎旋转的整体范围是……大约13度。从T10至L5之间每段的旋转是2度。最大的旋转范围出现在L5和S1之间，是5度……胸椎应该是躯干中旋转量最大的部位，而不是腰椎"。当一个人进行旋转练习时，他接收到的口令应该是"想着动作要产生在胸腔区域"（61-62）。

沙尔曼用以下说明作为最后的总结："腰椎的旋转弊大于利，骨盆和下肢向着一侧旋转而躯干保持稳定或旋转到另一侧会特别危险。"（72；见图7.1和7.2）

图7.1 坐姿躯干旋转拉伸

图7.2 动态屈腿躯干旋转

有趣的是，沙尔曼认同著名短跑教练巴里·罗斯的结论。罗斯给他的短跑运动员的建议是以腹肌的等长收缩训练为主。沙尔曼表示赞同："在大部分运动中，腹肌的主要作用是提供静力支撑和限制躯干的旋转，正如之前讨论过的，躯干旋转在腰椎部分是有限的。"（70）

这是什么意思呢？这意味着我们需要摒弃那些试图增加腰部活动范围的拉伸和练习。这包括坐姿躯干旋转拉伸（图7.1）和卧姿躯干旋转拉伸。

我们还必须摒弃旨在增加躯干活动范围的动态练习，如动态屈腿躯干旋转（图

7.2）、动态直腿转腹（图7.3）和蝎子式（图7.4）。

图7.3　动态直腿转腹

图7.4　蝎子式

大多数人的躯干并不需要额外的旋转活动范围。我们真正需要的是能够控制自己现有的活动范围。淘汰了上述练习后，我们发现抱怨下背部疼痛的情况显著减少。我们现在强调发展髋关节在内旋和外旋方面的活动范围。

今后，我们将会看到教练训练核心稳定性和髋关节的活动能力，而不是自相矛盾地要同时培养核心的活动幅度与核心的稳定性。

训练方案中的核心训练

在方案中何时进行核心练习？这是一个饱受争议的话题。那些赞成在训练方案的末尾进行核心练习的人认为不能让那些提供稳定的重要肌肉在训练前就疲劳。有的赞成在训练前进行核心练习，这样至少能体现出它的重要性。他们的想法是，将核心练习放在训练的开始时，可以确立核心是运动训练的一个关键区域，可以算是一个"先做最重要的事"的方法。在过去几年中，这也是我们所青睐的方法。我们目前的做法是让核心练习贯穿整个训练过程，几乎算是一种主动休息。

最主要的是，核心练习被列为优先事项，并巧妙地放在训练中适当的位置。要意识到的另一个重点是，核心练习并不像最大力量练习。许多核心练习在本质上是等长收缩练习，可能更偏向于激活或正向调节肌肉，而不是让它们疲劳。我喜欢把激活或正向调节肌肉的练习比喻为台灯的调光开关。你应该只是调大肌肉的力量，在调节之前肌肉应该（也确实是）已经在工作了。

核心训练可能不会像仰卧推举或卷腹那样让肌肉的轮廓清晰起来（只是为了在镜子前好看而已），但它是减少受伤和提高运动成绩的一大关键。记住，强大的核心与低体脂无关。腹肌的轮廓是饮食的结果，而不是核心练习。运动员通过训练核心肌群可以帮助自己射门更有力，投掷得更远，或者长久地保持健康；但如果想要看得见他们锻炼过的肌肉，那就需要注意自己的饮食了。

核心练习分类

核心练习有三个基本类别。

1. 抗伸展是前侧核心肌肉的主要功能，并应在所有方案的前两个或三个阶段中练习。几十年来，我们一直通过屈曲动作来锻炼前侧核心（将肩带向髋，比如卷腹或仰卧起坐；或将髋带向肩，比如膝盖向上或反向卷腹）。我们现在认识到，这些肌肉是稳定肌，旨在保持肋骨及下方骨盆的稳定。必须把它们作为稳定肌而不是躯干屈肌来进行训练。

2. 抗侧屈将腰方肌和腹斜肌作为骨盆和髋部的稳定肌来训练，而不是作为躯干的侧向屈肌。和抗伸展的概念类似，需要采用多种等长类练习来锻炼侧面的稳定肌。

3. 抗旋转可能是核心训练的关键。抗旋转力量是通过抗伸展进阶、对角线模式和旋转力来培养的。该方案不包含躯干旋转、俄罗斯旋转或旋转仰卧起坐这样的旋转练习。

呼吸与核心训练

在《体育运动中的功能性训练》第一版中，核心训练的指导方向在很大程度上依赖两个来源——保罗·霍奇斯（Paul Hodges）和澳大利亚的物理治疗师们，他们最初给我们提供了许多稳定性的概念；还有NASM的迈克·克拉克，他推广了内收的概念。此后的很长一段时间里，一直存在着有关核心练习、核心稳定性以及收紧和内收概念"到底谁是对的"的争论。我没有陷入那场争辩之中，而是采取了"只要有效就行，目的是紧实"的方法，让学术界专家竞相证明自己的理论谁对谁错吧。

然后，在2014年我有幸遇到一位名叫迈克尔·穆林（Michael Mullin）的物理治疗助理，他在内布拉斯加州林肯市的一个名为"姿态恢复研究所"（Postural Restoration Institute）的机构中接受过培训。穆林的教学给呼吸、呼吸的过程以及它与核心训练和核心稳定性概念的关联性提供了一个简单的解释。这从根本上改变了我们指导核心练习的方式。理解核心训练的关键是，要认识到呼吸过程并不是被动的，而是主动的。

关于核心训练要了解的第一件事是，膈膜（膈肌）其实是一块肌肉。这块肌肉的拮抗肌是深层腹肌，我们的核心训练就是为了激活深层腹肌。在吸气时，圆拱形膈肌向心收缩后变平，就像一群孩子在营地拉下降落伞那样。在呼气时，特别是在最大呼气的后期，深层腹肌向心收缩，有效地将膈膜推回到圆顶形状。通过正确的呼吸，我们就能够让膈膜和深层腹肌的离心收缩和向心收缩相互作用。

穆林在题为"吹气球的作用（The Value of Blowing Up a Balloon）"这篇文章中强调了这个概念（Boyle、Olinick 和 Lewis 2010）。这篇文章介绍了在不从口中拿出气球的条件下吹气球的动作，也就是鼻子吸气，嘴巴用力呼气。在每一次呼气中，深层腹肌被迫越来越努力地工作，以对抗气球的弹性能量。在气球即将爆裂时，腹部肌肉和呼气之间的连接已经强化得非常牢固了。我们之前习惯说的内收动作实际上可以被看作是呼气到达最大范围时向心收缩的极限阶段。

所以，呼吸现在是我们的核心训练的一个重要组成部分。其实，每一个核心练习本质上都以呼吸为中心。我们取消了计时和呼吸计数，要求运动员和客户尽量延长吸气和呼气，以获得恰当的肌肉协同作用。

每周的核心训练进阶

核心练习的进阶很简单。以负载练习开始，做3组，每组8~12次。稳定性练习通常也是做3组，每组共计25秒，25秒分5次做，每次保持5秒时间。物理治疗师艾尔·威士尼克（Al Visnick）用一句话向我介绍了这个概念："如果你想训练稳定肌，你必须要给它时间来稳定啊。"要有效地锻炼稳定肌，保持1秒不如收缩5秒。可以使用时间而不是重复的次数来限定一组练习的长度。重复5次大约需要30~60秒。这些都是常规策略，可以根据运动员的年龄和经验来调整。

对于自重练习，为期3周的进阶过程如下。

第1周：3×8

第2周：3×10

第3周：3×12

第3周之后，进阶到稍微困难一点的练习（通常标示为进阶1），减少重复次数，并再次遵循相同的进阶过程。

记住，核心练习与方案中的其他部分一样，必须经过教育和指导。只是把核心练习放在训练的起始阶段而不是放到最后，这其实还不够。教练指导核心训练应该要和指导训练方案里的其他训练一样好，甚至更好。正确的核心训练有助于减少损伤、增强力量和提高速度，因为它增强了在力量练习、跳跃和冲刺中保持躯干姿势的能力。此外，精心设计的躯干训练方案可以大幅提高击打类运动项目的成绩。这些益处不言而喻。

抗伸展进阶练习

发展核心前侧能力以阻止腰椎伸展（和伴随的骨盆前倾），这可能是核心训练中最关键的部分，并且肯定应该成为核心训练的起点。骨盆前倾和下交叉综合症会让前侧核心肌肉无法控制脊椎的伸展和骨盆的前旋。在过去，人们经常推荐拉伸结合力量练习，但锻炼腹部力量以阻止腰椎伸展和伴随的骨盆前倾并没有得到认识。现在，最新的理念告诉我们，要训练这些肌肉才能阻止伸展并稳定骨盆。我喜欢在第1阶段教每一位运动员做平板支撑和俯卧推球，练习1A和1B以此命名。

正面平板支撑

基础动作1A

每一位运动员都应该学会如何保持完美的平板支撑30秒（图7.5）。（我不热衷于超过30秒的平板支撑。长时间的平板支撑既没有必要又枯燥。）

1. 开始时用肘部和前臂支撑。先从15秒的静态保持开始，想象完成15秒的一次呼气。这将真正激活深层腹部肌肉（呼气10秒可能已经有些困难了）。

2. 记住，完美的平板支撑看起来就像是一个人在站着。它不是一个俯卧蜷缩等长收缩训练。骨盆应当是在中立、正常的位置。换句话说，不要大力收缩腹直肌而使骨盆后倾。

3. 收紧全身。用前臂下压地面，收紧臀肌、股四头肌和深层腹肌。

图7.5 正面平板支撑

躯干抬高的正面平板支撑

退阶1

如果运动员或客户不能保持良好的正面平板支撑姿势，可以运用物理知识倾斜身体来减少相对重量。试着用肘部和前臂支撑在一张标准的训练板凳上来练习平板支撑。

俯卧推球

基础动作1B

俯卧推球（图7.6）实际上只是短杠杆（跪姿）平板支撑，通过滚球来加长和缩短力臂。将瑞士球想象为一个大的健腹轮。运动员的力量越弱，开始时使用的球就应该越大。瑞士球的规格以厘米为单位；65和75厘米的球适合初学者。每个人都应从俯卧推球和平板支撑开始进行抗伸展能力的进阶练习，这非常关键。即便拥有强大腹肌（或

图7.6 俯卧推球

认为自己是这样）的运动员也应该在前三周里每周进行两次俯卧推球。从健腹轮开始练可能会增加拉伤腹肌或背部受伤的风险。

1. 开始时采用双膝跪地的姿势，收紧臀肌和腹肌。双手放在球上。
2. 在向前滚球时呼气，球从双手下移动到手肘下的位置。保持双膝跪地姿势，从头到膝都要收紧。
3. 想着要收紧臀肌，这样可以保持髋关节的伸展，并通过呼气来收紧核心，保持脊柱稳定。关键是，核心（从髋到头的脊柱）不要变成伸展姿势。

身体拉锯

进阶2

身体拉锯（图7.7）和俯卧推球有些相似，因为它是平板支撑配合力臂的拉长和缩短。在身体拉锯中，运动员以平板支撑的姿势开始，双脚放在一块滑板上，或放在两个滑垫上。双脚不要向下压滑板，而要像拉锯那样，肩部前后来回移动。肩部屈曲时，力臂被拉长，前侧核心压力增大。

1. 将身体拉锯练习视为动态平板支撑。身体应从头到脚跟都保持笔直。
2. 移动到感觉前侧核心压力增大就可以了。如果在背部有感觉，说明活动的范围太大了。
3. 增加活动范围的目的就是增加对核心稳定性的挑战。并不是看运动员的活动范围有多大，而是看需要移动多远才能给核心带来更大的挑战。

身体拉锯关注的不是时间，而是重复次数。遵循8-10-12次的自重进阶过程。

图**7.7** 身体拉锯

健腹车推拉

进阶3

我知道，这是一种电视购物节目中的器械。健腹车有点贵，但它们却使从瑞士球到健腹轮的过渡更加容易。这是个物理问题。健腹车让用户可以先用肘部完成短力臂版本的健腹车练习（图7.8）。

图**7.8** 健腹车推拉

健腹轮推拉

进阶4

用健腹手推车来代替健腹轮也是可以的，用手抓住健腹手推车两侧的手柄就能延长力臂。我更喜欢健腹轮，因为它在高级练习中可以更好地斜向滚动，但对于第3阶段来说其实并不重要。关键是，这个器械使移动的距离达到了手臂的长度。健腹轮推拉（图7.9）是一种高级的核心练习。以健腹轮作为第一个练习可能会拉伤腹部，所以一定要遵循进阶顺序。

图7.9　健腹轮推拉

滑垫或滑板推拉

进阶5

滑垫或滑板增加了摩擦，拉力不是靠轮子滚动而是靠自身体重创造。这使得练习更加困难，尤其是向心部分或返回部分。运动员必须将自己拉回去。

抗旋转练习

抗旋转是核心训练的新趋势。当你考虑抗旋转时，想着有一个力在试图使躯干旋转，而运动员的任务就是阻止旋转产生。如前所述，这正是核心旋转肌群的实际任务。

抗旋转练习有两种类别。第一种是从所谓的"四点姿势"（双肘/手加双脚）到三点姿势（一般是单肘/手加双脚）的平板支撑进阶练习。抗旋转练习就是三点支撑版本的平板支撑。第二种抗旋转练习确切地说是对角线（斜向）模式练习，力来自不同的角度，核心肌肉必须通过其抗旋转功能来对抗这些力。这类练习包括下劈、上拉、外推和推拉等。这些都是稳定性练习。早期的旋转练习有很多问题，比如砍伐练习。早期的很多旋转类核心练习其实完全错误，它们只不过是斜向的屈髋模式训练。

抗旋转平板支撑进阶练习

每当手臂或腿移动时，正面平板支撑就从抗伸展练习变成了抗旋转练习。出于这个原因，我们的平板支撑进阶练习被归在抗旋转类。请注意：我们所有的平板支撑抗旋转进阶练习都是伸出或者移动手臂。我不太喜欢用抬腿作为平板支撑的进阶练习，因为下肢的重量太大，使得这些练习很难安全地完成。

伸手式平板支撑

进阶1

伸手式平板支撑（图7.10）是从抗伸展的正面平板支撑过渡到抗旋转练习的最简单进阶版本。伸手式平板支撑其实很简单，只要求运动员把手伸向其前面的一个物体。我们一般使用锥桶，放在大约30厘米远的位置。运动员还是先用前臂和肘部来支撑。伸手式平板支撑的关键是要保持核心的稳定。运动员必须在伸出手时继续保持完美的平板支撑姿势。运动员从四点支撑过渡到三点支撑时，身体应该继续保持平板的样子。三点支撑姿势产生跨越核心的斜向阻力，核心必须发力与之对抗才能防止躯干移动。

图7.10　伸手式平板支撑

时钟式平板支撑

进阶2

时钟式平板支撑类似于伸手式平板支撑，但运动员要用手支撑，而不是用双肘支撑（图7.11）。并不是简单地向前伸手，运动员必须先把右手伸至12点钟的位置，然后再把左手伸到12点钟位置。接着右手伸到1点钟位置，左手再伸到11点钟位置。继续围绕这个想象中的钟面移动，双手在每一侧碰触地面7次。时钟式平板支撑可以用任何方式来完成，使用12点钟到6点钟位置为1组，或增加难度，从12点钟到6点钟，再到12点钟。同样，关键是当有斜向的旋转力存在时，核心和肩胛的稳定性将得到训练。

图7.11 时钟式平板支撑

平板划船

进阶3

在平板划船（图7.12）中，运动员同样使用双臂伸直的姿势，但手中还要有一组哑铃。该动作从伸手改为划船。平板划船有许多名称和变化形式，但都应被视为抗旋转核心练习，而不是力量练习或花样表演。我建议使用不会滚动的六角哑铃；千万不要使用壶铃，否则手腕受伤的风险将远远超过任何潜在的训练收获。

图7.12 平板划船

抗侧向屈曲

我们希望前侧核心肌肉能发挥抗伸展作用，同样地，我们也希望躯干外侧的肌肉能发挥稳定肌的作用。过去，侧弯这样的练习一直被用于训练核心的侧向屈曲能力，但现在我们明白了，所有核心肌肉的主要功能是阻止活动而不是产生活动。侧屈肌（主要是腹斜肌和腰方肌）实际上起到了阻止核心侧屈的作用。

平板侧撑

基础动作

平板侧撑是正面平板支撑的侧向版本，是开始引入抗侧屈概念的最佳练习动作。你所有的运动员和客户都应该学会完美地保持平板侧撑30秒。

1. 先用肘部支撑，肩胛骨向下向后拉。先从15秒的静态保持开始，想象完成15秒的一次呼气。这将真正激活深层腹部肌肉（呼气10秒可能已经有些困难了）。
2. 完美的平板侧撑看起来像是一个人将要被当成炮弹发射出去一样。身体保持笔直。我喜欢伸展开对侧的手臂。
3. 绷紧全身。收紧臀肌、股四头肌和深层腹肌。

短杠杆平板侧撑

退阶1

平板侧撑的退阶，只需通过屈腿来缩短杠杆就可以了。

侧撑划船

进阶1

平板侧撑进阶的一个简单的方法就是使用弹力带或拉力绳做划船动作。这给最初的额状面稳定训练增加了水平面上的阻力。这里的划船只是一个小动作，其作用就是增加练习者对平板侧撑的专注度。不要计时，而是关注重复次数，按照8-10-12次来进阶。

提箱子行走

进阶2

提箱子行走是用一只手提着一个哑铃或壶铃行走。这个练习的关键在于，它其实是动态负重版本的平板侧撑。我还记得在听斯图尔特·麦吉尔讲课时，有一些练习我原先并没有理解，在听课时突然明白并喜欢上了它们。我记得原来看"强人（Strongman）比赛"中有许多负重行走，当时还觉得这些动作很愚蠢。后来我才明白，其实愚蠢的是我自己。这里的进阶可以是距离长一些、负重大一些，或两者的任意组合。

农夫行走

进阶3

农夫行走是提箱子行走练习的进阶形式，但实际上它从核心练习转变成了髋关节练习。两只手提着相同的重量，减少了对抗侧屈的要求，更像是一种髋关节稳定肌的训练。McGill在讲课时还指出，他记录过的对髋部负载最大的运动就是"强人比赛"中的负重行走，比如"牛轭走"（Yoke Walk）。在任何情况下，所有负重行走都属于核心训练。

下劈和上拉的模式及进阶

物理治疗师格雷·库克在20世纪90年代末首先引入了下劈和上拉的模式，该模式依据的是诺特（Knott）和沃斯（Voss）的PNF对角线概念。库克的文章《躯干的功能性训练（Functional Training for the Torso）》（1997）引用了康复界的对角线概念，创造出全新的练习方法。

库克主张从高到低（下劈）和从低到高（上拉）的对角线模式，以培养能够抵抗动态作用力的核心稳定性。在下劈和上拉的变形动作中，双臂通过相对稳定的躯干在对角线平面上转移作用力。这里介绍的练习是根据库克的原始概念进行改良的。这些练习中的所有旋转都应该来自肩膀的转动。

所有的下劈和上拉练习都要做3组，每组10次，并在第2周增加重量，或使用相同重量完成8-10-12次的进阶过程。

直线单膝跪地稳定下劈

进阶1A

进阶1A开始时要单膝跪地，双脚呈一条直线。这意味着前脚、后膝和后脚都在一条直线上。这种窄支撑迫使运动员学习正确的技巧，同时有意使用轻负载。我们使用小橡胶平衡木来创造一个直线环境，但5厘米×10厘米左右的木板也可以。平衡木和木板应距离器械0.6~0.9米，以提供恰当的对角线位置。

在迈克·鲍伊尔体能训练中心，下劈和上拉练习均使用三头肌训练绳，采用拇指向上的握法。我们教的下劈动作是先拉向胸部，再下压到对侧。这个动作看起来像在身体前方交叉完成一个下拉再加上三头肌下压（图7.13）。要将这个动作分为两个不同的部分来指导：一个拉和一个推。还要注意，在对角线模式中视线要跟着手，看着双手能够很好地控制胸椎旋转。

半跪下劈有两个关键。一是将负载从高移低所必需的核心稳定性和平衡性。二是抗旋转的力量，在上拉离心部分时要抵抗被回拉向器械的力。运动员在平衡木上必须保持矢状面的稳定性，同时控制力量在额状面内移动。此外，运动员必须在额状面和水平面都保持稳定。这里的关键动作是下方腿（外侧的腿）臀肌用力，以稳定髋部与核心。抗旋转的概念是基于抵抗旋转力、保持稳定，而不是产生旋转。沙尔曼（2002年）指出："在大多数日常活动中，腹肌的作用是提供静力支撑和限制躯干的旋转……大部分下背部问题是由于腹部肌肉没能很好地控制骨盆和脊柱在L5-S1节段之间的旋转。"（71）。抗旋转可以实现沙尔曼所说的控制。

图7.13 直线单膝跪地稳定下劈

将库克的康复理念引入体能界，使"旋转训练"成为训练词汇的一部分，这一功劳也许应该记到EXOS的创始人马克·沃斯特根名下。

1. 内侧膝在上，外侧膝在下。
2. 前脚、后髋和后脚呈一条直线。
3. 动作是下拉到胸部，然后下压。

直线单膝跪地上拉

进阶1B

把上拉想成和下劈正好相反。上拉模式是从低到高的对角线，并且采用与下劈大致相同的进阶方式。进阶1B采用与下劈相同的直线姿势，但在上拉模式中，外侧膝在上，内侧膝在下（图7.14）。动作则是拉至胸部，接着做一个对角线上推的动作。使用和下劈时同样的三头肌训练绳来完成上拉。

1. 内侧膝在下，外侧膝在上。
2. 脚、髋和膝呈一条直线。
3. 动作是拉至胸部，然后沿对角线上推。

图7.14 直线单膝跪地上拉

弓步姿势下劈

进阶2A

第2个进阶是一个看似简单却有点难度的变化形式。后膝现在抬离地面或平衡木，并且运动员在下劈时必须稳定住这个静态弓步姿势（图7.15）。同样使用轻负载，进行可控的推拉动作。该练习依然是核心稳定性练习。

这些进阶练习基于库克从跪姿转变到分腿姿势（弓步）、到站立，并最终到单腿的概念。而且根据库克的经验，简化练习的最佳方法就是限制所涉及的关节数量。采用跪姿时，可以很容易地将注意力集中在髋部与核心，因为该练习在很大程度上免除了对膝关节的关注。弓

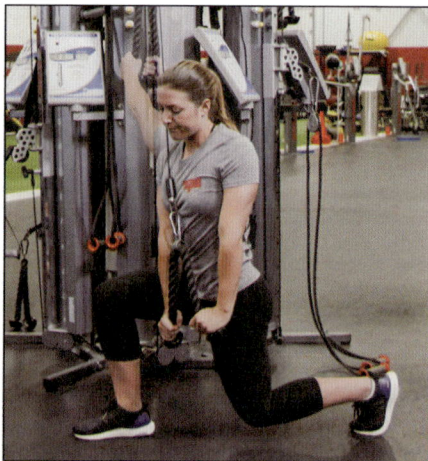

图7.15　弓步姿势下劈

步姿势提供了比半跪姿更大的稳定性挑战，因为与地面接触的稳定点数量从三点（足、膝、足）减少为两点（足、足）。减少了膝关节这个稳定点，对核心的稳定性挑战又增加了。

1. 后膝离地面1~2英寸（2.5~5厘米）。
2. 内侧膝在上，外侧膝在下，保持分腿蹲的姿势。
3. 上身动作保持不变，仍要进行可控的拉-推或拉-压。

弓步上拉

进阶2B

该练习与直线版本基本相同，只是后腿膝盖要抬离地面或平衡木。其他方面都保持相同。

1. 内侧膝在下，外侧膝在上，保持分腿蹲的姿势。
2. 上半身控制动作拉至胸部，然后下压。

站姿下劈

进阶3A

站姿下劈（图7.16）的练习非常不同。拉－推动作成为一个连贯、流畅的爆发性运动。不同于前面的两个版本，双脚从分腿站姿变成平行的站姿。在第3阶段中，对角线模式不再是稳定性练习，它成为动态旋转爆发力练习。我喜欢让运动员想象抓住一个物体，并使用与直线和弓步版本中同样的推－拉模式用力把它扔在地上。事实上，我们已经从抗旋转变成了爆发性主动旋转。

图7.16 站姿下劈

站姿上拉

进阶3B

站姿上拉（图7.17）曾经被EXOS总裁马克•沃斯特根描述为对角推举。该动作是个爆发性交叉蹲起，结束时双臂在拉力器械的对侧伸展出去。我们不指导旋转，仅仅指导从下蹲到站立的动作。因为双脚平行的站姿加上负荷的位置，自然就会做出旋转的动作。

图7.17 站姿上拉

站姿水平下劈

进阶3C

站姿水平下劈（图7.18）对于挥拍（杆）击打类项目的运动员是非常好的练习，近几年，我们已将它加入到我们的练习清单中。像前面的两个练习那样，该练习仍然是采用平行站姿完成拉-推模式。抓住拉力绳，大拇指朝向拉力器械。非常重要的一点是，做这个练习的时候要有顺畅的感觉，并且不要用手腕去承受压力。

图7.18　站姿水平下劈

踏步上拉

进阶4

踏步上拉（图7.19）可能是最具功能性的对角线模式，因为它结合了单侧下肢练习与多平面的上肢动作。在上步上拉中，内侧脚放在约30厘米高的训练箱上，这次不再用蹲起的模式，而是使用从上步到站立的模式。所有上肢动作保持不变，但下肢模式现在变为单腿支撑的伸展姿势。该练习很好地衔接了臀肌、骨盆稳定肌和上半身肌肉。

图7.19　踏步上拉

用臀桥打造健康的腘绳肌

臀桥练习放在了"核心训练"这一章，但其实也可以出现在激活或灵活性部分。臀桥练习和四点支撑练习可以看作核心练习、动作控制练习或激活练习。在任何情况下，它们都应该先作为热身来做，然后再逐步演变成像滑板勾腿这类的练习。

库克式提髋

基础动作1

该基础练习有两个重点，一是臀肌，二是核心肌肉。库克式提髋（图7.20）能够发展臀肌和腘绳肌的力量，但更重要的是，它能教会髋关节活动和腰椎活动之间的关键区别——这是所有臀桥练习和四点支撑练习的重要目标。在针对腘绳肌和臀肌的许多练习中，很容易出现腰椎活动大于髋部活动的错误。这

图7.20 库克式提髋

些错误的练习使运动员学会了弓背而不是伸髋。

做库克式提髋要仰卧，双脚平放在地面上。从这个姿势开始，双手将一侧膝紧紧拉向胸前，限制腰椎的活动。为了确保大腿紧贴胸部，在靠近肋骨底部的位置放一个网球，并拉住大腿将球固定在那里。在整组练习过程中，都不允许将球掉下来。对侧的膝关节弯曲呈90度，放在地上的脚要踝背屈。边用脚跟向下蹬地边伸髋。脚跟蹬地可以促进后链肌群发力，并防止运动员过多地使用股四头肌。脚趾要朝上。最后一个关键点是在向心收缩时长呼一口气。在整个5秒的等长收缩支撑过程中，要用鼻子吸气、嘴巴呼气。

如果最初的活动范围只有几度也不必惊讶。该练习有两个目的。

1. 教你分辨腰椎活动和髋关节活动之间的差异。
2. 因为交互抑制的原理，这个练习有助于提高髂腰肌的柔韧性。只收缩一侧的臀肌和腘绳肌而不放松另外一侧的髂腰肌是不可能的。

每一侧做5次，每次保持5秒；每周的进阶要增加1次。

不用手的库克式提髋

进阶1

第一个进阶是使用在屈髋一侧的屈髋肌来夹住网球。这增加了练习的复杂性，因为运动员现在必须收缩一侧的屈肌和另外一侧的伸肌。

同样一组做5次、每次保持5秒的形式。

双腿臀桥

基础动作2

这是另一种基础练习，要求运动员把从库克提髋练习中所学到的髋部技巧运用到这个练习中。同样以仰卧姿势开始，两个脚跟蹬住地面，脚尖朝上（背屈），把髋抬起

图7.21 双腿臀桥

来，使膝、髋、肩呈一条直线（图7.21）。收缩臀肌和腘绳肌来完成和保持这个姿势，而不是靠伸展腰椎。髋部下塌会大大降低练习效果。在最高点时要最用力呼气并收紧腹肌。在这个最高点的位置保持5秒的呼气时间。

在尝试此练习之前，应学会利用库克式提髋这样的练习来掌握髋部运动和腰椎运动之间的差异，这是非常重要的。大多数不明白这种区别的运动员会弓起背来伸髋。

一组做5次，每次保持5秒。每周增加一次重复次数。

臀桥交替跨步

进阶1

下一个进阶是在静力臀桥练习的基础上加入小的交替跨步。只需交替地从地面抬起一只脚、放下一只脚就可以了。抬起脚时，不要让对侧的髋部下坠。这个进阶能够训练髋关节旋转肌和多裂肌，因为从四个支撑点（双肩和双脚）转变为三个支撑点（双肩和单脚），对脊柱施加了旋转应力。一只脚的脚后跟蹬地，激活同侧的臀肌（见图7.22）。

图7.22 臀桥交替跨步

跨步动作每一侧每组重复8-10-12次，做3组。

四点支撑的进阶练习

四点支撑的练习经常被看作是康复练习，并且很大程度上被体能教练和运动防护师们忽略，这或许是因为传统理论认为强大的腹肌等于健康的背部。像仰卧进阶那样，四点支撑的练习最初看来可能不合理，但那往往只是因为练习方式不正确，所以在许多情况下，这些练习的结果和我们预想的恰恰相反。

四点支撑练习应该教会运动员如何在运用臀肌和腘绳肌的同时保持躯干稳定。然而，运动员往往会通过伸展（或过度伸展）腰椎来代替伸髋。四点支撑进阶练习的目的是教会运动员利用深层腹肌和多裂肌稳定核心，同时使用伸髋肌来伸展髋部。很多患有下背痛的人髋关节功能都比较差，所以必须由腰椎的伸展或旋转来代偿。

双肘四点支撑伸髋

基础动作

四点支撑进阶练习的基础动作是用双肘和双膝而不是双手和双膝来支撑（图7.23）。这自然意味着更大的屈髋角度，髋部和躯干之间的角度从90度减少到了45度。结果就是降低了伸展腰椎的能力，运动员实际上被迫更多地使用伸髋肌。

图7.23　双肘四点支撑伸髋

在该练习中，通过屈膝来伸髋。屈膝姿势使腘绳肌不能发挥"长度－张力"的作用，这就再次迫使臀肌成为主要的伸髋肌。实际上，通过正确的姿势，我们降低了腰椎伸展的能力，同时降低了臀肌在无力或者激活不足的情况下由腘绳肌代偿的可能性。

做5×5秒，在向心收缩时长呼一口气。进阶到6×5秒和7×5秒。

四点支撑伸髋

进阶1

从双肘支撑进阶到双手支撑，肘关节伸直。这个练习可以用屈腿姿势完成，也可以同时伸髋伸膝。对于直腿的版本，关键是脚保持踝背屈，而且脚不要高过臀部。伸髋应该是"脚跟到墙"的直线动作。这个版本最常见的错误是腰椎的活动范围过大。想想核心稳定性。如果脚跟与臀部保持水平，背部就不会伸展。

做5×5秒，在向心收缩时长呼一口气。进阶到6×5秒和7×5秒。

四点支撑对侧交替抬起

进阶2

现在，在四点支撑伸髋中加入手臂和腿部的交替动作（图7.24）。这是一个高级练习，初学者往往会做不好。记住，这些练习如果完成得不正确就有可能造成伤害，因为它们强化了用腰椎伸展来代偿髋关节伸展的模式，而这正是我们要试图消除的。

做5×5秒，在向心收缩时长呼一口气。进阶到6×5秒和7×5秒。

图7.24 四点支撑对侧交替抬起

起立和仰卧起坐

虽然我们强调核心练习主要是为了训练稳定性，但我们把可能会被归为传统类别的两个练习纳入了进来：土耳其起立（本书中简称作"起立"）和直腿仰卧起坐。这两种练习都涉及到弯曲躯干，但较少的重复次数使它们既有益又相对安全。我们奉劝不要做卷腹和传统的屈腿仰卧起坐，而是采用起立和直腿仰卧起坐。

直腿仰卧起坐

直腿仰卧起坐（图7.25）就是其字面意思，实际上这是一种非常困难的核心练习，最好只做较少的次数。我们永远不会超过一组10次。直腿仰卧起坐涉及少量的躯干弯曲和大量的髋关节屈曲。有些健身谣言告诫人们不要做直腿仰卧起坐，但实际上我们并没有充分的理由去拒绝它们。关键是要缓慢地上升和缓慢地下降。如果必须用惯性才能完成动作，那么说明运动员尚未做好进行该练习的准备。

进阶非常简单。首先双臂放在身体两侧，以控制力臂的长度。想着要收缩着坐起来再躺下去。不应该有摇动，也不能使用惯性。进阶可以将双手交叉于胸前，最终进阶到手握杠铃片双臂前伸。做2组或3组，每组10次。

图7.25　直腿仰卧起坐

土耳其起立

　　五年前，我会说这个练习是愚蠢的。世界变化真快啊。有句老话说："学生准备好的时候，老师就会出现。"这句话对我来说不假。而我的老师，就是一位客户和格雷·库克。

　　我听说格雷·库克几年来一直推崇土耳其起立练习，不知道从什么时候开始他成为一个壶铃爱好者。我的顿悟并不是因为库克，而是因为一位60岁的客户。我的客户从地上站起来很困难，整个过程看起来既痛苦又不协调。我常想扶他起来，但又忍住了，因为我觉得有必要让他学着自己站起来。有一天我们都在做拉伸时，我仔细地去想我们两个人的动作。我的客户很难从四点支撑的姿势爬起来，有时从深蹲位站起来也很难。我在他旁边却好像一下子就站起来了。于是我向他说明我是怎么做到的。我说："滚到肘支撑，然后到手支撑。然后单膝跪地再站起来。"我突然明白了：我正在教他如何做"起立"。刹那间，土耳其起立从一个愚蠢的YouTube力量训练动作变成了一个基本的原始运动模式。我恍然大悟，按最简单的道理来说，土耳其起立就是人从地上站起来的过程。我讨厌这些让觉得自己很愚蠢的"啊哈"时刻。而现在，大家都在练习起立，就像他们练习深蹲那样。

　　我们循序渐进来做起立，因为这个练习需要一定的时间来学习。虽然我这么说会让纯粹主义者（Purists）们吓坏，但起立基本上是直腿仰卧起坐的负重变体形式，还涉及现在非常受欢迎的翻滚训练的一些元素。

起立准备

　　已经有许多书籍和视频在教如何做土耳其起立。简单来说，运动员仰卧，一只手臂向上伸直，手握壶铃。同侧的腿弯曲，脚平放在地板上。对侧的腿伸直，并外展约20~30度。

四分之一起立

基准

四分之一起立（图7.26a）只是滚动到用壶铃对侧的肘支撑。壶铃被推向天花板时，肘部用力压住地板。想想旋转仰卧起坐。在第1阶段中，我们只需每侧做3次或4次。

半起立

进阶1

在半起立（图7.26b）中，运动员从肘部支撑移动到用手支撑，然后到臀桥。实际上，壶铃对侧的动作是直腿桥，壶铃同侧的动作是屈腿臀桥或提髋动作。

全起立

进阶2

运动员从桥式转变为单膝跪地姿势，然后站立（图7.26c）。要恢复起始姿势，只需将这个过程倒过来。《壶铃地面起立》（*Kettlebells From the Ground Up*）的DVD视频（库克和琼斯，2010）是一个很好的起立教学资源。

图7.26 （a）四分之一起立、（b）半起立和（c）全起立

药球训练

对于发展全身力量、旋转爆发力和前侧核心爆发力来说，药球可能是最简单、最安全的工具。实际上，药球已经成为几乎所有功能性训练方案中的重要组成部分。

药球训练的关键是发展髋关节内旋和外旋的爆发力，并将这种爆发力从地面转移到核心。很多教练都错误地想要利用重物来发展核心爆发力，并使用以腰椎旋转为重点的练习。这是一个有潜在危险的错误行为，可能会导致背部损伤。旋转爆发力在于髋，而不是核心。如先前所讨论的，腰椎旋转有潜在的危险性，并且完全不具备功能性。另一方面，髋关节旋转不仅是功能性的，而且非常安全。

许多运动员误以为旋转爆发力意味着腰椎旋转。我们必须要向他们澄清，许多先前认为是腰椎旋转的动作实际上是髋关节在旋转。如高尔夫的挥杆、棒球的挥棒等动作，以及几乎任何击打或投掷技能，都是通过髋关节产生动作、配合相对稳定的腰椎来完成的。

这些药球训练很多都具有多用途、多功能。过头投掷可用于训练前侧核心的爆发力，对于训练投掷运动员肩后部肌肉的减速能力也至关重要。旋转投掷可以发展髋部的爆发力，这对于击打动作是必需的；而胸前的投掷则是发展前推肌肉的爆发力。

药球对于发展髋部与核心的爆发力来说是安全、可控且有效的工具。在核心和髋部的训练中，药球的价值与奥林匹克举重和快速伸缩复合练习有着同样的地位。本章前面介绍过的大部分核心练习都以核心的稳定性和力量为目标。药球训练将其他核心训练培养出的力量和稳定性转化为可使用的爆发力。最重要的是，恰当的药球进阶练习可以既安全又有效地发展爆发力。

同样，许多这些概念都应该归功于EXOS的马克·沃斯特根，他在20世纪90年代初深刻影响了我对药球训练的看法。在遇见马克并观察他的运动员训练之前，我从来没有设想过一堵用于投药球的坚实混凝土墙会成为场馆的一项基础设施要求。现在，将近20年过去了，我已经无法想象没有药球墙的训练方案会是怎样的。

在对着墙练习时，药球训练的效果会好得多。训练搭档并不是一个好的替代方法，因为运动员不能用最大的爆发力去投球。在任何情况下，砌筑墙体的空间现在都是对药球方案和设计精良的训练中心的一个基本要求。

药球投掷对于所有客户都非常关键，但可能对我们的成年人客户是最重要的。成年人的爆发力损失速度几乎是力量损失速度的1.5倍。换句话说，力量损失达10%的客户将损失15%的爆发力。

一组良好的投掷可以模拟一组良好的击打或挥棒，动作应该很流畅，具有爆发性的向心收缩。对于站姿投球，运动员应该站在距墙大约是自己身高的位置用力投球，想象着要把墙砸坏或把球砸坏。运动员可以离墙近一点或远一点，这取决于他们的投掷力量。

选择合适的药球至关重要。大部分力量运动员都认为，所有重量都是越重越好。但对于药球来说绝对不是这样。

每当运动员觉得扔药球困难时，可能就是因为球过重或过大了。表7.1所示的药球重量选择指南是我们根据数千名运动员的训练经验设计出来的。对于初学者，较轻的球效果更好。对于体型较小的运动员，直径较小的药球效果更好。如果你对药球的重量有些迟疑，那就选择轻2磅或轻1公斤的球。最初，所有的药球都只提供公斤制的重量标示；然而美国人对药球的迅速接受导致目前生产的药球有磅制和公斤制。

对于棒球运动员的过头掷球，我们保持在4磅（约2公斤）。

药球训练的关键是速度，强调移动的速度而不是球的重量。一定要记住这个简单的规则：如果看起来太重，可能就真的是太重了。

表7.1　药球选择指南

运动员的体重	球的重量（旋转）	球的重量（过头掷）
100~135磅（45~61公斤）	4磅（约2公斤）	2磅（约1公斤）
135~175磅（61~79公斤）	6磅（约3公斤）	4磅（约2公斤）
175~200磅（79~90公斤）	8磅（约4公斤）	6磅（约3公斤）
200~250磅（90~113公斤）	10磅（约5公斤）	8磅（约4公斤）

药球训练的优点

- 药球可以让使用者采用各自运动项目中通用的姿势或模式进行练习。这些模式包括高尔夫的挥杆、网球的挥拍、棒球的挥棒以及其他许多击打技能。
- 药球填补了从传统的核心力量与耐力练习到发展核心爆发力之间的缺口。把药球看作核心稳定肌和髋关节旋转肌的快速伸缩复合式训练。药球让肌肉的收缩速度接近于其在运动中的收缩速度。
- 药球教会运动员如何将地面的所有作用力通过腿部、核心，最终通过双臂传出去。这个传递过程是核心功能的本质。运动员学会将力量从地面转移到球，其中核心是关键环节。
- 只要有一堵混凝土墙，就可以单独进行药球训练。
- 药球训练也有锻炼全身体能的效果。

药球训练的缺点

- 你感觉不到它的效果。运动员往往通过肌肉的灼烧感来判断核心练习的效果。其实到第二天你才能感觉到药球训练的效果。
- 你需要空间。药球训练要占用大量的空间，并要求有一堵石墙用于投球。
- 你需要有各种尺寸的药球。

使用非弹力性药球

我现在特别喜欢非弹力药球，但我不能说我一直都喜欢它。你明白我的意思，它们看起来像你的爷爷在体育课上使用的老旧的皮革球。现在的药球表面是使用乙烯树脂或凯夫拉尔纤维（或一些假皮革）材料，但其实没什么不同。它们相对较软，而且不会有什么反弹。

大约10年前，我买了一些较重、没有弹性、表面是用乙烯树脂做的药球，用来做上肢的快速伸缩复合训练。我们主要用这些球来做药球卧推。我们让运动员仰卧，双臂伸直，让一位训练搭档将18至20磅重的球在其上方落下。运动员需要接住球并将球投回去。我非常喜欢这个上肢力量练习，因为它并不像增强式俯卧撑等练习那样会给肩膀很大的压力。我们使用没有弹性的球是因为它们更软，在下落时更容易控制。

几年前，我的工作人员订购了一些较轻的非弹力药球，用于训练年龄小的运动员。这些球在储藏室里，我还在想什么时候才会用上它们。有一天，我把它们全部拿了出来。买这些球花了很多钱，我得想想怎么去用它们。为了发泄一下，我用一个侧转身投球的动作对着墙扔了一个球。通常这种投球是标准的核心旋转和快速伸缩复合练习，以前我们总是用更传统的橡胶药球来做这个练习，以得到快速伸缩复合的效果。

我的第一个想法是，这些球真够差的。它们也弹不回来。所以接着我用自己最大的力气对着墙砸球，想让它弹回来。它的确有反弹，但弹力很小。我突然灵光一现。最初认为是非弹力性药球的缺点突然变成一个巨大的优势。设想一下，最初我们用旋转抛球作为一个核心爆发力练习，你也可以说是核心快速伸缩复合练习。药球弹回来给了我们一个节奏，也达到了快速伸缩复合的效果。球从墙上弹回来迫使我们的核心不仅要能给球加速，同时还能带来减速和变换的效果。多年来，我一直认为这是一个很好的主意。

在投出了没有弹性的球后，我突然问自己，我们做旋转爆发力练习到底是为了什么？我马上回答了自己的问题，目的是在棒球、冰球、曲棍球和高尔夫等运动项目中更用力地投球或击球。我问自己的下一个问题是，球从墙上弹开后所带来的离心训练成分是否重要？答案似乎是否定的。这种击打技能似乎需要非常有爆发力，但却是一种不会多次重复的1RM动作。

突然之间，这些轻球的存在不再是个错误，而成为一种非常好的新工具。我们现在更多地使用非弹力药球进行投掷训练，而橡胶球用得没那么多了。实际上，我认为用非弹力药球进行猛摔和侧投比弹性橡胶球好得多。过头掷球可能是一个例外，这个练习我们仍然以轻的橡胶药球为重点。我们站得离墙更远，并在一下反弹后接住球。

如果你有一堵能扔药球的墙，喜欢在核心爆发力训练中使用药球练习投掷，那么可以订购一些非弹力药球。对于大多数运动员，我喜欢使用8磅（约4公斤）的球。现在，这些球有两种直径，以适应体形较小的运动员。对于儿童，6磅（约3公斤）的小球会有很好的效果。

此外，较软的球会让手指比较舒服，我们在抛药球训练中已经出现了扭伤手指甚至一两个手指骨折的情况了。的确，非弹力药球会贵一点，但好工具都是昂贵的。尝试一下，你会喜欢上它们的。

旋转投掷

旋转投掷是发展核心和髋部肌肉爆发力的最佳训练技术。这些练习非常适用于冰球、高尔夫球、网球、棒球以及需要爆发性旋转动作的其他任何项目。抛药球能让运动员更好地利用髋关节内旋和外旋传递来自地面的力量，从而发展髋部的爆发力。它的目标并不是躯干旋转，而是髋关节旋转。目的是要学会将作用力从地面传递到相对坚固和稳定的核心。

就像其他的一些核心练习那样，我们从双膝跪地或单膝跪地进阶到站姿抛球，并最终到跨步抛球。弓步姿势下抛药球很难，所以我们往往从跪姿直接进阶到站姿，跳过弓步姿势。

侧抛球进阶练习

侧抛球模仿了多种运动技能。这些运动技能能够发展躯干旋转爆发力，这对网球、曲棍球、冰球、长曲棍球和棒球等运动项目非常重要。在侧抛球中，重点应是用髋部发力。

好的侧抛球看起来应该像良好的挥拍或击球。想提高那项运动技能，就要努力培养与之相似的抛球技术。例如，对于冰球运动员，侧抛球就应该像击球；对于网球选手，它看起来应该像良好的挥拍。要根据运动员或客户对运动项目的熟悉程度来进行指导。

在右侧抛球10次（图7.27），然后在左侧抛球10次。每侧3组，每组抛10次，持续3周。不要增加训练量；要增加抛球的力度，要抛得越来越好。这是所有旋转性药球练习都要遵循的进阶过程。

图7.27 药球侧抛

如果药球练习的目标是爆发力，为什么我们要做10次？我可能现在就得解释一下。那些沉迷于科学的人在考虑药球投掷时，看到一组10次就会说："这不是一个爆发力练习。"我的回答是，科学同意你的看法，但经验则不然。我们试图按照科学的指导，只做5次或6次，但说实话，感觉就是不够。负载（球的重量）足够轻，以至于能在不损失爆发力或降低速度的情况下完成10次。

单膝跪地侧身抛球

进阶1

与其他核心进阶练习一样，大多数初学者要先从侧身抛球的单膝跪地版本（图7.28）开始。这将是大部分运动员方案的第1阶段。正如前面提到的，物理治疗师格雷·库克推广了去除部分关节的参与来进行指导的方式。单膝跪地通过有效去除膝和脚踝的参与，指导运动员投掷时用髋关节转动发力。让内侧（靠近墙的一侧）膝在上，运动员或客户只能使用双侧髋关节和跪姿（后侧）腿的臀肌发力来完成动作。

我们教的是长力臂、长杠杆抛投，即内侧手放在球的下面，外侧手放在球的后面。要保证这是一个长杠杆旋转，而不是推的动作。让运动员想象击球或挥拍，尽量使用长杠杆臂，并注意运动员有没有错误地使用了推的动作。此外要让客户意识到，用非主导侧练习时会感觉有些别扭。

1. 开始时采用单膝跪地的短弓步姿势，离墙约0.6~0.9米；肩膀垂直于墙面。
2. 双臂伸长，前侧手在球的下面，后侧手在球的后面。
3. 想有意识地用后腿的膝和髋发力，感觉髋要"猛推出去"。

图7.28 单膝跪地侧身抛球

站姿侧身抛球

进阶2

如前所述，我们之所以跳过弓步抛球，只是出于一个非常简单的原因。运动员和客户难以同时保持弓步姿势并专注于抛球，所以现在我们直接跳到站姿。在某些情况下，我们让年龄较小或教年长的运动员和客户直接从站姿（图7.29）开始。对于高中和大学运动员，我们坚持从单膝跪地进阶到站姿，再到跨步；但对于初中生和成人，我们会从站姿开始，对他们说："用你最大的力量去抛球。"这种对整体运动模式的强调通常可以克服一些技术障碍。出于这种考虑，对于年龄较大的客户而言，他们髋部和核心可能会太过僵硬，难以像运动员那样从单膝跪地的练习中获益，所以他们可能也要从站姿开始。记住，进阶方式很灵活，不是硬性规定。

图7.29　站姿侧身抛球

单步侧身抛球

进阶3

下一个进阶是在抛球中增加一个动作。在进阶3中，前脚向墙迈一步，以增加后脚蹬地时产生的力量。重点是将重心从后脚转移到前脚。其他方面都和前面的侧抛球相同。

两步侧身抛球

进阶4

在第4个进阶练习中，运动员需要向墙的方向迈两步。显然，现在客户或运动员站的位置需要离墙更远。两步抛球更具针对性，真正模拟了在移动中击球的动作。两步抛球带给前侧脚和髋更大的压力。

侧抛球变化形式

下面是运动员可以放在进阶练习中的一些侧抛球变化形式。

前转身抛球

`进阶4`

前转身抛球（图7.30）是另一个非常好的一般性核心旋转练习。开始时每侧做一次。同样，教运动员或客户用髋部和双脚发力，通过躯干传递力量来抛球。整个抛球过程从脚开始，一直传到双手才结束。面向墙壁，身体平行于墙面。双膝弯曲，臀部向下并向后，这个基本的防守姿势是各项运动通用的基础姿势，也是所有运动员的一个简单的起始姿势。前转身抛球非常适合网球运动员，他们经常以平行站立姿势击球；也适合冰球运动员，他们经常用类似的姿势来击球射门。但是，不要局限于这些项目的运动员；这个训练对任何运动员都有益。

图7.30 前转身抛球

交替前转身抛球

`进阶5`

在交替前转身抛球中，运动员不是一侧练习10次、然后换另一侧再练习10次，而是两侧交替着投掷20次。从一侧到另一侧的转换应该是流畅而有力的。这个练习对协调性和运动能力的要求会更高一点。

单腿前转身抛球

进阶6

这个高级练习增加了难度，还给踝、膝和髋带来了巨大的本体感受刺激。它需要更高水平的平衡性和协调性，极大地调动了支撑腿的髋部旋转肌肉（图7.31）。用单腿姿势进行前面描述的前转身抛球练习。如果从左侧抛球，就用右脚站立。开始抛球时，左脚离开地面向后伸，身体前倾，球甩到髋部后面。在抛球时，髋部旋转，双臂向前伸出，腿回到原位。最终它会变成一个流畅、协调的动作。

图7.31 单腿前转身抛球

过头抛球

过头抛球针对的是前侧核心肌肉，并且还能训练到肩袖和肩部后侧肌群。我们不做单膝跪地、双膝跪地或弓步版本的动作，原因同样来自实践经验。这些版本都不容易指导，也不容易练好。对于大多数的过头抛球练习，我们也不使用非弹力药球，推荐选用橡胶球。我不建议单手抛球，因为单手接抛球给肩部造成的压力太大。练习做3组，每组10次。

站姿过头抛球

进阶 1

站姿过头抛球（图7.32）是所有过头抛球练习的基础动作。该练习类似于足球的掷界外球，但双脚要分开，与肩同宽，不要前后分腿站。掷球时多利用躯干而不是双臂。这对于任何投掷类运动员来说都是一个很好的训练。站在离墙足够远的地方，使球反弹一次就可以回来。不要用手去接球。

图7.32 站姿过头抛球

斜向分腿站姿过头抛球

进阶 2

站姿过头抛球的下一个进阶是斜向分腿站姿。这个姿势使该练习更偏向专项运动，并让双腿的参与程度更高，提供更快的速度和更大的对角线核心负载。在没有掌握利用躯干抛球的技术前，不要进阶到斜向分腿站姿过头抛球。

右脚在前，做3组，每组10次；然后左脚在前，做3组，每组10次。

跨步过头抛球

进阶 3

这种抛球与斜向分腿站姿过头抛球是一样的，但不是采用静态的斜向分腿站姿，现在需要踏出一步再抛球。速度加快了，对后肩的压力也更大了。踏出一步并抛球，这与所有的过头投掷和击打类运动项目相似度都更高。

胸前抛球

胸前抛球并不是一个真正的核心练习，但我们还是把它包含在了药球练习中。它可以发展肌肉前推的爆发力。胸前抛球的关键是能把在卧推等练习中发展的力量有效地转化到运动技能中，比如在有身体接触的项目中推堵对手的能力。胸前抛球基本上是我们的上肢增强式锻炼。请注意，我们不使用如快速伸缩复合俯卧撑这样的练习，因为确实发现这对肩膀和手腕冲击过大。

双膝跪地胸前抛球

进阶1

第一个胸前抛球的进阶练习以双膝跪地姿势开始（图7.33）。这个练习可以用严格意义上的双膝跪地姿势来完成，以强调发展上肢力量，但我们更习惯让运动员先屈髋后坐，然后再伸髋把球抛出去，用于练习髋关节与双手之间的力量衔接。做3组，每组抛球10次。

图7.33　双膝跪地胸前抛球

站姿胸前抛球

进阶2

进阶2改为站姿，平行站立。我们会鼓励运动员用髋部发力。运动员以基本的运动站姿开始，双脚略比肩宽，微微屈髋屈膝。做3组，每组抛球10次。

跨步胸前抛球

进阶3

进阶3以斜向分腿站姿开始，右脚在后。运动员左脚蹬、右脚向前跨一步。每侧重复5次。

单臂胸前旋转抛球

进阶4

进阶4结合了旋转抛球与胸前抛球。在上述的斜向分腿站姿下，用单臂完成胸前抛球。重点是对单侧上肢抛球增加了躯干旋转的成分。

每侧手臂做3组，每组10次。

美式橄榄球专项站姿练习

进阶5

训练美式橄榄球运动员，根据场上位置，我们会采用三点触地和低位两点触地的姿势。防守球员从三点姿势开始，并从左腿站位和右腿站位的姿势下蹲地向前抛球，训练从髋部传导力量到双手的能力。

进攻球员既要做之前这个版本，又要做后撤步版本，以模仿传球保护动作。

注：一般来说，我们将爆发力练习放在同一组，并交替进行投掷练习和下肢快速伸缩复合训练。这成为训练前的"爆发力练习时段"，有效地强调了下肢爆发力、上肢爆发力与核心爆发力。比起单独进行跳跃练习和抛球练习，两者结合能使运动员休息得更充分。

核心训练可能是功能性训练领域变化最明显的部分。设计良好的核心方案会对运动员的健康和运动表现的所有部分都产生积极的影响。在设计核心方案时，要包括抗旋转练习、抗侧屈练习、对角线模式和药球投掷。核心训练方案的设计一定要精良且全面，照顾到所有的关键区域。

案例研究：恢复健康与速率

克雷格·布瑞斯罗夫是红袜队（Red Sox）的投手，也是耶鲁大学毕业生，被称为棒球界最聪明的人。克雷格在迈克·鲍伊尔体能训练中心进行训练，为2015年美国职棒大联盟赛季做准备。在花了一年时间处理肩伤问题后，他的目标是重新恢复到之前的体能状态。克雷格的训练中的很大一部分是药球练习，用于发展全身爆发力，这对投球来讲非常重要。他在每一次训练课中都进行药球训练，并逐步完成了所有进阶练习，加强从地面到双手的爆发力产出。其结果是ERA（Earned Run Average，投手自责分率）为0.00，整个春季赛季身体都很健康，并且速率也得到了大幅提高。

参考文献

Boyle, K.L, J. Olinick, and C. Lewis.2010. The value of blowing up a balloon. *North American Journal of Sports Physical Therapy*. 5(3): 179-188.

Cook, G. 1997. Functional Training for the Torso. *Strength and Conditioning*. 19(2): 14-19.

Cook, G., and B. Jones. *Kettlebells From the Ground Up* (DVD). Functional Movement Systems.

Porterfield, J., and C. DeRosa. 1998. *Mechanical Low Back Pain*. Philadelphia: Saunders.

Sahrmann, S. 2002. *Diagnosis and Treatment of Movement Impairment Syndromes*. St. Louis: Mosby.

第8章

上肢训练

许多书籍和文章都对如何进行上肢力量训练有详细的说明。不幸的是，尽管它们都不建议过分强调如胸部和双臂，但运动员仍然执着于这种"镜子前肌肉"的锻炼，好让自己看起来肌肉发达。本章重新强调了推和拉之间的平衡需求，并着重使用引体向上、划船及各种变形方式来预防肩部损伤。

上肢功能性训练主要分为推和拉两种方式。其他的单关节训练动作可能并不真正具有功能性，只能孤立地锻炼肌肉。虽然在纠正性训练或稳定性训练中可能必须用到单关节动作，但上肢功能性训练的关键是推和拉两种动作之间的平衡。

预防损伤的拉力训练

大多数力量训练方案很少强调引体向上和划船等拉力动作。虽然近50年来许多文章都提到正握引体向上和反握引体向上是上背部锻炼的关键，但多数运动员都会忽视这些训练，原因很简单：正握引体向上和反握引体向上太难了。这些运动员改为通过高位下拉来锻炼上背部的肌肉，他们错误地认为，只要做这些训练就够了，许多人还完全忽略了划船动作。这种不均衡的训练方案往往会造成身体前群肌肉过度发展、姿势问题和肩部损伤等。

一个好的上肢训练方案的基本目标，是均衡地提高上半身所有的重要动作模式。遗憾的是，很少有运动员着重背部肌群的训练。他们宁愿训练胸肌，这种选择反映出他们（或者他们的教练）受到了肌肉杂志的较多影响。

设计良好的上肢训练方案应包括一定比例的水平拉（划船）、垂直拉（引体向上）、肩部推举以及卧推练习。简单来说，每一组推力练习都应该配合一组相应的拉力练习。但在绝大多数的力量训练方案中，情况并非如此。很多传统的方案通常包括大量推举训练和极少的拉力训练。

　　这种对推或举的过分强调可能会带来姿势问题，因为胸肌过度发达而肩胛骨回缩肌太薄弱。更重要的是，一个训练方案如果没有包含等量的推和拉的训练，很可能会造成运动员肩部的过劳性损伤，特别是肩部旋转肌群的问题。

　　在优先练习卧推的运动员中，肩部旋转肌群问题的发生率是非常高的。在我看来，主要原因并不是卧推本身，而是缺少同等数量的拉力训练。

　　要估算拉与推的比率，最好是比较运动员引体向上的最大负荷与他的卧推的最大重量。我们必须考虑体重，但是，无论体形大小，卧推能力远超本身体重的运动员也应该能够拉起自己的体重再加上额外的外部负重。事实上，在估算引体向上的1RM时，要将最大引体向上的外部负重加上体重来计算。总数应等于或大于卧推重量。例如，根据表8.1，如果一个200磅的运动员可以带着45磅的负重做5次引体向上，他的1RM就是280磅。使用该表时需确定引体向上的总重量（在本例中为245磅），然后在5RM的那一列找到245磅，再向左查找，在1RM那一列看到1RM的重量。如果运动员的卧推重量比280磅大得多，我们就认为他可能会因为缺乏推拉平衡而有受伤的风险。

表8.1　确定1RM（单次最大重量）

100.00%	95.00%	92.50%	90.00%	87.50%	85.00%	82.50%	80.00%	77.50%	75.00%	72.50%	70.00%
1RM	2RM	3RM	4RM	5RM	6RM	7RM	8RM	9RM	10RM	11RM	12RM
120	114	111	108	105	102	99	96	93	90	87	84
125	119	116	113	109	106	103	100	97	94	91	88
130	124	120	117	114	111	107	104	101	98	94	91
135	128	125	122	118	115	111	108	105	101	98	95
140	133	130	126	123	119	116	112	109	105	102	98
145	138	134	131	127	123	120	116	112	109	105	102
150	143	139	135	131	128	124	120	116	113	109	105
155	147	143	140	136	132	128	124	120	116	112	109
160	152	148	144	140	136	132	128	124	120	116	112
165	157	153	149	144	140	136	132	128	124	120	116
170	162	157	153	149	145	140	136	132	128	123	119
175	166	162	158	153	149	144	140	136	131	127	123
180	171	167	162	158	153	149	144	140	135	131	126
185	176	171	167	162	157	153	148	143	139	134	130
190	181	176	171	166	162	157	152	147	143	138	133
195	185	180	176	171	166	161	156	151	146	141	137
200	190	185	180	175	170	165	160	155	150	145	140
205	195	190	185	179	174	169	164	159	154	149	144
210	200	194	189	184	179	173	168	163	158	152	147

100.00%	95.00%	92.50%	90.00%	87.50%	85.00%	82.50%	80.00%	77.50%	75.00%	72.50%	70.00%
215	204	199	194	188	183	177	172	167	161	156	151
220	209	204	198	193	187	182	176	171	165	160	154
225	214	208	203	197	191	186	180	174	169	163	158
230	219	213	207	201	196	190	184	178	173	167	161
235	223	217	212	206	200	194	188	182	176	170	165
240	228	222	216	210	204	198	192	186	180	174	168
245	233	227	221	214	208	202	196	190	184	178	172
250	238	231	225	219	213	206	200	194	188	181	175
255	242	236	230	223	217	210	204	198	191	185	179
260	247	241	234	228	221	215	208	202	195	189	182
265	252	245	239	232	225	219	212	205	199	192	186
270	257	250	243	236	230	223	216	209	203	196	189
275	261	254	248	241	234	227	220	213	206	199	193
280	266	259	252	245	238	231	224	217	210	203	196
285	271	264	257	249	242	235	228	221	214	207	200
290	276	268	261	254	247	239	232	225	218	210	203
295	280	273	266	258	251	243	236	229	221	214	207
300	285	278	270	263	255	248	240	233	225	218	210
305	290	282	275	267	259	252	244	236	229	221	214
310	295	287	279	271	264	256	248	240	233	225	217
315	299	291	284	276	268	260	252	244	236	228	221
320	304	296	288	280	272	264	256	248	240	232	224
325	309	301	293	284	276	268	260	252	244	236	228
330	314	305	297	289	281	272	264	256	248	239	231
335	318	310	302	293	285	276	268	260	251	243	235
340	323	315	306	298	289	281	272	264	255	247	238
345	328	319	311	302	293	285	276	267	259	250	242
350	333	324	315	306	298	289	280	271	263	254	245

花一点时间，迅速地算出自己的推拉比率。找到引体向上加体重的那一列RM，然后只需查看同一行最左边的1RM数字。接着对卧推进行同样的计算。记住，引体向上是体重加上腰带上挂着的重量，而卧推就只是杠铃上的重量。

设计合理的运动员力量训练方案至少应包括每周3组引体向上，以及至少每周做两种划船动作3组。见表8.2。

表8.2 特定群体的引体向上（肘部要完全伸展）

男子精英运动员（美国冰球联盟）	45×10
NFL前锋（320磅；约145千克）	BW×7+（BW是自重）
NFL技术位置	45×10
男性大学生（甲组）	45×5-10
女子精英运动员（奥运金牌得主，152磅；69公斤）	25×10
女性大学生（甲组）	BW×10

　　这些数字并不是平均值，而是来自精英运动员的数据。我们提供这些数据只是为了说明设计合理突出重点的训练方案可能会带来什么结果。

　　训练方案设计的一个重要原则是对同一类型的运动使用多种变化形式。垂直和水平方向的特定拉力动作应该每3周改变一次，或者每3周改变一次重复次数。有时二者可能同时改变。

力量标准

　　我喜欢有个标准。丹·约翰的力量标准很简单：卧推＝颈前深蹲＝高翻

　　我们不再做颈前深蹲，所以我们可以将它修正为：

　　卧推＝弓步蹲＝高翻＝反握引体向上

　　许多读者对此不解，但如果你也训练运动员的话，就知道这可能是最准确的标准。实际情况下，如果一个运动员能卧推300磅（约136公斤），他也可以用120磅（约55公斤）的哑铃做8次弓步蹲，或者用265磅（约120公斤）做5次高翻（根据表8.1，全部都按300磅为1RM来预测）。如果他无法完成，那么原因很简单：他不够努力。

　　丹为高中美式橄榄球运动员提供了如下标准。

　　高翻：205磅（约93公斤）

　　卧推：205磅（约93公斤）

　　深蹲：255磅（约116公斤）

　　高翻＋挺举：165磅（约75公斤）

　　这些数字并不会非常出众，但它们组合起来意味着运动员真的花了时间在力量房做了正确的事情。

　　有另一种方式来看待这些标准。

　　卧推5RM＝悬垂高翻5RM＝后脚抬高弓步蹲5RM＝反握引体向上5RM

　　反握引体向上5RM可以参照表8.1，但还要等于卧推5RM。

　　如果我的运动员能达到这些标准，我就知道他们在各个方面都训练得很努力。如果他们能在悬垂高翻和后脚抬高弓步蹲中超过卧推5RM，那就更好了。我总是告诉运

动员："如果你有一项做得很差，就让卧推很差吧。它是最不重要的。"

这些标准同样也适用于女性。卧推135磅（约61公斤）的女性做引体向上时经常可以远超引体向上的标准，但也应该能够悬垂高翻135磅，并且能够用55磅（约25公斤）的哑铃做8次弓步蹲（在表8.1中，这是110磅；110×8=135 1RM）。

垂直方向拉的动作

不断变化是力量持续增强的关键。每3周改变一次训练的类型或负荷模式非常重要。

反握引体向上

进阶1A

反握引体向上是最简单的自重垂直拉动作，因为旋后的握法（手掌朝向身体）可以得到更多肱二头肌的辅助。握宽为30~36厘米。所有垂直拉动作的基本技巧都是要完全伸展肘部，并允许肩胛骨略微升高。不应该允许运动员偷懒。摆荡的引体向上就是偷懒，有人说不是你也别相信。摆荡只会助长自我膨胀。

在前8周里，不要考虑动作的多样性。初学者并不像高级训练者那么需要多样性。

在力量训练方案中，引起向上及其变形动作最好是循环进行，这与其他几个主要的训练是一致的（如悬垂高翻、弓步蹲、卧推）。反握引体向上先做3组，每组8~10次，然后做3~5组，每组5次，最后做3~5组，每组3次。

虽然有器械可以辅助反握引体向上和正握引体向上，但你可以用更少的钱去建立一个更

图8.1 辅助反握引体向上

简单的系统。只需将结实的阻力带（如Perform Better生产的超级弹力带，它们结构良好，并且有重阻力、中阻力和轻阻力三个级别）绕在做引体向上的单杠上。

运动员将一侧膝套进阻力带中，然后握住杆，下降到起始位置。阻力带的弹性有助于上升。运动员可以逐步从重阻力带过渡到轻阻力带，然后到无辅助的自重练习。体形较大或力量较弱的运动员也可以将脚踩到阻力带里，以更好地感受弹力。如果将阻力带套在卧推架的J形挂钩上，运动员也可以站在阻力带上。我喜欢站在阻力带上这种方式（图8.1），但为多名运动员安装这种阻力带却不容易。

8周反握引体向上进阶

本方案有意让运动员每周只训练两次。一旦运动员能够完成无辅助的反握引体向上，就可以使用表8.3中的8周训练方案了。在实行这个8周进阶方案之后，运动员从1个反握引体向上进步到5个并不稀奇。

可以完成10个以上反握引体向上的运动员，应使用负重腰带来增加额外的重量。我们已经去除了原来次数很多的反握引体向上测试，并设计出能使运动员变得更强壮的训练系统。如果运动员能完成10个反握或正握引体向上，接下来就是加上25磅（约11公斤）的负重腰带进行测试。

使用负重腰带能让运动员在循环进行垂直拉动作训练的同时，也能做其他的一些力量练习。当训练方案要求一组只做3次时，就增加重量到能够完成每组3次。我们的男运动员能使用90磅（约41公斤）以上的额外负重、女运动员能使用25~45磅（11~20公斤）的额外负重完成每组3次的训练，这并不少见。

对于身体健康的运动员，如果能完成5次重阻力带辅助的反握引体向上，就不应该再去做下拉训练了。体重极大且力量与体重的比值低的运动员则应该进行下拉训练。小孩子和年龄较大的成年人也可以从下拉训练中获益。但是，没有理由让能够完成反握引体向上或辅助反握引体向上的健康运动员再去做下拉。下拉练习只是给不想做反握引体向上的人提供的一种简单的练习方法。

表8.3　8周无辅助反握引体向上训练方案

第1周	4×1（这意味着做4组、每组一次的训练，最后一次的动作要有3~5秒的离心收缩）。
第2周	1×2，3×1
第3周	2×2，2×1
第4周	3×2，1×1
第5周	4×2
第6周	1×3，3×2
第7周	2×3，2×2
第8周	3×3，1×2

相对握法引体向上

进阶1B

这是类似反握引体向上的一个非常好的上肢拉力练习，因双手采用中立姿势，使动作的目标肌群变为前臂屈肌和肘屈肌（肱肌和肱桡肌）。相对握法引体向上可以在有V形把手或平行把手的引体向上单杠上完成（图8.2）。其完成方式与反握引体向上相同，只是手的位置不同而已。相对握法引体向上的难度与反握引体向上相近，因为前臂屈肌的参与更多了。肩部或腕部存在问题的运动员可能会觉得相对握法引体向上比反握和正握引体向上更舒服。

图8.2 相对握法引体向上

正握引体向上

进阶2

正握引体向上是比反握引体向上或相对握法引体向上更难的练习。在正握引体向上中，双手旋前（掌心向前）。上臂肌群参与较少，相应地使得背部肌群的压力更大，显著增加了难度。正握引体向上应该是上肢训练方案的第3个练习，也就是要在反握和平行握法引体向上进行至少3周之后再引入。正握引体向上也是对肩部最不友好的一种练习形式，因为肩关节需要外展并外旋。任何存在肩关节问题的运动员都应该避免这种练习。

胸式引体向上

进阶3

即使是高水平运动员也会觉得胸式引体向上很难。在做胸式引体向上时，要将胸骨向上拉到单杠位置，而不仅仅是将下巴拉到单杠上方（图8.3）。这需要更大程度地使用肩胛回缩肌群，并增加8~10厘米的活动范围。

图8.3 胸式引体向上

下拉变形

退阶1

我从来没有想过会在本书中加入背阔肌下拉（Lat pull-down）这样的练习。我一直主张将反握和正握引体向上作为更好的练习选择。但还是那句话，时代在变。如果你现在问我上半身拉力练习要做什么，我会告诉你，在TRX或吊环上做自重悬吊划船（在下一节的水平拉力练习中会介绍），接着就做下面要讲到的这类下拉练习，特别是对肩膀有问题的人更是如此。

我们可以把悬垂划船当作大负荷水平拉力练习，背阔肌下拉是小负荷垂直拉力练习。从现在开始，我就将它们统称为下拉，因为下拉练习训练的远不只是背阔肌。要说肌肉的话，还包括背阔肌、下斜方肌、中斜方肌、菱形肌和前锯肌等。顺便说一句，永远不要把它们叫作"横向下拉"。Lat是latissimus（如背阔肌latissimus dorsi）的缩写，而不是lateral（横向）的缩写。

为什么我改了主意？有些人（主要是年轻运动员和女运动员）就是做不好反握和正握引体向上这种垂直拉力练习。尽管我喜欢让精英运动员做这些练习，但我承认自己偶尔还是会方枘圆凿，不得其所。此外，年龄较大的客户或者肩膀有伤病的人也很难完成自重垂直拉练习（如正握引体向上），但通常在进行负重水平拉力练习时一点问题都没有。实际上，用

TRX或吊环进行悬吊划船练习比正握引体向上的可操作性更强。我知道，我们可以使用弹力带，可以做等长收缩练习，可以做离心收缩练习，但并不是每个人都能把这些动作做好。我们得承认，对于某些人来说，下拉也许会是一个令人满意的选择。

在我们的训练中心，会看到有些人在反握和正握引体向上这样的垂直拉力练习中过度使用上斜方肌和肱二头肌，而在悬吊划船中几乎没有看到这种问题。TRX和吊环划船是可操作性很强的练习，可以很容易地进阶或退阶，正握或反握引体向上都很难实现这一点。

我喜欢下拉的另一个原因源于"功能性训练机"的发明。不，不是站在BOSU球上的人，而是有两只手臂的器械。

我们想一想，为什么我们原来在做下拉练习时要把双手放在固定的横杠上？因为其他人都是这样做的，我们其实没有别的选择。多年来，下拉杠或V形把手或你选用的其他工具，决定了肩部在下拉练习中所展示出来的功能。FreeMotion和Keiser等公司突然研发出他们称之为"功能性训练机"的器材，它们有两只独立的手臂和两个独立的把手。在此过程中，一套全新的"肩部友好型"练习诞生了。我们现在可以主动选择手的最佳位置，而不是要放在被选择出来的位置上，并且我们可以在同一时间分别使用两只手臂。用功能性训练机进行肩部拉力训练就像使用单个哑铃那样自由。

为什么这很重要呢？你认识多少有肩部损伤的运动员？很多，对吧？你知道肩部损伤的主要原因之一就是肩峰下肩袖肌群的肌腱不断被摩擦吗？摩擦导致肩袖肌群的肌腱受到磨损，就像是在岩石上来回拉绳子一样。如果使用固定的横杠进行拉力练习，那么每次都会摩擦肩峰下肌腱的相同部位。

现在抓住功能性训练机的把手。有趣的是，大多数人会尝试模仿抓直杠的姿势，这真是愚蠢的做法。我们的说明很明确：开始时拇指向下（肩内旋）；完成时拇指向上（肩外旋）。如果我从拇指向下的姿势变到拇指向上的姿势，我必须在下拉中增加什么动作？外旋！我让肩膀以"关节友好型"的螺旋式对角线模式活动，并且加入了一点肩袖肌群的扭转。在我的书中，这个练习就从零用处变成了大用处。

另一个教学中的要点来自我的朋友麦驰·达尔科特（Michol Dalcourt）。告诉你的客户，要把前胸往机器的方向推。你猜怎么了？这样可以让他们按你希望的方式去回缩肩胛骨，而且不需要提示他们夹住肩胛骨。达尔科特在多年前的一个研讨会上强调了一点：人是不能在把胸向前推的同时还能耸肩的。把胸向前推是回缩，耸肩是上提。想在下拉的终末消除耸肩动作吗？那就要提示把胸部推向横杠，而不是将横杠拉到胸前。没有能把胸往前推的肌肉，只有能将肩回收的肌肉。然而，这两种提示方式（肩向后和胸向前）的结果可能会完全不同。试一试！每一次都会有效。

X下拉

基础动作

我们使用"X下拉"这个术语，因为开始时手臂是交叉的（图8.4）。抓住功能性训练机的独立把手，先内收并压下肩胛骨，伸展双肩，并加入一些外旋。这给一个原本是矢状面的练习增加了额状面和水平面的成分。

注：如果你没有功能性训练机，但也想获得它的益处，只需每次在拉力器械上用单臂来练习。另外，如果在下拉机器上使用的重量大于自己的体重，说明可能是时候练习反握引体向上了。

如前所述，开始时双臂交叉，拇指朝下。

图8.4 X下拉

交替X下拉

进阶1

想要加入肩胛稳定性练习？一只手保持在下拉的姿势上，这可以让下斜方肌和菱形肌得到更多的锻炼（考虑本章后面介绍的Y-T-W系列中的W），让另一侧做回缩、下压、伸展、水平内收和外旋的动作。这个动作非常有效。交替X下拉结合了肩胛稳定与垂直拉力练习。

想要多一点变化？尝试双臂不交叉做交替下拉。这三种变化为所有的运动员和客户提供了肩部友好型的训练选择。

这是否意味着我们不再做任何正握或反握引体向上了？不是。它的真正意思是让合适的练习与合适的运动员相匹配。如果小运动员有能力做正握和反握引体向上，肯定还会让他们会做的。如果年龄较大的客户有颈部和颈椎方面的问题，或者年龄较小的客户有力量方面的问题，那就会进行悬吊划船和下拉的组合练习。

水平方向拉的运动

水平方向拉的动作，或者说划船动作非常重要，必须包含在上肢训练方案中，并且应作为首选。把划船作为首选练习是因为它们才是卧推真正的拮抗动作。虽然反握引体向上及其变形动作也很重要，但划船动作的目标肌群和运动模式直接与卧推训练（并且往往训练过度）的肌群和运动模式相反。尽管划船练习如此重要，但力量训练方案中往往会将其省略，或者练习意图不明确。

在功能性训练中，划船动作正在经历着巨大的变化。运动训练和物理治疗的最新进展表明，身体后侧是以对角线模式连接的。力从地面通过腿传递到髋，然后越过骶髂关节进入对侧的背阔肌（背部表层肌肉）和肩部区域。在这个交叉连接的系统中，关键点是臀中肌和腰方肌稳定了骨盆，髋部旋转肌群稳定了髋部。

髋部旋转肌群特别重要，因为不论是高尔夫挥杆还是棒球中的本垒打，来自地面的所有作用力都必须通过一个强有力、灵活且稳定的髋关节进行传导，才能到达上半身。这一重要的肌群一直被忽视，直到最近才有所改变。髋部旋转肌群相当于下肢的肩袖肌群，但是并没有像肩袖肌群那样得到足够的尊重和重视。在训练方案设计中，必须特别重视髋部旋转肌群。用拉力器械做划船动作有助于增强这一训练不足的区域。

哑铃划船

进阶1

哑铃划船是最简单的划船动作，可以帮助初学者学会正确的背部训练姿势，同样，这个技术也可以转移到多种力量练习动作中。尽管是一个相对简单的动作，但哑铃划船可能是最难教的练习之一。

开始时采用双脚较宽的站姿，膝盖向外打开，在双脚上方。身体前倾，并将一只手放在长凳上，以稳定躯干并减少对下背部的压力。背部微弓，腹肌保持紧张。首先专注于移动肩胛骨，然后是肘部，将哑铃带回到髋部（图8.5）。这个动作非

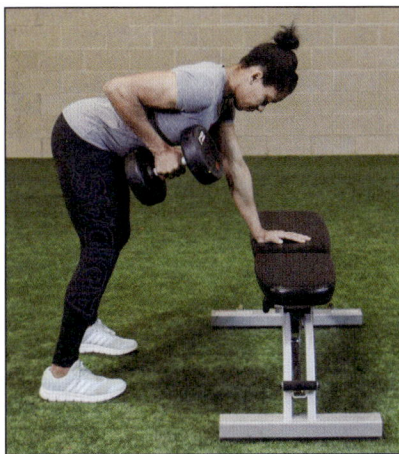

图8.5　哑铃划船

常适合初学者，但不会锻炼到髋部旋转肌群，因为它采用的是双腿站姿。做3组，每组5到10次，具体数量取决于训练所处的阶段。

猫伸展式

退阶1

我们已经设计了一些退阶练习来帮助指导哑铃划船。哑铃划船失败的主要原因之一是无法保持背部微弓。猫伸展式（图8.6）是一种瑜伽练习，旨在教运动员进行脊椎的屈曲和伸展。我们将它作为一种意识训练，教会运动员在划船过程中保持背部微弓。运动员开始时四肢着地，并交替地隆起背部（像愤怒的猫），然后反转成大幅度的弓形。教

图8.6　猫伸展式

运动员在髋关节不动的情况下进行脊柱运动，可以强化哑铃划船的起始姿势。做一两组，每组重复两三次，往往就足以建立起意识了。

跨长凳划船

退阶2

哑铃划船的另一个常见问题是，平行站立时无法保持较宽的双膝间距。让运动员跨过长凳，可以强化膝盖向外的姿势。如果用右手划船，运动员平行于长凳站立，左手放在长凳上，左腿放在长凳外侧，膝盖内侧轻轻接触长凳（图8.7）。在这个姿势中，左膝无法内扣，身体可以保持更好的姿势。重复几次猫伸展式，并结合跨长凳姿势，往往就能纠正哑铃划船动作。

图8.7　跨长凳划船

悬吊训练反向划船

进阶2

悬吊训练反向划船可能是无需定期练习的最佳动作。反向划船非常简单，但又极具挑战性。它能增加躯干稳定性，并发展肩胛骨回缩肌和三角肌后束的力量。虽然反向划船的动作看起来很简单，但即使对于最强壮的运动员，它也会成为一种不张扬的练习。推力很强的运动员往往会惊讶地发现自己能完成的标准反向划船是那么的少。

TRX和吊环等悬吊训练器材的出现，使得任何拥有力量训练架或壁挂架的训练机构都可以简单地进行反向划船练习。悬吊带的伸缩功能使我们可以轻松地调整任意力量水平运动员的练习。在本书的第一

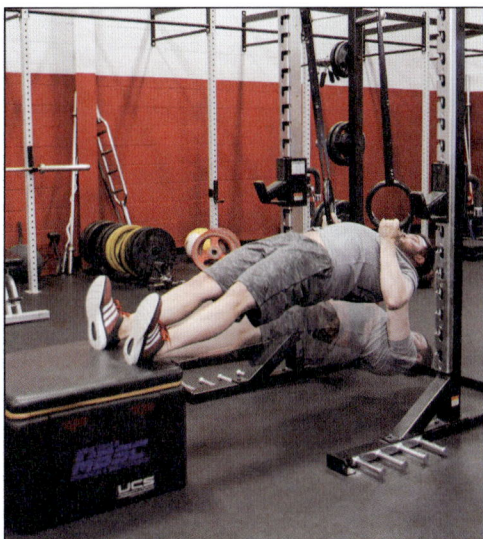

图8.8 悬吊训练反向划船

版中，反向划船是个很低调的练习，由于器材设置的欠缺，反向划船并不是总能被放到训练方案中。悬吊带改变了这一切。我们不再建议使用单杠来进行该练习，只推荐使用TRX和吊环这两种形式。吊环或TRX除了可以方便地适应任何力量水平的运动员之外，悬吊训练器材还允许肩部从内旋过渡到外旋，即开始时采用拇指向下的姿势，而结束时则拇指向上。这样做对肩关节的健康好处巨大。

练习反向划船前，将悬吊训练器材的把手调整到大约腰部的高度。关键是要弄清楚最具挑战性的身体角度。悬吊训练器材的可调节性强，身体能够摆成任何角度。难度最大的位置是身体与地面平行，双脚放在长凳上，长凳与悬吊架之间的距离为大约四分之三的身体长度。双脚放在长凳上、双手握住把手时，躯干应该是笔直的。脚尖朝上，双脚并拢。从这个姿势直接将前胸拉向把手（图8.8）。大多数运动员在重复几次之后，前胸就不能碰到把手了，这是因为肩胛回缩肌和三角肌后束的力量较弱。该练习锻炼的不仅仅是上背部，还包括整个躯干。为了增加躯干肌群的功能负载能力，高水平运动员可以穿上负重背心来进行该练习。

做3组，每组8至10次。尝试每周减小一点角度（身体与地面的角度），直到双脚能够放在长凳上。

单臂单腿划船（静态髋）

基础动作

单臂单腿划船是划船进阶练习中第一个以髋部旋转肌群作为稳定肌来训练的动作。它需要将可调节的拉力器械设定在接近腰部的高度。在做这个练习时，单脚站立，用对侧的手来进行划船动作（图8.9）。

单腿站立将划船升级为一项复杂的练习，可以发展本体感受、力量以及踝、膝、髋的稳定性。单臂单腿划船首先应该强调稳定性。尽可能地稳定踝、膝和髋关节，把手柄恰好拉到胸部下方的肋骨旁。所有的拉力绳划船动作都可以加入肩部旋转肌群的练习，即开始时拇指向下，结束时拇指向上。随着肩部姿势的变化，肩袖肌群得以参与到划船动作中来。

图8.9 单臂单腿划船

做3组，每组5~10次。具体方案取决于训练所处的阶段。

单臂单腿划船（动态髋）

进阶1

该练习动态和静态模式的唯一区别是在动态模式中允许运动员把手伸向拉力器方向。这个伸出去的动作包含躯干的旋转和髋关节内旋，而且在完成划船动作时，负荷施加于髋的外侧（外旋）肌群上。这一动作不断地给身体从踝到肩的部位造成压力。在某种意义上说，该练习允许运动员通过增加髋关节的运动来"偷懒"。做3组，每组5~10次；具体方案取决于训练所处的阶段。

单臂双腿旋转划船

进阶2

单臂双腿旋转划船是从表现运动专家马克·沃斯特根的EXOS团队借来的。这是一种极具活力的动作，将腿部伸展、髋关节内旋和躯干旋转综合成了一个全身的划船练习。

对这种功能性整合练习的最佳描述是"半蹲，半划船"。我相信，这个相对较新的练习将很快成为各功能训练方案里的基本组成部分。单臂双腿旋转划船最好的一点是它模仿了身体变向时的动作机制。

在指导这个练习时，我经常让运动员想象侧向滑步时的急停急起动作。采用肩部与拉力器或低位滑轮拉力绳平齐的姿势。手伸到身体的另一边，抓住把手，一边把手柄拉至髋部一边挺胸站立（图8.10）。

下蹲相关肌群与划船相关肌群协同工作，同时伸展双腿，旋转躯干，伸展肩部。在这个练习中唯一没有得到训练的是推力肌群。想象一下在急停和转向时所需的力量，这个练习将会有全新的意义。做3组，每组5至10次；具体方案取决于训练所处的阶段。

图8.10 单臂双腿旋转划船

上肢推举练习

本节侧重于训练上肢的功能力量，而不是卧推。我想澄清一点，我们在给运动员训练时会练习杠铃卧推、哑铃卧推以及其他多种形式的卧位推举练习。我不反对卧推，但我的原则是均衡训练，不会过分重视一个相对不那么重要的推举的表现。在功能性训练中，卧位和过头的推举加起来每次不超过30分钟，每周不超过两次。任何在推举动作上多花的时间都会减少其他肌肉群的训练，并破坏方案的平衡。

表8.4提供了一套有助于设计训练方案和评估力量的一般性指南。该指南可以协助教练员、训练人员和运动员更好地实现各种卧姿推举练习的平衡。你可以通过增加相关的举重练习来增加卧推重量。运动员通常非常关注一种举重练习，而这样做实际上是在阻碍他们的进步。以多种角度（倾斜、过头）和稳定性变化（通过使用哑铃）来尽量发展均衡的力量。不应该让某个角度或某个动作成为主导。所有的上肢哑铃训练都应根据这些条件来制定。初学者需要慢慢增加重量，以发展必要的平衡和稳定性，这样才能举起更重的重量。

表8.4 上肢推举练习中恰当的力量关系

卧推（举例）300磅（约136公斤）最大重量	上斜卧推240磅（约109公斤；80%的卧推最大重量）	哑铃卧推95×5（卧推最大重量的64%/2就是哑铃重量）	哑铃上斜卧推77×5（80%的哑铃卧推最大重量）

该表显示，运动员在经过了正确的训练、均衡地发展了上肢推举力量后应该能够举起的重量。

俯卧撑

基础动作

俯卧撑是上肢训练方案中最被低估的练习之一，它不需要任何器械的前推动作，并且有多种变化形式。对想提高力量体重比的体形较大的运动员来说，俯卧撑是一个非常好的练习。仅仅是这个原因就足以让俯卧撑成为美式橄榄球训练中的极佳练习。俯卧撑的另一个巨大优点是，它结合了上肢训练与核心训练。许多体形较大的运动员或核心力量较弱的运动员都难以在俯卧撑中保持正确的身体姿势。此外，俯卧撑能以卧推无法实现的方式来锻炼肩胛区域。

双脚抬高俯卧撑

进阶1

双脚抬高俯卧撑（图8.11）是增加难度的最简单方法。觉得俯卧撑很容易的运动员在不需要增加任何阻力的情况下可以将双脚抬高约30~60厘米从而增加难度。运动员可以从该练习进阶到BOSU球俯卧撑，或穿上负重背心，或在背后加杠铃片。

图8.11 双脚抬高俯卧撑

BOSU球俯卧撑

进阶3

BOSU球俯卧撑（图8.12）可以结合双脚抬高的形式或穿上负重背心来完成。它可以发展上肢和躯干的本体感受，并且双手处于在各项运动中更常用的姿势。

做3组，每组5~10次；具体方案取决于训练所处的阶段。在耐力训练阶段，俯卧撑进行的次数可以更多。

正确的俯卧撑进阶过程如图8.13所示。

图8.12 BOSU球俯卧撑

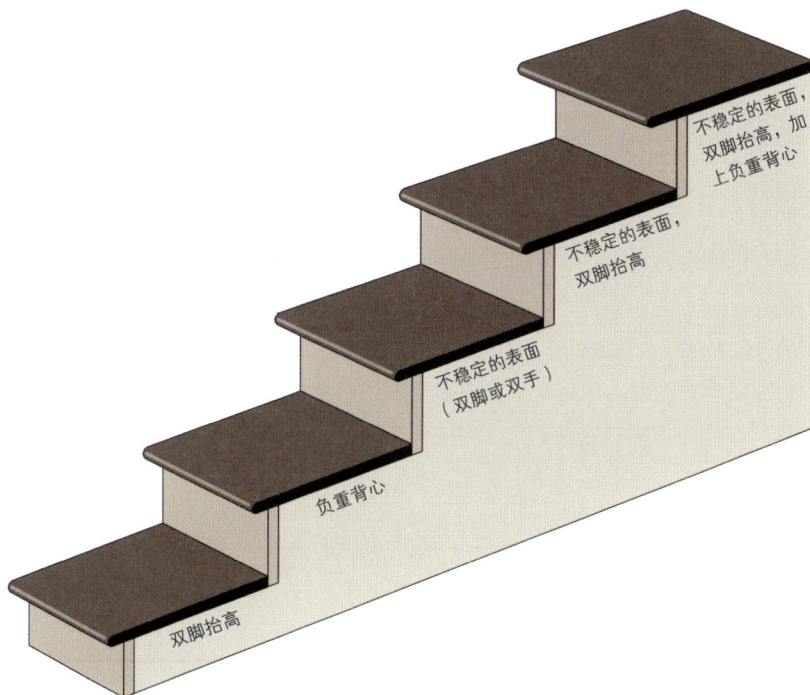

不稳定的表面，双脚抬高，加上负重背心

不稳定的表面，双脚抬高

不稳定的表面（双脚或双手）

负重背心

双脚抬高

图8.13 俯卧撑进阶过程

站姿拉力绳前推

退阶1

　　站姿单臂拉力绳前推可以在任何可调节的拉力器械上进行，并且可能是最具功能性的前推方式。在第4章的"训练工具"一节中提到的AT运动弹力绳可以很好地实现双臂站姿版本。该练习也可以用单侧完成。站姿拉力绳前推的另一个好处是，核心在这个姿势下已经负重。

过头推举

过头推举是在第一版《体育运动中的功能性训练》中没有介绍的练习。从许多方面上讲，思考的过程仍然和我们在关于拉力与核心的章节中所讨论的一样。我们不使用直杠，我们选择单侧模式，我们从能提高稳定性的姿势开始。

正如在垂直拉和水平拉两节中所提到的，直杠决定了杠铃的路径以及练习者的肩部动作。就像最新的功能性训练机的独立手柄或悬吊训练器材的手柄一样，哑铃能让肩部更加自由，相对于使用直杠做过头推举，这是一大优点。过头推举练习将从单膝跪地姿势开始，以稳定腰椎，并迫使练习者使用双肩。

过头举最常见的错误是后倾或腰部弓起，实际上这会把过头举变成了上斜推举。后倾让上胸肌变得活跃，这和做上斜推举一样。然而，代价则是给腰椎造成了很大的压力。

单膝跪地交替壶铃推举

基础动作

对于怎样开始练习过头推举，我的选择是单膝跪地和使用壶铃。壶铃的偏移性质带来了肩部自然的外旋，这似乎会锻炼到肩胛下肌（一块关键的肩部稳定肌）。通常那些过头推举不舒服的运动员或客户会发现，交替壶铃推举的模式完全不会引发疼痛。

起始时壶铃与肩同高，拇指碰触到前三角肌。双肘与躯干大约呈45度。一只手向上推壶铃，使肩关节内旋（拇指朝向面部）（图8.14）。在下降过程中逆向完成该动作，然后再换到另一侧。做3组，每组5~10次。

图8.14 单膝跪地交替壶铃推举

壶铃倒置推举

退阶1

如果单膝跪地交替推举仍然会产生疼痛或不适，那就尝试壶铃倒置的模式。将壶铃倒过来拿，抓住壶铃的把手并按前面的练习方式做推举。倒置可以更好地锻炼肩部稳定肌群，并且同样可能会让你无痛地完成过头举。

高弓步交替推举

进阶1

在高弓步练习中，练习者从单膝跪地改为站姿，一只脚放在30~45度的倾斜的长凳上（图8.15）。关键是要向前脚方向倾斜，以真正稳定腰椎。这几乎是一个站姿版的单膝跪地，同样迫使练习者真正使用肩部上举，而不是完成一个伪上斜推举。

图8.15　高弓步交替推举

站姿交替哑铃推举

进阶2

一旦运动员学会了肩部推举，并且不会通过弓背或向前移髋来进行上斜推举，他就可以转换到更标准的站立推举姿势（图8.16）。然而，应该继续使用哑铃，并交替练习。

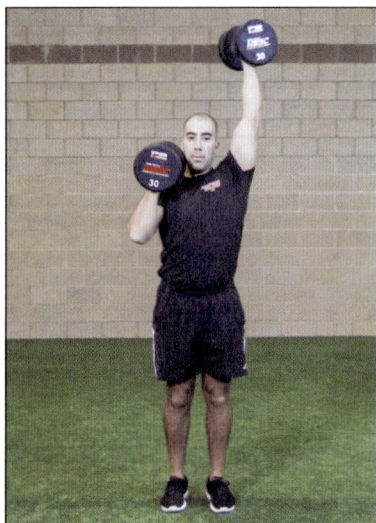

图8.16　站姿交替哑铃推举

肩胛胸廓和盂肱关节训练

最初看起来不具功能性的一些练习实际上可能很有用，并且能够改善某些特定关节的功能。肩胛胸廓（肩胛骨-肋骨）关节和盂肱（肩）关节是可能受益于孤立练习的两个区域。这些练习在改善它们的功能的同时，又可以改善整个肩关节区域的功能。

肩部训练的错误是，它一直被当作一个非此即彼的问题来处理。有些教练的工作前提是，要么相信功能性训练，要么不相信。这些教练将肩部肌肉训练视为多关节训练，并倾向于避免所有的孤立练习和肩袖肌群练习。他们当中的一部分专家的想法是，任何孤立练习都是非功能性的，是浪费时间。但我相信，针对髋和肩关节的一些孤立练习是可以有益处的。

最好的方式是将过头推举练习与肩部稳定性练习相结合，前者是为了发展力量，后者是为了预防损伤。这些肩部损伤预防性练习的目标是肩胛骨和盂肱关节的活动能力及稳定性。

肩胛胸廓关节的功能和肩袖肌群的力量对于减少损伤至关重要。加强肩袖肌群的力量而不加强肩胛骨稳定肌的力量，只相当于做了一半的工作。即使是强有力的肩袖肌群，也需要一个稳定的基础才能工作，而这个稳定的基础要由肩胛胸廓关节提供。

站姿肩部循环练习

站姿肩部循环练习使用AT运动弹力绳，从姿势位置和方便使用的角度来说，它把肩胛胸廓关节的训练带到一个全新的层次。字母Y、T和W用来描述肩胛骨在回缩或移动时的姿势；字母的形状表示双臂相对于身体的位置。

Y = 双臂在肩部上方，与肩膀呈45度，拇指朝上，以促进肩外旋。

T = 双臂与躯干呈90度，拇指朝上。这个姿势的关键是要回缩肩胛骨并保持肩部呈90度。许多运动员的肩胛骨回缩肌肉薄弱，因此他们会将双臂略微下拉到两侧，用背阔肌替代肩胛骨回缩肌来完成动作。这会产生一个内收动作，而不是回缩动作。我们应注意不要这样做。肩部角度永远不应该小于90度，小于90度意味着背阔肌做了代偿。

W = 上臂与躯干呈45度，强调肩胛骨回缩。

这个思考过程很简单，可能许多物理治疗师和运动防护师都很熟悉，但关键在于运动员是否清楚动作该怎样完成。运动员必须通过移动肩胛胸廓关节来移动双臂，而不是相反。最初强调的是肩胛胸廓关节的运动而不是盂肱关节的运动。这种方法就把肩部练习变成了肩胛骨稳定性练习。

运动弹力绳高低转换（Y-W组合）

在高低转换练习中，运动员一只手臂移动至W角度，对侧手臂移至Y位置（图8.17）。我让运动员想象在完成佛罗里达大学的比赛中做他们特有的Gator Chomp加油动作。

首先在一侧重复8次，然后换到对侧，之间不休息。

图8.17　运动弹力绳高低转换（Y-W组合）

运动弹力绳T字练习

在完成Y-W组合练习后，练习8次T动作。双臂在90度位置上内收肩胛骨（图8.18）。在该练习中要想着"给我一个T字"。

一组重复次数每周增加2次，最多各种姿势下每组12次（共36次）。这时要考虑一个维持性的方案。

图8.18　运动弹力绳T字练习

站姿外旋

本书的第一版中不包含任何肩袖肌群的练习，这可能是一个错误。是否需要孤立训练肩袖肌群，仍然存在一些分歧，但我们采用"防患于未然"的方法。尽管许多所谓的专家说没有必要进行孤立的肩袖肌群训练，但美国职业棒球大联盟的几乎每一支球队都仍在进行这样的练习。这是一个强有力的证据。

肩部旋转肌群练习的最好方法是采用闭合锁紧姿势。在这种姿势中，关节面的匹配很理想（即关节头与关节窝对正），关节处于最有效的工作位置。对于肩袖肌群，最佳描述是处于90~45度的位置。多年来，肩袖肌群练习采用的都是站姿或侧卧姿势，手臂在身体两侧，肘部弯曲90度。这是一种非常不具有功能性的姿势，因为肌肉永远不会以那种方式工作。所以不要在0度外展下练习，要先把手臂外展90度，然后肘部指向斜45角再进行外展训练（图8.19）。

图8.19 站姿外旋

我喜欢多达15~20次的肩袖肌群练习，因为这些肌肉其实是稳定肌。

上肢训练的最后几点

上肢可能是最难训练的区域，因为很多人训练的目的是让自己的肌肉看起来更迷人，而不是去追求强大的功能。运动员可能不愿意练习俯卧撑，只愿意做卧推，或者不愿意锻炼自己看不到的背部肌群。

尝试不同形式的引体向上和俯卧撑是非常有价值的。运动员可能会发现其躯干的稳定性和力量不足以让自己完成反向划船或俯卧撑训练，并因此开始重视上肢的功能训练。不要强迫谁去放弃他们心中神圣不可侵犯的卧推，只需把更多的功能练习融入到训练方案之中就可以了。缓慢过渡一些上肢练习可以帮助运动员克服对功能性训练的抗拒心理。

第9章

快速伸缩复合训练

爆发力训练可能是运动员训练中最重要的组成部分。最终，力量的增强一定要支持爆发力和速度的产生。在力量增长的同时如果不能同时增长爆发力，则作用实在很有限，在无身体碰撞的运动项目中尤其如此。事实是，许多运动员在力量训练上花费的时间太多，而用于爆发力训练的时间却太少。

问题不是"我们是否应该训练爆发力"，而是"我们应该如何训练爆发力"。在理想情况下，给健康运动员训练爆发力的方式有很多。快速伸缩复合训练、投掷药球（第7章）以及奥林匹克举（第10章）等都是增加爆发力输出的有效手段。要培养具有强大爆发力的运动员，每种方法都必不可少，在一个设计精良的训练方案中，它们都会占有一席之地。最好的训练方案常使用以下三种方法。

方法1：轻量级工具爆发力训练　　轻量级工具爆发力训练主要是投掷药球。轻量级工具（通常低于5公斤）可用于进行多种模式的爆发力训练。关键是要根据运动员或客户的力量水平和需求来选择重量。

轻量级工具爆发力训练一般分为过顶掷球、胸前掷球、摔球和旋转模式等。在过顶掷球练习中，我们很少使用超过6磅（约3公斤）的药球。对于胸前掷球，一般使用8~10磅（4~5公斤）的非弹力药球。我们一般使用同一个8~10磅的药球来进行旋转爆发力的训练。非弹力药球特别好用，因为它们使投掷者必须注重投掷的向心收缩部分。

在该方法中，要以极高的速度投出轻量级工具。负荷从手中释放出去。因为药球的负荷轻，加速容易，所以我们可以更轻松地到达力量速度曲线上的高速度端。轻量级工具（如药球）也可用于下肢的爆发力训练。但是在MBSC，我们很少这样做。

方法2：自重爆发力训练　　自重爆发力训练基本上就是下肢快速伸缩复合训练，即本章余下内容的主题。自重爆发力训练辐射范围较广，从弹跳力非常强的成年专业运动员到刚刚学习跳跃的小运动员。在快速伸缩复合训练中，教练和训练员必须比单纯的药球训练更加小心。在药球训练中，我们可以选择和控制负荷。而在快速伸缩复合训练中，自身体重带来了一个必须要考虑的难度系数，难度虽高但并非不能做到。

不幸的是，体重是一个可以被重力大幅放大的恒定作用力。自重爆发力训练可以增加髋部和腿部的爆发力，但适当的进阶和退阶必不可少。

要知道，运动员的热身训练可能就是一般成年客户的自重爆发力训练了，所以设定自重爆发力的快速伸缩复合训练时必须非常仔细。

像Shuttle MVP和Total Gym跳跃训练器（图9.1）等器械都是帮助成人或体形较大的客户（如美式橄榄球的锋线球员，以及篮球的中锋和前锋）发展爆发力的好工具。Shuttle MVP和Total Gym可以通过逐渐增加体重百分比的方式进行训练。普拉提塑身机或Total Gym也可以这样使用。关键点依然是速度部分和对抗自重的离心收缩环节。

图9.1 Total Gym跳跃训练器

方法3：重量级工具爆发力训练 在重量级工具爆发力训练中，运动员和客户会使用较重的外部负荷，比如壶铃或奥林匹克杠铃杆。除了一些年龄较大或患有慢性腰背痛的运动员，我们的绝大多数客户都使第三种方法。一般来说，年龄较大的非竞技类客户不练习奥林匹克举。我认为，在风险回报或风险收益的天平上，奥林匹克举对于成人是一个糟糕的选择。我们健康的成年客户用壶铃甩摆作为外部负荷的爆发力训练。壶铃的负荷较低一些，而且学习起来也没有那么难。

重要的一点是，爆发力训练对于运动员和非运动员都必不可少。运动员显然需要通过爆发力训练来提高成绩，而成年人则需要爆发力训练来补偿由年龄增长所导致的快肌能力损失。有理由相信，成年人更需要爆发力训练，因为科学已经证明，成年人爆发力比力量丢失得更快。然而，这个过程必须符合逻辑。正如我们经常提到的，为正确的目标选择正确的工具非常重要。作为教练，在需要使用举重、工具或练习时，我们经常会不得其所。对于20岁的运动员来说较好的选择，对于年龄小或体重过大的运动员来说则可能是一个灾难。

快速伸缩复合训练的关键因素

教练的好恶与其专业知识领域会在某种程度上决定训练所使用的方法。不熟悉奥林匹克举教学的教练应当避免使用此技术。然而，每一个运动员都应该进行跳跃和投掷药球练习。这些是简单的练习，任何教练和运动员都可以掌握。

在我们的训练中心，健康运动员每天都会接触这三种训练方法。奥林匹克举、投掷药球和快速伸缩复合训练的结合是发展爆发力的最佳方式，如果遵循下面这些特定的准则，就可以安全地完成这些练习。本章讨论快速伸缩复合训练，也可以说是使用自身体重来发展爆发力。

要说明的一点是，我们常用的"快速伸缩复合训练"这个词表示的其实是学习跳跃和落地的一个体系。快速伸缩复合训练的严格定义是一个反应性练习体系，并不只是一系列的跳跃。这里详述的方案其实是一个跳跃训练的进阶计划，但是为了简单起见，并考虑到语言习惯，我们使用现在通用的"快速伸缩复合训练"来涵盖跳跃训练方案的所有阶段。

真正的快速伸缩复合训练要求运动员减少与地面接触的时间。运动员要学会缩短缓冲（减震）阶段，并积极地对地面做出反应。虽然快速伸缩复合训练背后的科学是正确的，但我们并没有很好地面对现实以及人与人之间的差距。我们在会走路之前必须学会爬行，在会跑步之前要先学会走路。

同样的原则也适用于快速伸缩复合训练。我们在尽量缩短与地面接触的时间之前，必须先学会从地面跳起，并正确地落地。对于体形较大、年龄较小和力量较弱的运动员来说，重力是最大的敌人，在教运动员跳跃或想发展爆发力时必须考虑到重力因素。

快速伸缩复合训练是有争议的。有些专家提醒，如果运动员没有适当的腿部力量基础，就不应该进行快速伸缩复合训练。事实上，有关快速伸缩复合训练的一些文章表明，运动员要能够使用两倍体重的重量进行颈后深蹲，才能开始快速伸缩复合训练。在现实中，这个荒谬的建议排除了近90%的运动员。两倍体重的标准是几十年前提出的，用作开始高水平快速伸缩复合训练的先导练习。但不知道从什么时候开始，这个概念被错误地运用到所有的快速伸缩复合训练中。

其他作者建议，在开始快速伸缩复合训练方案之前，要有一个为期8周的力量训练阶段。这个建议稍微合理一些，但它仍然不切实际，因为大多数运动员在非赛季中的训练只有10~12周。为期8周的力量训练阶段意味着最多只剩4周进行快速伸缩复合训练，时间太短，根本无法实现一个周期化方案。

有效的快速伸缩复合训练方案的基本要素是，训练计划要以渐进的方式进行，并且要基于个人能力去确定进度，而不是按照预定的时间表进行。如果运动员不能按要求完成"阶段1"的跳跃，就应该在"阶段1"多停留2~3个星期，然后再尝试进入下一阶段。不要强行进阶。

关于运动员进行快速伸缩复合训练的文章已经有很多。然而，很少有文章或书籍能详述出一个适合大多数运动员的渐进式系统训练方案。唐·楚（Don Chu）、吉姆·拉德克利夫（Jim Radcliffe）和沃恩·甘贝塔等人之前写过有关快速伸缩复合训练的著作，非常出色，但其中并没有足够的篇幅把目前的功能性训练和功能解剖学知识与如何设计和执行一个快速伸缩复合训练系统联系起来。为了理解快速伸缩复合训练，我们必须关注训练术语、训练类型和训练变量的基础知识。

训练术语

快速伸缩复合训练的语言必须得到普及，这样，任何教练或运动员都可以查看其他教练或运动员的方案，并在没有照片或视频的情况下理解训练。美国国家运动医学会（NASM）的迈克·克拉克最早让我注意到了术语的差异。克拉克在2000年的一次演讲中指出，很多教练目前用来形容快速伸缩复合练习的名称并没有正确地描述相应的动作。克拉克接着详细介绍了练习的类型和具体动作。

双腿跳（Jump）：双腿起跳，然后双腿落地。

单腿跳（Hop）：单腿起跳，同一只脚落地。

交换跳（Bound）：单腿起跳，对侧脚落地。

垫步跳（Skip）：单腿起跳，两只脚触地。

虽然这些描述可能会被认为是简单的常识，但我意识到，自己无意中将一些练习的分类搞错了。我们曾经一直将双腿跳栏称为"跨栏跳"（hurdle hops）。我相信，这种术语的混淆在很多力量、体能以及田径教练中仍然很常见。

克拉克指出："兔子不会单腿跳（Hop），它们都是双腿跳（Jump）。"你说这只是语义问题，或者这点差异微不足道？我也曾经这样认为，直到我接到了加州一位教练的电话，他使我认识到这种"小差异"的潜在代价。这个教练打电话给我时提出了一个问题，他说："嘿，你们的运动员怎么那么厉害啊，我的队里没有一个人能做到你们做的那些30英寸跨栏跳。"我很快就意识到，我的"小差异"让这位教练试图用单腿去完成我们一直用双腿进行的练习。他让他的运动员按照方案指示的那样做单腿跨栏跳（hurdle-hopping），而我让我的运动员做的是双腿跨栏跳（hurdle-jumping）。不注意描述性术语或没有正确解释所描述的动作，可能让运动员有严重受伤的风险。这只是一个例子。

训练类型

统一术语之后，下一个要探讨的问题是双腿跳、单腿跳和交换跳。我相信这是大量前交叉韧带（ACL）损伤预防计划失败的主要原因。Santa Monica PEP方案和Sportsmetrics方案是两种最流行的方案，其重点几乎完全是跳跃，没有强调交换跳或单腿跳。现实情况是，ACL撕裂最常在单腿跳或交换跳时出现，而不是双腿的跳跃。通过练习跳跃来预防单腿跳或交换跳中发生的损伤，就是浪费时间。

一个合理的快速伸缩复合训练方案必须均衡地包含不同的术语类别的练习。就像我们在力量训练中要平衡推和拉那样，运动员必须平衡双腿跳、单腿跳和交换跳。此外，单腿跳必须包括向前跳和向左右跳。应当指出的是，向内单腿跳和向外单腿跳在受力肌肉和预防潜在伤病这两方面都是完全不同的。向内单腿跳（向身体中线方向单腿跳）更加困难，而且对髋部稳定肌有更多的应力需求。

跳跃训练量

每次训练课的跳跃次数，即跳跃量，往往是用双脚接触地面的次数进行测定的。很多快速伸缩复合训练方案的主要问题是，它们要求的触地次数太多了。我们的做法是，尽量保持较少的触地次数，并逐渐增加跳跃或单腿跳的强度，而不增加数量。

我们尽量保持每天大约25次的触地次数，每周100次。不能控制每天和每周的触地次数，就肯定会使膝关节产生过劳性损伤。

训练强度

快速伸缩复合训练的强度是很难衡量的，而且我们要理解可控的跳跃训练方案和真正的快速伸缩复合训练方案之间的差异。正如前面提到的，很多我们认为是快速伸缩复合训练的练习实际上只是跳跃练习。

控制快速伸缩复合训练的强度要以重力对身体的作用方式为基础。想要增加强度，要么增加重力的作用，要么尝试改变缓冲阶段的性质。我们的方法是跳过一个物体而不是跳上一个物体；也可以加入弹性成分，比如弹跳一次，然后再弹跳一次。

跳跃或单腿跳到一个跳箱上是最低的强度，因为它们虽然包含很强的向心收缩部分，但因为没有让身体"实际"下落而最大限度地减少了离心刺激。运动员身体加速上升到一个高度，然后再跨步下来，就有效地让重力失去了加速作用，使重力不再是潜在的压力源。

唐·楚的早期研究给跳跃的强度进行了分类。根据跳跃是原地跳还是跳过一段水平距离，早期的量化系统将跳跃分为原地跳、短跳和长跳。尽管这在20世纪80年代是最先进的，但随着我们对身体物理效应的进一步了解，我认为有一个新的系统可以更好地描述双腿跳、单腿跳和交换跳的效果及应力。我喜欢将跳跃分类为重力减少（跳到跳箱上）或重力增加（跳过一个障碍），然后进展到半弹性跳跃，最后是真正的弹性快速伸缩复合训练。

早期关于快速伸缩复合训练的描述，并不承认某些跳跃在本质上其实不属于快速伸缩复合训练。真正的快速伸缩复合训练需要尽量减少触地时间，提高落地后的反应能力。在我们的系统中，这些真正的快速伸缩复合训练分四个阶段完成。一般来说，运动员触地的次数每周不超过100次，即使在后面的高级阶段中也是如此。改变的是跳跃的强度，而不是数量。

频率

讨论快速伸缩复合训练的频率时，首先要提到美国体能协会（National Strength and Conditioning Association）对此的最初声明。NSCA的立场是，每周只应做两次快速伸缩复合训练。这已经被修改为，不应连续几天锻炼相同的关节。（注：NSCA没有提及强度或数量，只是提示跳跃对于体形较大的运动员可能强度过大。）

我的看法是，每周最多可进行4次快速伸缩复合训练，但必须被分成直线性训练日和多方向性训练日。直线性快速伸缩复合训练涉及纯矢状面的跳跃和单腿跳，而多方向性快速伸缩复合训练则涉及额状面和水平面的练习。

年龄和经验水平

在NSCA的声明中，另一个值得关注的要点是，为快速伸缩复合训练发展适当的力量基础。不幸的是，没有人定义出什么是"适当的力量基础"。

我认为，根据常识，力量训练和快速伸缩复合训练可以同时做。而现实情况是，年龄小的运动员没有力量训练基础或者不具备所需的强度水平，却每天都进行激烈的快速伸缩复合训练。体操和花样滑冰运动员从非常小的年龄就开始接触激烈的快速伸缩复合练习。关键是要控制重力对身体的影响。

请安静！

良好的快速伸缩复合训练会很安静，动静很小。不能安静地落地表明运动员缺乏离心力量，该练习并不适合他。可能必须要做的就是降低所用障碍物的高度。运动员上跳的跳箱应该是他们可以安静落地的跳箱，并且能用与起跳时相同的姿势或下蹲深度落在跳箱上。同样的道理，运动员也应该只跳那些能让他们正常落地的障碍物。

快速伸缩复合训练的进阶

让运动员的身体为快速伸缩复合训练做好准备的有效方法，是先教给他们跳跃和落地的技能，然后再引入许多教练员和运动员归类为快速伸缩复合训练的练习。这类方案的优势在于，它优先考虑的是伤病预防，而不是发展爆发力。

这个快速伸缩复合训练方案的阶段1~3可能并不是许多教练心目中真正的快速伸缩复合训练，它们实际上是一系列训练，旨在教授跳跃技能，培养具有良好稳定性的落地能力，并引入跳跃的弹性成分。快速伸缩复合训练的进阶过程一直到第4阶段才会引入真正的快速伸缩复合训练。

每个阶段的快速伸缩复合训练都被分为直线训练和横向训练。很多快速伸缩复合训练方案的失误之一就是其训练编排过多受到田径训练的影响。因为田径是纯矢状面的运动，许多方案中的跳跃或单腿跳往往只是向上或向前，忽视了对大多数团队运动项目非常重要的额状面练习。

要想真正具有功能性，运动员必须不仅能向前双腿跳、单腿跳或交换跳，还要能够向左和向右跳。在速度和快速伸缩复合训练等领域中，能够明显感受到田径及其固有的矢状面特点所带来的影响。

关于快速伸缩复合训练器材的简单建议：如果您打算购买跳箱，用于第1阶段的快速伸缩复合训练，请多花一点钱换成泡沫跳箱。新型的泡沫跳箱不仅可以让落地轻一点，还可以防止因没有跳到跳箱上而造成的损伤。

阶段1：稳定落地的双腿跳、单腿跳和交换跳

在快速伸缩复合训练进阶方案中，第一个阶段的重点是学习双腿跳，更重要的是学习落地。应该教运动员用手臂和髋部同时发力，并轻轻落地，落地越轻越好。运动员必须学会用肌肉来缓冲，而不是用关节去吸收作用力。

阶段1的目的是发展离心力量。把离心力量想象成车辆行驶中的刹车。第一个阶段是最重要的，但它也是快速伸缩复合训练中最容易被忽视和低估的阶段。略过或试图缩短阶段1是受伤的主要原因。有些优秀运动员的落地技术之差会令你惊讶。

无论运动员处于什么成绩水平，始终应该从阶段1开始。无论是职业运动员还是中学生，阶段1都应至少持续3周，教练和运动员应该花足够长的时间在这个阶段上。阶段1的目标是发展落地所必需的稳定性和离心力量。另外，也可以将阶段1看成是对肌腱的训练。

下面的练习应每周做1次或2次。

箱式双腿跳

　　这个直线练习是所有跳跃训练中最基本的练习。根据运动能力选择合适的跳箱高度。许多运动员会自尊心膨胀，要使用过高的跳箱。如果运动员对自己的跳跃能力认识不足，教练要主动为运动员选择跳箱。对于初学者，跳箱的高度范围是4~24英寸（10~60厘米），具体高度取决于运动员的技能水平。做3~5组，每组跳5次，一共最多跳25次，或者用快速伸缩复合训练的行话来说就是"脚触地25次"。

　　跳箱高度是否合适的判断标准很简单。

1. 运动员能否安静地落地？如果不能，则跳箱过高。
2. 运动员落地的姿势与起跳姿势是否相同？如果落地时膝关节弯曲得明显比起跳时更深，则说明跳箱过高。

　　比较落地和起跳是由俄勒冈州的力量教练兼快速伸缩复合训练专家吉姆·拉德克利夫（Jim Radcliffe）在其演讲和著作中提出的一个很好的建议。这个简单直接的概念帮助教练确定运动员是否能正确完成箱式跳。落地姿势永远都不应该比半蹲姿势更深。见图9.2。

图9.2　箱式双腿跳

白痴箱

　　如果你有90厘米或105厘米的快速伸缩复合训练箱，请把它们收起来。事实上，除非你在训练那些非常优秀的运动员，否则请把75厘米的跳箱也收起来。

> 我把大的快速伸缩复合训练箱戏称为"白痴箱"，因为只有爱炫耀的年轻人才使用它们。我已经开始称这样的年轻人为"皮肤捐赠者（经常磕碰到膝盖等部位）"。我可以肯定地告诉你，曾几何时，我和我的运动员也像其他人一样愚蠢，做这些愚蠢的练习。在执教了几个皮肤捐赠者后，我意识到，真正重要的是身体重心移动的高度，而不是跳箱的高度。我的训练中心内不再存有90厘米的跳箱，但我有很多45厘米和60厘米的跳箱，还有几个75厘米的跳箱。

箱式单腿跳

　　尽管理论知识告诉我们，箱式单腿跳比单腿跳越障碍物的应力要小，但我们让一些运动员使用单腿跳越较低的障碍物（理论上是阶段2的练习），来代替箱式单腿跳或箱式侧向单腿跳。通常，年龄较小或力量较弱的运动员会被单腿跳到一个低跳箱上的想法吓到；如果用约15厘米的小跨栏，甚至只在地板上画一条线，就不会那么吓人了。对于ACL伤后恢复的运动员，我们只使用地上的一条线开始单腿跳练习。即使单腿跳到最低的跳箱上也有可能引起一些焦虑，导致没有落稳而受伤。我们在这里不太担心重力因素，因为这些几乎就是"自信单腿跳"。

　　使用与箱式跳相同的技术，但从一些低至10厘米的跳箱开始。做3组，每条腿跳5次，共计每条腿跳15次。见图9.3。

图**9.3**　箱式单腿跳

箱式侧向单腿跳

这个侧向练习也是每周练一次。做箱式侧向单腿跳练习时,从10厘米跳箱的旁边跳到跳箱的顶部(图9.4)。最关键的是用一条腿稳定、安静地落地。每条腿做3次内侧跳跃(往身体的中线方向跳)和3次外侧跳跃(往远离身体中线的方向跳)。在这几种情况下,起稳定作用的力有明显差异。每条腿做3组6次跳跃(3次内侧和3次外侧)。也可以使用非常低的障碍物来完成这些练习,如约15厘米的小跨栏,或者只用一条线,让年龄较小或体形较大的运动员培养更多的信心。

图9.4   箱式侧向单腿跳

侧向交换跳加跳停

在第一版《体育运动中的功能性训练》中,我们使用术语"海登"来表示侧向弹跳,这是以传奇速滑运动员埃里克·海登(Eric Heiden)的名字来命名的。侧向弹跳加跳停是一个基础的侧向练习,它有无数个名称,其中包括"滑冰单腿跳"(skaters hops或skate hops)。运动员从右移动到左,或从左到右,并在落地后保持完整的1秒时间,然后再弹跳回另外一侧。术语"跳停"强调,运动员落地时要停稳并保持住。稳定的停住落地是所有阶段1练习的关键。运动员常常会问:"我要尽量

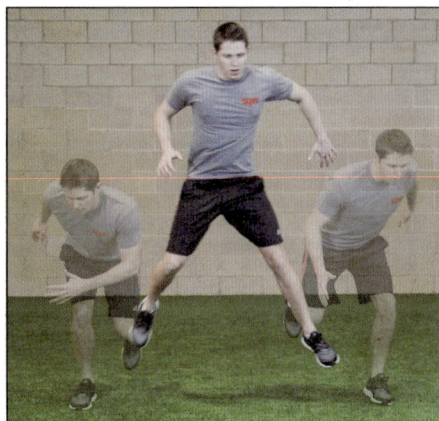

图9.5   侧向交换跳加跳停

高还是尽量远?"我的回答是"都要"。良好的侧向弹跳是高度与距离的结合(图9.5)。

每条腿做3组，每组5次交换跳，总共脚触地30次。

阶段2：用双腿跳、单腿跳和交换跳越过障碍物

在快速伸缩复合训练方案的第2阶段中，重力在训练中占的比重较大。在阶段1中，我们双腿跳或单腿跳到跳箱上，或跳过非常低的障碍。现在，运动员要跳过挑战性相对大一点的障碍物，通常是一个专门设计的小跨栏。这些双腿跳、单腿跳和交换跳包括垂直和水平分量。跳过障碍物的动作大大增加了施加在肌肉和肌腱上的离心负荷。

轻轻落地的目标保持不变，但增加的重力大大提高了对离心力量的要求。进阶练习并不是增加了跳跃次数，而是增加了落地时的离心负荷。

所使用的障碍物一般为15~75厘米高的栏架，具体取决于跳跃的类型和运动员的技能水平。芝加哥公牛队（Chicago Bulls）的传奇力量和体能教练艾尔·瓦米尔（Al Vermeil）喜欢说"运动员的体形越大，障碍物越小"。这听起来似乎有悖常理，但瓦米尔的说法十分明智。身高约198厘米的篮球运动员和美式橄榄球运动员要单腿跳过15厘米的小架是极其困难的。

双腿跳栏加跳停

双腿跳栏加跳停是跳跃一系列的栏架。栏架的高度在30~75厘米的范围内，具体取决于运动员的技能水平。Perform Better等公司出售30厘米、45厘米和60厘米规格的模压塑料栏架。一般来说，栏架的高度应与正确进行箱式跳所选用的跳箱高度一致。双腿跳栏的关键同样是要在完成动作时安静、稳定地落地（图9.6）。

双腿跳栏是箱式跳的一个自然且合乎逻辑的升级。最大的区别是，双腿跳栏时身体在下落过程中因重力作用会经历加速过程。向心动作几乎与箱式跳完全一样，但离心负荷大幅增加，具体取决于障碍物的高度和身体重心的移动方式。做3组，每组5个栏，共计15次跳跃。

图9.6　双腿跳栏加跳停

单腿跳栏加跳停

在单腿跳栏加跳停中，运动员用同一条腿起跳并落地（图9.7）。如果落地稳定性或落地信心不足，可以在地上用一条线来做这个练习；不过，从阶段1进阶到阶段2的目标就加入栏架或增加栏架的高度。

每条腿做3组，每组5次单腿跳，一共30次脚触地。

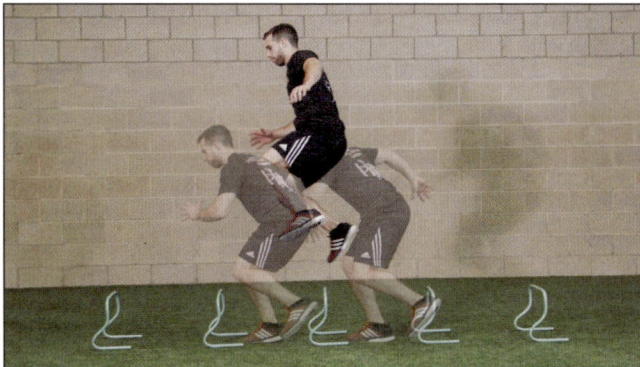

图9.7 单腿跳栏加跳停

侧向单腿跳栏加跳停

使用在侧向箱式跳中描述的技术，只需跳过3个15厘米的小栏架，相邻栏架的间距约45~60厘米。这是一个往返练习。三个栏架的间距大约45厘米，运动员单腿向外侧一一跳过，每次落地后都跳停，然后返回时向内侧跳过相同的三个栏，每次跳停落地时都数"一哒哒"两下（图9.8）。如果落地稳定性或落地信心不足，可以用一条线来做这个练习。每条腿做3组，每组6次单腿跳（3次中线和3次横向），一共36次脚触地。

图9.8 侧向单腿跳栏加跳停

45度交换跳加跳停

45度交换跳加跳停相对于侧向交换跳动作不是增加一个障碍物，而是增加一个线性分量作为升级。现在，不是直接跳向一侧，而是以45度角蹬地向斜前方跳（图9.9）。每条腿做3组，每组5次单腿跳，一共跳30次。

图9.9 45度交换跳加跳停

注意

另一种类型的快速伸缩复合训练是在水平面上减速跳跃。为了形象地描述这种跳跃，可以想象朝着一个方向上起跳，然后在落地之前转身90度或180度。运动员在进行水平面的双腿跳和单腿跳时应当格外小心。不幸的是，有些学者建议的水平面练习非常像是我们在尽量避免的易损伤动作。

阶段3：阶段2的练习加上弹跳

第3个阶段进行的练习开始与许多教练和运动员心目中真正的快速伸缩复合训练类似了。阶段3的重点是从离心收缩切换到向心收缩，而不是单纯地通过跳停落地来发展离心力量了。虽然离心到向心的切换是快速伸缩复合训练的核心，但大部分与快速伸缩复合训练相关的损伤都源于无法培养出良好的离心落地技能。

阶段1和阶段2为伤病预防及后面的拉长−缩短周期练习奠定了必要的基础。阶段3通过在练习中加上弹跳，引入拉长−缩短周期。关键是要逐渐增加给肌肉和更为重要的结缔组织所施加的应力类型和力量。

在此阶段进行的练习与阶段2中是相同的，但是要在下次跳之前先完成一次小弹跳。引入拉长−缩短不会给训练方案带来太大的变化。与之前一样，还是增加强度，但不增加跳跃量。

双腿跳栏加弹跳

与双腿跳栏加跳停的技术相同，但落地后不是跳停，而是在下一次起跳前增加一次弹跳。

单腿跳栏加弹跳

与单腿跳栏加跳停的技术相同，但在下一次起跳前将稳定落地换成弹跳。如果运动员感觉这个练习比较困难，他们应该重新回到阶段2的跳停落地训练。

侧向单腿跳栏加弹跳

与侧向单腿跳栏加跳停的技术相同，但在下一次起跳前将稳定落地换成弹跳。如果运动员感到这个练习比较困难，他们应该重新回到阶段2的跳停落地。

45度交换跳加弹跳

与阶段2中的45度交换跳的技术相同，但在下一次起跳前要进行弹跳。

阶段4：爆发、受控和连续的运动

阶段4进入大多数教练和运动员心目中真正的快速伸缩复合训练范畴。这个阶段的训练重点是对地面的反应能力，并且要最大限度地减少触地时间。如果你想知道，为什么花了这么长时间才练到这儿？答案是，我们的方法首先强调安全，熟练掌握技术很重要。训练方法过于保守的最大错误也不过是早期的几个阶段有点长而已。

在阶段4中，运动员要努力缩短触地时间，要有弹性、有爆发力，但又要安静地从离心收缩过渡到向心收缩。优秀的运动员在进行快速伸缩复合训练时，你会马上注意到一件事：看见大量的爆发力输出，但几乎听不到声音。神经系统和肌肉系统完成大部分的工作，对关节的压力极小。这就是渐进式快速伸缩复合训练方案的目标。

双腿跳栏（连续）

运动员进行连续的双腿跳越栏架。

单腿跳栏（连续）

与直线跳跃一样，单腿跳现在也要连续做，重点是减少触地时间。

侧向单腿跳栏（连续）

遵循同样的思维过程，往返侧向单腿跳动作现在也以连续的方式进行。

45度侧向交换跳（连续）

45度侧向交换跳是用力地横向蹬地，从右到左或从左到右地移动（图9.10）。运动员要用力外展来产生侧向爆发力。

图9.10 45度侧向交换跳

爆发性垫步跳

这是一个直线练习，运动员在热身垫步跳时用力地伸展髋关节，以增加高度和距离（图9.11）。

图9.11 爆发性垫步跳

快速伸缩复合训练和ACL损伤预防

前交叉韧带（ACL）撕裂在体育界几乎达到了流行病的水平。有人估计，每年有高达100 000例ACL撕裂。根据物理治疗师迈克·克拉克在2001年的演讲，在这些ACL撕裂中有超过30 000例发生在参加足球、篮球和曲棍球等项目的年轻女运动员身上。这些惊人的数字本身就证明了为女性运动员设计的任何方案都要涉及ACL的损伤预防。

许多物理治疗和运动训练团体已经开始宣传销售专为ACL损伤预防而设计的方案。有些方案不错；而有些则过度简化了。一个健全的ACL损伤预防方案需要把重点放在两件事情上。

1. 单腿力量。

2. 落地和减速技能。

大多数ACL损伤发生在力量较弱的运动员试图落地或变向时。许多研究指出，女性的一些生理特点，如髋关节结构、膝关节结构和月经周期的变化使她们更容易受伤。教练、运动员、物理治疗师和运动防护师不能改变运动员的骨骼结构，也不能不让她们在月经期间参加比赛。

为什么女运动员往往比男运动员更容易损伤ACL呢？我们可能为此感到困扰，但还不如将时间和精力投入到我们可以改变的事情中。年轻女性的生理特征让她们更容易撕裂ACL，这虽让教练和运动防护师们束手无策，但也是不会改变的事实。将会有越来越多的女孩和年轻女性不断地参加高水平竞技运动。我们可以控制的是向心和离心的单腿力量，以及落地技能的发展。力量训练与合理的渐进式快速伸缩复合训练方案相结合，就是世界上最好的ACL损伤预防方案。

在MBSC，我们会告诉每一个想听的人：预防ACL损伤就是进行好的训练。预防ACL损伤的方案其实就是把好的训练理念包装起来并说服女运动员及教练接受这种理念。女运动员和教练听到预防ACL损伤训练方案后的态度与听到力量和爆发力训练方案后，态度反差之大让人吃惊。

不论什么名称，快速伸缩复合训练方案的设计必须合理，要包含单腿跳、双腿跳和交换跳；还要有合理的规划和正确的教导。快速伸缩复合训练如果教得不好或进度不佳，可能会导致髋股关节出现问题，这是在面对年轻女运动员时需要特别关注的另一个问题。

快速伸缩复合训练方案以及ACL损伤预防方案永远都应该从前文所述的阶段1开始练习。本书介绍的练习是ACL损伤预防方案的基石。单腿力量练习、恰当的快速伸缩复合训练方案以及强调变向的体能方案对预防ACL损伤大有助益。

对于年轻的女运动员来说，力量训练怎么强调都不过分。她们应该按照第6章中的单腿力量训练指导，完成从弓步蹲到单腿蹲起的所有进阶，在熟练掌握前一个练习后进阶到下一个练习。大部分年轻女运动员需要几周甚至几个月才能进阶到真正的单腿蹲起。其实具备单腿蹲起的能力可能就是最好的ACL损伤预防。

年轻运动员在通过力量训练来发展单腿向心力量的同时，也应该通过恰当的快速伸缩复合训练来发展离心力量和落地技能。正确的快速伸缩复合训练的指导至关重要，所有的进阶都应以能力为基础。本章所描述的四阶段快速伸缩复合训练方案是ACL预防和康复的基石。在最初的9周逐渐引入双腿跳、单腿跳和交换跳练习，更重要的是适应落地时的应力。

正如前面所提到的，很多快速伸缩复合训练专家告诫：在进行快速伸缩复合训练之前，运动员应具备较高水平的腿部力量。但如果真的遵循了他们的指引，年轻运动员将不会从控制性跳跃训练中得到益处，并且会错过快速伸缩复合训练第1阶段中必要的落地技能训练。不仅无力量基础的人可以开始快速伸缩复合训练，连刚入门的运动员都可以从第一天就进行入门级的快速伸缩复合训练。落入"力量基础为先"的陷阱只会推迟采取ACL撕裂预防措施的时间。

记住，要想预防ACL损伤，就要平衡髋主导和膝主导的力量训练；囊括所有的直线和侧向双腿跳、单腿跳及交换跳练习，并遵循进阶过程。首先练习落地技能非常重要。如果一周只能训练两天，那么这两天每天都要进行直线和侧向的快速伸缩复合训练。

进阶式的快速伸缩复合训练是提高爆发力输出的一种途径。本章中的练习顺序可以安全地帮你提高速度、增强水平和垂直方向的弹跳能力，同时减少潜在损伤。关键是要遵循这个顺序，不要跳过其中的步骤。通往成功的路上没有捷径，捷径只会加速损伤。

快速伸缩复合训练只是三种提高爆发力方式中的一种。快速伸缩复合训练、投掷药球（第7章）以及奥林匹克举（第10章）的有效结合将大幅提高爆发力。

记住，越多并不一定越好。不要超过推荐的触地次数和训练天数。如果严格按照方案来执行，快速伸缩复合训练每周最多可以练四次——两个直线训练日和两个侧向训练日，每次训练前都进行相应的热身（第5章）。如果遵循这个方案，就不会产生过劳性损伤。运动员无论是想安全地提升速度、垂直跳跃能力或整体爆发力，还是单纯地想预防损伤，都能从本章的快速伸缩复合训练中获益。

奥林匹克举

　　运动员和教练一直在寻找最好、最安全的爆发力培养方法。爆发力的增加会转化为速度更快、更具爆发力的运动员。不断有新的证据显示，爆发式举重（如奥林匹克举及其各种版本）可能是迅速提高爆发力的最佳方法。

　　奥林匹克举的缺点是它需要大量的时间进行教学和持续不断的监督。很多教练都在训练方案中加入了奥林匹克举，因为好处非常明显；不幸的是，这些教练中有一部分不能够或不愿意将正确的技术教给他们的运动员。最近，教练开始进行奥林匹克举的多次重复挑战，而不再把它作为爆发力的培养工具。在我们这个时代，奥林匹克举的普及性和曝光度大幅增加，但我们看到的现象往往类似于有人试图用螺丝刀去锤钉子。

　　教得不好、练习得不对或无人监督的奥林匹克举训练，最终结果往往是受伤。伤病发生时，受到指责的往往是练习，其实我们应该把问题全部归咎于教练或体能训练师。关键是要将奥林匹克举视为一种工具——这个强大的工具既能提供帮助，又有可能带来损伤。我喜欢用电锯来比喻，电锯可以帮你砍掉一棵树，但不应该让那些没有经验的人使用它。

　　让我们从一个基本前提开始。任何不熟悉奥林匹克举练习或教学的人都不应使用它们。想要发展高速的爆发力可以选择实心球、壶铃甩摆和快速伸缩复合练习。

　　制定安全有效的训练方案的关键是学习在理论与实践中取得平衡。在训练方案中添加任何爆发力动作之前，教练必须知道怎样指导这些动作，运动员必须学会如何把技术动作做好。不要在意重量；要关注的是技术。记住，你在使用一个强大的工具。

　　虽说如此，奥林匹克举也是很好的功能性训练。它采用站姿完成，并且要爆发、协调地用到全身的几乎每一块肌肉。掌握技术后，可以在很短的时间内完成大量的练习。其缺点是需要不断地指导，并且需要更多地考虑技术而不是重量。

　　在我们的训练中心里，无论哪个运动项目，几乎所有的年轻运动员都要学习奥林匹克举，除非他们的背部曾经受过伤。

在我们的系统中，成年人一般不去做奥林匹克举。成年人的体态和限制往往无法与奥林匹克举很好地结合。棒球运动员、网球运动员和游泳运动员也要避免爆发性过头举运动，比如抓举，以免给肩部旋转肌群过大的压力。在监督下，以杠铃在膝盖上方的姿势练习适当次数的奥林匹克举，我们的运动员的受伤率接近零。切勿使用奥林匹克举作为多次重复的耐力活动，而应始终将其作为中低重复次数的爆发力练习。

我们为什么要练习奥林匹克举

奥林匹克举能够提高运动能力、培养离心力量，最重要的是乐趣。

运动能力

虽然已经证明奥林匹克举对全身爆发力的训练效果极佳，但在练习奥林匹克举最重要的原因中，提高爆发力可能只排到第四位。排名第一的是奥林匹克举对协调性和运动能力的影响。我不知道在力量房里还有什么比一个漂亮的奥林匹克举更好看的了。

30多年的经验告诉我，最优秀的运动员同样是最好的奥林匹克举选手。教练们可能会问自己，这是不是一个先有鸡还是先有蛋的问题。更好的运动员会是更好的奥林匹克举选手，还是练习奥林匹克举让他成为了更好的运动员？我不能完全肯定地作出回答，但据我的观察、听说和阅读，我相信奥林匹克举可以增强运动能力。我比较了奥林匹克举与翻筋斗对培养运动能力的效果。我喜欢的是，运动员必须先做出跳跃动作（举重的向心部分），然后引导一个物体的移动，再摆出接收姿势（离心部分，或接杠）。

离心力量

练习奥林匹克举的第二个原因是发展离心力量。拉起重物是一回事，实际接住相同的重物并给它减速又是另一回事。教运动员产生有力的向心收缩，然后接住并给移动物体减速可能是在举重房中完成的最难又最有益的技能。这也可能是最好的伤病预防练习。学习不仅要产生力量，还能吸收力量并给负荷缓冲减速，这是接触性运动的关键技能。

我恰好想到奥林匹克举在缓冲部分所培养的离心力量有着巨大的伤病预防价值。在体育运动中，受伤往往发生于受到冲撞时，而不是在主动撞击时。这种快速离心环节在除了奥林匹克举之外的任何练习中都不存在，这使得其对肩胛带周围的肌肉特别有益。在我执教多年的冰球和美式橄榄球项目中，运动员肩关节分离和肩部震荡极为少见。我认为，奥林匹克举在其中发挥了不小的作用。

有趣

　　有趣？是的，有趣。奥林匹克举可以很有趣。有些运动员学会了享受尝试举起重物时的折磨。不过，我认为很多人都不会将一组负重深蹲或硬拉形容为有趣。运动员似乎更喜欢奥林匹克举。事实上，我始终坚信奥林匹克举是力量房中很好的平衡练习。比如美式橄榄球项目，体形较小、更具爆发力的运动员在卧推和深蹲动作中极少能比得过体形较大的队友，但在奥林匹克举中，熟练的运动员往往可以比身体较重、体形更大的队友举起更沉的重量。这既有益又有趣。

学习奥林匹克举

　　学习奥林匹克举的最简单方法就是从膝上持杆姿势开始。在这个姿势中，杠铃杆并不从地上抬起，实际上，杠铃始终保持在膝盖以上（图10.1）。膝上持杆消除了常与奥林匹克举相关的大量下背部压力，使运动员不论体型如何，都能用非常相似的姿势开始学习，而且这种方式对关节很友好。任何运动员都可以通过膝上持杆姿势掌握很好的技术。相反，很多运动员都觉得从地面上学习奥林匹克举非常困难。

　　不是所有运动员都具备成为优秀竞技型奥林匹克举重运动员的生理特征（良好的生物力学杠杆系统、中间形态的体型、极好的髋部柔韧性）。事实上，优秀的篮球运动员或赛艇运动员所要求的素质正是竞技型举重运动员所不需要的。

图10.1　膝上持杆姿势

　　我从来不喜欢从地面练习下蹲翻。实际情况是，我记得这30年来我从不曾让运动员去做下蹲翻。在我的心目中，奥林匹克举是用于培养爆发力。如果是为了提高启动力量，就用大负荷的杠铃硬拉来完成。如果目标是提高爆发力，那么我的选择是用膝盖以上的膝上持杆姿势练习奥林匹克举。

　　所有方案编排的关键都是为合适的任务选择合适的工具。开始时从地板拉起的部分只是一个硬拉，目的是让杠铃进入适当的位置来进行膝上翻。从地板开始做奥林匹克举的运动员实际上就是为这项任务选择了错误的工具。

　　所有训练方案的目标都是要在特定运动项目中打造更好的运动员，而不是铸就竞技型奥林匹克举重运动员（除非这就是你的运动专项）。奥林匹克举应该永远是实现目标的手段，而不是目标本身。EXOS教练丹尼斯·洛根说得好，他说：我们要培养出"可以成为良好举重运动员的优秀运动员"。那是什么意思？即意味着我们要正确地看待奥林匹克举——它是培养优秀运动员的工具。

奥林匹克举及其各种版本主要用于培养爆发力和运动能力。虽然奥林匹克举可以练出令人印象深刻的肌肉，但这不应该是主要目标。目标不仅仅是移动一个重物，而是像运动员一样以快速、有力的方式移动重物。奥林匹克举的主要目标是训练神经系统，次要目标才是培养肌肉系统。

奥林匹克举的训练指导

以下是学习奥林匹克举的一些指导。

- 首先考虑安全性。要注意周围的环境。如果有的话，请使用举重平台。平台上要有像警告带那样的"禁止向前"标识。
- 练习正确的技术。这很简单。如果看起来不对劲，它可能就是不对。奥林匹克举的目标不只是将杠铃从A点移动到B点。目标是要用正确的技术快速从A点移动到B点。一旦在这一点上有所疏忽，就已经是失败的奥林匹克举者或老师了。
- 强调运动的速度而不是杠铃上的重量。在学习奥林匹克举时会犯的大多数技术错误都是同一个原因：太重。这往往是自尊心与常识之间的战争。最好的修正方法就是最简单、最明显的：减轻重量。

所有具备常识并且能够理解一些基本姿势的人都可以学习下蹲翻和抓举。

教奥林匹克举可能并没有唯一正确的方法。专家们在很多方面都没有达成一致意见。但是，我们所采用的一个简单的方法成功教会了美式橄榄球和曲棍球等项目的运动员。记住，你的目标并不是培养奥运举重运动员。我们的目标是利用奥林匹克举作为培养更好的运动员的一种工具。不要陷入奥运举重运动员的训练设计并复制他们的方案；要为运动员设计一个爆发力训练方案，使用奥林匹克举及其变形版本作为训练的一部分。

掌握奥林匹克举姿势的关键点

学习奥林匹克举的姿势需要4步过程。

第1步：不用手的颈前深蹲

在学习高翻之前要熟练地练习颈前深蹲，这一点很重要。在MBSC我们只在该练习中用奥林匹克杠铃来教颈前深蹲。颈前深蹲的能力会影响对膝上高翻接住部分的理解，因为杠铃要在四分之一颈前深蹲中"接住"。

开始时将杠铃搁在三角肌（覆盖肩膀的肌肉）上，双臂向前伸出（图10.2）。双手故意不放在杠上。这一步是要教运动员正确地将杠铃搁在肩膀上，并用肩膀而不是用手腕或双手来扛住。多数与膝上高翻有关的抱怨都是由于没有正确地接住杠铃。不要略过这一步，它很关键。

图10.2 不用手的颈前深蹲

第2步：高蹲翻握法颈前深蹲

在颈前深蹲中不要使用交叉握法（图10.3）。运动员必须能够正确做出颈前深蹲，才能正确地接住高翻的杠铃。对我们来说，这不是力量举，而是一种教学工具，旨在教运动员如何正确地接住膝上高翻。

无法掌握正确深蹲技术的运动员可能是踝关节的灵活性不足。深蹲的最佳拉伸方式是以全深蹲姿势坐下，将双肘放在双膝的内侧，膝往外顶落在脚趾上方，同时弓起背部（图10.4）。

图10.3 在颈前深蹲中不要使用交叉握法

图10.4 高翻握法颈前深蹲

第3步：高翻和抓举的起始姿势

这是基本的提拉姿势。双脚分开站立，与肩同宽，膝盖微微弯曲，胸部微微在杠铃后侧，手腕向回收，双臂伸直，双肘向外（图10.5）。这与第一版的《体育运动中的功能性训练》中教的起始姿势不同。这要归功于奥林匹克举教练格伦·潘德雷（Glenn Pendlay）。潘德雷不让运动员把杠铃顺着大腿往下滑、胸部在杠铃上方，而是建议屈膝，并让胸部稍稍保持在杠铃的后侧。这种变化让运动员更容易掌握简单的初学者跳跃动作以及后面需要学习的接杠。运动员不需要向前靠，让胸部在杠铃的上方，只需弯曲膝盖就可以了。在这个姿势中，胸部会刚好在杠铃的上方或稍微在杠的后侧。弯曲膝盖也会带来轻微的髋关节屈曲。从这里开始，运动员有机会更快地取得成功。我喜欢称之为"潘德雷技术"，它是我们在20多年的教学过程中所做出的第一个改变。有一件事让我很自豪，就是我们并没有因为太执着于自己的方法而错过了改善的机会。

图10.5 高翻和抓举的起始姿势

第4步：过头支撑姿势

该姿势用作抓举、挺举或推举，以及过头深蹲的结束姿势。练习伸展双臂，在头部上方支撑住杠铃。手腕应锁住，头略向前倾，杠铃在头的后上方，并且双腿稍微弯曲（图10.6）。

记住，要从膝上持杆姿势（在膝盖上方）练习所有的奥林匹克举。这是一个简单、安全的姿势，各种体形的运动员都很容易掌握。体形较大、较高或柔韧性不足（大部分）的运动员在学习从地面开始的下蹲翻时会遇到困难。有些所谓的专家坚持从地面开始下蹲翻，不要听他们的。记住，在竞技运动中，奥林匹克举是培养爆发力的一个工具，而不是一个运动项目。

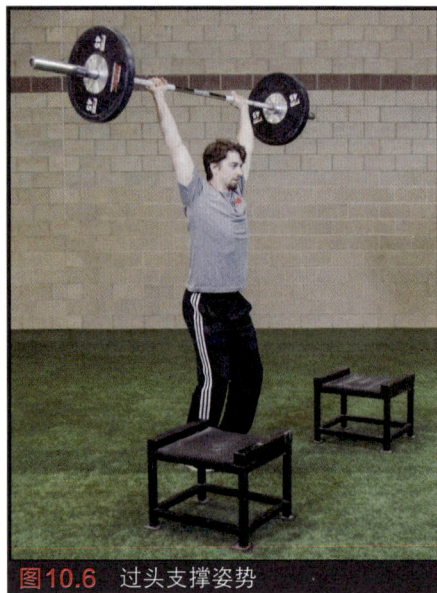

图10.6 过头支撑姿势

掌握膝上高翻和窄握抓举

第1步：复习如何正确地拿起和放下杠铃。

每当拿起或放下杠铃时，背部都应弓起并保持紧张。这看似简单，但很多伤病都是因为没有正确地拿起和放下杠铃造成的。

第2步：复习不用手的颈前深蹲，学会控制搁在三角肌上的杠铃。

必须首先学习这个姿势。然后升级到高翻握法的颈前深蹲，以建立手腕、肩膀和肘部的柔韧性。

第3步：复习起始姿势。

- 手腕回收。
- 双臂伸直。
- 背部弓起。
- 双肩稍稍在杠铃的后面。

第4步：弯曲膝盖。

如前所述，这是一个重大的变化。

第5a步：练习膝上高翻。

使用略比肩宽的握法，跳跃、耸肩，并以颈前深蹲的姿势接住杠铃（图10.7）。握杠时手要放松，抬起双肘，指向正前方或以45度指向侧面。

图10.7　膝上高翻

第5b步：练习窄握抓举。

窄握抓举使用与下蹲翻相同的握法。一般不鼓励教宽握抓举，因为其唯一目的就是为了让运动员举起更大的重量。复习与肩同宽的握法的过头支撑姿势。保持杠铃在头部后方，膝盖弯曲，背部拱起（图10.8）。在练习抓举时，想象试图将杠铃向上甩，撞到天花板上。我通常只会告诉运动员这一点。我最好的教学提示是"尽量将杠铃向上甩并撞到天花板，但不要放手"。你会惊讶于用这样的提示来教抓举的速度会有多快。

注：抓举比各种翻更容易教和学。教练员和运动员最初可能会被吓到，但很快就会掌握举重。学习膝上翻的能力往往受制于上半身的柔韧性，但膝上抓举则不会有这样的问题。

图10.8 窄握抓举

第6步：正确地将杠铃放回架子上。

保持背部平坦和紧绷。

教学提示回顾

提示起始姿势

眼睛看着正前方

挺胸

背部弓起

双臂伸长，肘部放松

手腕向回收（这是保持杠铃靠近身体的关键）

膝盖弯曲（记住，在开始姿势中肩膀在矢状面上要稍稍越过杠铃，或稍稍在杠的后面）

拉的提示

跳起并耸肩

跳起并下坐

跳起并提起手肘（为了提拉）

接杠时的提示（仅用于高翻）

坐在杠的下方

保持双肘抬起（注：在30名运动员中，实际上只有1人柔韧性不足，无法抬起手肘；其他29人只是会说自己做不了）

保持髋部在后

使用助力带

当高级举重练习者难以保持住杠铃位置，而且似乎对握住杠铃和举起它都要投入同等的注意力时，我们就引入助力带。我们的底线是，不希望由于缺乏握力而限制下半身爆发力的输出，这是没有意义的。我们不教锁握。我们不会告诉他们需要集中精力。我们也不会告诉他们需要更多的提物行走来锻炼握力。我们直接教他们使用助力带。

我们的主要目标是发展爆发力，助力带无疑有助于实现这一目标。学习如何正确使用助力带，以及教运动员如何使用它。他们最初可能会退阶进行，但他们最后会来感谢你的。

奥林匹克举的替代练习

如果你不想练习奥林匹克举或者无法练习它，但还是想在力量房里提高下肢的爆发力，那么蹲跳、壶铃甩摆甚至单腿或单臂膝上高翻及膝上抓举都可能是替代方案。

注：在我们的成年客户中，很少有人去做奥林匹克举。CrossFit的普及已经促使很多成年人去学习它们。但我相信，大多数成年人姿势上的改变太多，已经不能高效地

完成奥林匹克举了。成年人更适合使用跳跃、壶铃甩摆和投掷来培养爆发力。从伤病预防的角度来看，尝试教普通成年人练习奥林匹克举是一个错误。

单臂哑铃抓举

如果运动员希望获得奥林匹克举所带来的好处，同时给下背部较低的负载，那么单臂哑铃抓举对他们来说就是一个很好的替代练习。该练习最适合运动员，因为肩部的负载将会是巨大的。大多数运动员练习哑铃抓举时使用的重量超过其抓举重量的50%。髋部和腿部仍在产生力量，但是通过一侧的手臂将力传递给一个哑铃。

第1步：学习哑铃抓举的起始姿势。

这仍是提拉的基本姿势。双脚分开站立，略比肩宽，膝盖微微弯曲；哑铃在两膝之间，胸部在哑铃上方；手腕内收，双臂伸直，肘部向外。

第2步：练习单臂哑铃抓举。

首先做好起始姿势，哑铃在两膝之间，跳起，耸肩，以过头支撑的姿势接住哑铃（图10.9）。提示运动员"试着用哑铃去撞天花板"和"向上拉它时好像要放手似的"，我发现这会有帮助。

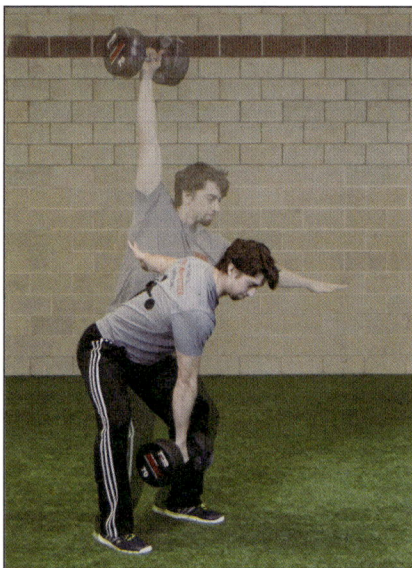

图10.9 单臂哑铃抓举

单腿高翻和抓举

很多教练认为这是一个疯狂的想法，有些教练认为这是彻头彻尾的亵渎。但是，对于有背部伤病或其他伤病问题的运动员，单腿版本的高翻和抓举可能正好符合医生的叮嘱。

起始的负荷是在膝上高翻或膝上抓举中通常会使用最大负荷的50%。运动员下肢受伤后进行恢复练习时，单腿奥林匹克举会是利用交叉转移（使用对侧肢体产生一个针对受伤肢体的力量效应）的一个很好的方式，它也是让背部受伤后的运动员继续积极参与训练的一个好方法。虽然听起来很疯狂，还是值得一试。

第1步：学习单腿高翻或单腿抓举的起始姿势。

上身姿势与双腿练习时完全相同。主要的变化是运动员现在需要单腿站立。

第2步：练习单腿高翻或单腿抓举。

从起始姿势开始，完全按照双腿版本那样跳起，耸肩并接住杠铃（图10.10）。这些对运动员来说会很有趣，并且真正能够让伤愈的运动员重返训练。

图10.10 单腿高翻或单腿抓举

蹲 跳

蹲跳已经在欧洲的田径运动员中流行多年，可以很好地替代奥林匹克举。蹲跳运用了很大的髋部爆发力，这是很多运动员希望通过奥林匹克举来提高的。这个练习非常适合遇到了技术瓶颈的运动员，也适合因肩部或背部问题而无法练习奥林匹克举的运动员。

练习蹲跳只需从略高于全蹲深度的位置开始向上跳。初学者可以在每次跳跃落地后站稳，再进行下一次跳跃。高水平的运动员最终会利用地面进行快速伸缩复合跳跃训练。

蹲跳的一个重点就是负重的选择。旧版的指引建议使用运动员颈后深蹲1RM的百分比（最常用的是25%）作为负重。这种计算方法的问题很严重，因为它没有考虑到运动员的体重。下面的例子可以解释这一点。

如果运动员A的1RM颈后深蹲是500磅（约227公斤），运动员B的1RM是500磅，那么如果使用颈后深蹲1RM的25%作为指引，这两个运动员的蹲跳都将使用125磅

（约57公斤）。现在假设运动员A的体重为200磅（约90公斤），运动员B的体重为350磅（约160公斤）。显然，运动员A的力量-体重比远远优于运动员B。125磅的负重对于运动员A可能是合理的，但对体重为350磅的运动员B来讲，他可能难以用125磅的外部负荷安全地练习蹲跳。实际上运动员B可能连练习自重蹲跳都存在困难，因为他的力量-体重比相对较差。建议使用下面的公式代替1RM百分比的计算方式。

[(深蹲＋体重) × 0.4] – 体重 = 跳跃式蹲举重量

运动员A：[(500 + 200) × 0.4] – 200 = 80

运动员B：[(500 + 350) × 0.4] – 350 = –10

按照运动员B的例子会计算出一个负数。这表明350磅的运动员练习自重蹲跳就已经承受了足够的负载，但如果他遵循简单的1RM百分比指引，则至少超载125磅。对于运动员A来说，80磅（约36公斤）的负载就足够了。

以体重加上杠铃上的重量计算出运动员深蹲时能够承担的总重量，并且使用这个数字来计算蹲跳的负载。希望培养爆发力但力量较弱的运动员，或者体形较大的运动员，都可以使用该指引。

壶铃甩摆

在过去的10年中，壶铃的普及呈现了爆炸式增长。我们在2004年出版本书的第一版时，完全没有提及壶铃。现在，壶铃甩摆已经成为主流练习。对于不想做奥林匹克举或不应该做奥林匹克举的人来说，它是培养爆发力的一个首选练习。尽管关于正确练习壶铃甩摆的文章有很多，但这还是一个比较容易指导、比较容易编排到方案里的练习。

但是有几点注意事项值得一提。所有的运动员在练习硬拉或壶铃甩摆之前都应该能够弯腰摸到自己的脚尖，而且运动员在开始练习壶铃甩摆之前都应该先掌握壶铃甩摆。

掌握壶铃甩摆

第1步：学习甩摆的起始姿势。

这仍是提拉的基本姿势。双脚分开站立，略比肩宽，髋部屈曲，背部弓起，膝盖微微弯曲；壶铃位于双脚之间，放在前面大约30厘米的位置。

胸部在壶铃上方，手腕内收，双臂伸直，肘部向外。

第2步：练习壶铃甩摆。

摆好起始姿势，壶铃摆在前面，想象美式橄榄球的发球姿势。用这个发球动作引出良好的甩摆，让壶铃保持在高位。丹·约翰喜欢说"攻击拉链"。前臂的外侧应该与大腿的内侧相接触，并且壶铃向后摆动的时候应该几乎要甩到屁股。从这开始就要想着伸髋了。

　　手臂伸长，下背部绷紧，猛地把髋部向前推。将双臂想象为与壶铃的连接器。壶铃甩摆的高点不应高于肩部，而且到达这个位置需要源自有力的髋部动作，而不应有任何上肢的主动参与（图10.11）。

常见错误

- 蹲式甩摆。甩摆是由髋关节主导的运动，有大幅度的髋关节屈曲和微微的屈膝。甩摆做得不好的人会在摇摆时下蹲。
- 使用双臂。甩摆并不是一个上肢练习。一定要通过送髋来摆动壶铃。
- 拱背。这是一个巨大的错误，也可能是最大的潜在危险。

图10.11　壶铃甩摆

　　爆发式举重可以既有趣、安全，又具挑战性，前提是动作正确并得到严格的监督。努力培养良好的动作技术，并且不要把重点放在举起多少重量上。仔细选择训练人选，并避免让成年人练习奥林匹克举。这个过程也许会给你带来意想不到的爆发力及运动能力的增长。

　　无论你选择通过奥林匹克举或蹲跳，还是使用壶铃甩摆来发展髋部和腿部的爆发力，通过外部负荷来训练腿部和髋部的爆发力都是提高速度及跳跃能力的最快方法。奥林匹克举、蹲跳和甩摆的妙处就是，运动员不必练出大块头肌肉就能够提高爆发力。其重点是强调了神经系统而不是肌肉系统，因此，对于花样滑冰、摔跤和体操等项目的运动员来说，这是一个极好的训练方法。许多运动员和教练都误以为爆发式举重仅适用于橄榄球运动员，这实在是谬误。各个版本的奥林匹克举都适合所有运动项目和所有体形的运动员，希望提高爆发力又不想变成大块头的运动员应该会对它特别感兴趣。

后坐的作用

　　首先，让我来解释一下后坐的演变，你也可以称之为后移或者挑的动作。在膝上抓举和膝上高翻中显而易见的是，优秀运动员在爆发力提拉阶段开始时，有些事就自然而然地发生了。

　　20多年来，我们的运动员一直都在用旋髋的方式发力，我们最初并没有教他们这种重心转移。实际上，这在加重负荷时就自然出现了。较好的举重者很快就意识到，试图从完全停止的状态完成负荷很重的膝上高翻非常困难。更优秀的运动员会下意识地后坐或重心后移，他们也开始能够完成很大重量的膝上高翻。有几年，我一直让他们的动作自由发展，在20世纪80年代和90年代，曾有30多名橄榄球运动员能使用超过300磅（约136公斤）的重量完成膝上高翻。这对于I-AA级别的橄榄球队员来说是个不错的成绩。

几年后，我犯了一个愚蠢的错误——听取了我的批评者的意见。他们说，后坐或重心后移是错误的，应该停止这样做。我开始狠抓技术动作，指导运动员在提拉爆发之前要完全静止。我基本上禁止他们后坐或重心后移。结果简单而明显：我们的成绩下降了，并且下降了很多。我的一位运动员竟然走过来对我说："干得好，你已经成功地让我们大家都变弱了。"他的膝上高翻最大重量已从370磅降至340磅。（请注意：该球员的纵跳在4年里增加了30厘米，从50厘米到80厘米）。我很矛盾，我只是想做对我的运动员最好的事情。没有人因为后坐而受伤，并且每个人都能举起更大的重量了。我开始对这种情况做了一些分析，得出的结论是：后坐是运动和奥林匹克举的正常组成部分。

我记得在20世纪70年代末读过卡尔·米勒（Carl Miller）的《奥林匹克举》（*Olympic Lifting*）训练手册，并读到他所说的"屈膝两次"。我的第一反应是认为这不可能。但是，在观看了优秀的奥运举重选手的视频之后，一切都变得非常明显；不仅有可能的，而且每一位优秀的举重运动员都是这么做的。你观看慢视频就会发现，为了使杠铃翻越过膝盖，髋和膝要伸展；杠铃越过膝盖后，膝需要屈曲或重新弯曲，才能让髋部移动到位；在举重的跳跃部分，膝再次伸展。所以这个周期是伸展-屈曲-伸展，这被称为"后坐""铲"或"屈膝两次"。在任何情况下，这都是真实的，并且它的确发生了。

你在奥林匹克举中看到的后坐就是这个动作。重心转移回脚跟-膝伸展-重心前移-膝屈曲-髋部迅速发力-髋和膝伸展。我们之前所做的正是每个运动员在产生最大的爆发力时所需要的。在NFL新秀训练营观察纵跳，你会看到什么？后坐，预拉伸，重心后移；随你叫它什么名字，它都是产生最大爆发力的最佳方式。

我们这里经常有女运动员能用135磅（约61公斤）的重量下蹲高翻。我的大部分曲棍球运动员都能用250~320磅（113~145公斤）的负重完成膝上高翻。运动员都健康，高翻重量大，速度提升快，纵跳有高度。那么，难道我错了？我不这么认为。正如李·科克雷尔在《创造奇迹》一书中所说：如果我们一直以来的方式都是错的呢？

第11章

运动表现提升训练方案

专项运动训练方案是当今体育界最大的错误观念之一。每项运动都需要独立的训练方案，这种概念从根本上就是错误的。大多数团队运动项目，甚至许多个人运动项目，它们都有着相似的一般性需求，都需要速度和爆发力，并且以力量为基础。不同项目的速度、力量和爆发力的培养方式不能也不应该有很大的差异。

在全美国最好的体能教练中，大部分都在使用非常相似的方案来训练不同项目的运动员。教练极少会遇到太强壮、太快或者横向移动效率太高的运动员。可以这样想：速度快的棒球运动员与速度快的美式橄榄球或足球运动员在任何方面有什么不同吗？作为教练，对于棒球、美式橄榄球或足球，你会用不同的方法去培养速度吗？

教练们可能会争辩说，不同项目的测试方法不一样啊。但这并不是个问题。在训练上可能没有什么不同。最重要的大概是运动员10米内的加速能力以及迅速减速的能力，而非其他完成特定运动专项测试的能力。这同样适用于力量训练。如果棒球运动员想变得更强壮，其训练过程会与美式橄榄球运动员的力量训练过程有任何不同吗？我不这么认为。对于如棒球、网球和游泳这样的运动来说，训练方案可能会考虑到平时训练对肩部的压力较大，从而要在体能训练中减少过头举的训练量，但大部分其他训练元素将保持不变。力量就是力量。

对任何一种项目来讲，运动员增加力量的方式对另外一种项目也同样合理。同理，任何一个项目的速度训练方案对另一项运动也同样合适。重要的是相似性，而不是差异。这就是功能性训练的妙处。能够使用的力量和能够使用的速度都是用合理的方式培养出来的。

与运动专项相关性更大的是用于专门培养力量的时间总量，而不是所使用的方法。对于高中运动员，可以是2天的赛季期方案，可以是3天的高中学年期方案，可以是我们遵循的一周4天的暑期训练一周计划，也可以是职业运动员一周的休赛期训练安排。

告诉我你有多少时间，我就会告诉你要使用哪个方案。理想的是一周4天方案，但时间表和后勤的协调往往不允许我们使用一周4天方案。

　　所有方案都从准备期开始，并遵循一套配方。我们沿用在第4章开头的厨师与主厨之间的比喻，我认为一个训练计划就是一个配方，而不是一个菜单。只要增加或减少了项目，就肯定会影响最终的结果。所以，下面的配方与本书的章节顺序非常相似，这并非巧合。

　　步骤1：泡沫轴滚动。

　　步骤2：静态拉伸。

　　步骤3：灵活性、激活和动态热身。

　　步骤4：爆发力练习、药球投掷、快速伸缩复合训练和速度训练。

　　步骤5：力量房内的爆发力和力量练习。

　　步骤6：能量代谢训练。

　　在本章的示例方案中，准备和热身练习采取分阶段的方法；在力量房内，力量和爆发力练习也采用分阶段的方法。这与本书前面所有的内容是一致的，并且与"带着目标去训练，并使用有助于实现这一目标的训练方案"的基本理念一致。

设计爆发力和力量训练方案

　　理想的情况是，所有的力量训练方案都从爆发性练习或奥林匹克举开始发展爆发力。换言之，快的练习要先做。组间的时间分配给核心训练、灵活性练习，或者这两种练习，以尽可能充分地利用时间。

　　完成爆发式举重后，运动员会进行一对组合力量练习，通常是当天主要的举重练习。同样，在这对组合力量练习之间可以加入核心练习或灵活性练习，以便利用好休息时间。一对组合力量练习，中间有灵活性或核心练习，我们将这样的组合称为"三组式"。

　　对我们来说，设计方案时要考虑的就是密度，而密度基本上就是指我们每小时可以做多少练习。在我们的方案中，别人视为休息的时间，我们都会用来做主动拉伸、灵活性练习或核心练习。

　　用另一个三组式或迷你循环训练完成其余的练习。这意味着，要么按前面描述的方式完成练习，要么一个接一个地从练习一做到练习四。这个三组式或迷你循环中包含了我们认为是辅助性举重或辅助性动作的练习。通常做两组或三组的循环训练，组间休息为1分钟或更少。一周2天计划是一个例外。两个三组式都要包含当天的主要练习。

　　如前所述，各运动专项的主要差别并未体现在力量训练中，而是体现在运动专项的能量代谢系统的培养上。但有过头动作的运动员和运动项目是例外。棒球、游泳、网球和排球都是有过头动作的运动项目，在力量训练方案中可能需要做微小的调整。

对于具体的运动项目，体能训练方案需要比力量训练方案更有针对性。本书介绍的力量训练方案适用的运动项目范围很大，但体能训练方案可能对某个项目或某类运动项目更有针对性。

方案的组成部分

一个功能性力量训练如果设计合理，需要有9个基本组成部分。所有这些都已在前面的章节中进行了详细的介绍。要基于训练的天数来利用与组合这些组成部分。当训练天数从一周4天减到3天、再减到一周2天时，设定优先次序就会变得更加困难。在一周2天的训练方案中，事情会变得很简单：一个爆发力练习，一个推，一个由膝关节主导的练习，一个拉，以及一个由髋关节主导的练习。在每周4天训练方案中，某些组成部分可能每周执行两次。而在每周2天方案中，每个组成部分只做一次。

1. 发展爆发力——最常见的是奥林匹克举，但可以用快速伸缩复合练习、壶铃甩摆或蹲跳来代替（第9章和第10章）
2. 双侧髋关节主导的练习——通常是菱形架硬拉（第6章），也可以使用壶铃相扑式硬拉和高脚杯深蹲
3. 单腿膝关节主导的练习——单腿蹲起、分腿蹲及其变形练习（第6章）
4. 单侧髋关节主导的练习——直腿硬拉及其变形练习（第6章）
5. 核心练习——抗伸展、抗旋转、抗侧屈（第7章）
6. 水平推——卧推、上斜卧推（第8章）
7. 垂直推——哑铃或壶铃过头推举（第8章）
8. 水平拉——划船及其变形练习（第8章）
9. 垂直拉——引体向上及其变形练习（第8章）

合理设计功能性训练方案的关键在于这些类别的组合，不过分重视但也不会忽略任何特定组成部分。

每周2天的训练与每周3天或4天的训练都遵循同样的思维过程，一般从奥林匹克举动作开始，比如膝上高翻、膝上抓举或哑铃抓举。上斜卧推可以成为仰卧推举和过头推举之间的折中训练。

力量方案的阶段

我们使用3周的分阶段波利奎因波形模型（Poliquin undulating model），高训练量（积累阶段）和大负荷低训练量（强化阶段）交替，获得了巨大的成功。3周往往与大多数休赛期计划配合得很好，因为你可以在12周的休赛期间使用4个阶段，每个阶段3周。

阶段1是基础阶段。波利奎因称这个阶段为积累阶段，意思是运动员在此期间要积

累很多训练量。这也可以被称为解剖学适应阶段或肌肉肥大阶段。第1周我们要先从2组8~10次练习开始，让运动员适应相对较低的训练量，然后在第2周和第3周进阶到3组。奥林匹克举每组练习5次。

阶段2的重点是力量发展，被称为强化阶段。换句话说，强度增加而训练量减少（重量增加，重复次数减少）。我们可以练习卧推、引体向上和奥林匹克举，每组3次，加上下肢力量练习，每组5次，比如后脚抬高分腿蹲和单腿直腿硬拉。在此阶段，练习量从24次（3组8次）减少到9次（3组3次）至15次（3组5次）。强度从70%左右变到略高于80%的范围。

阶段3是第二个积累阶段，但方法可以有所变化。我们可能会使用复合训练（力量练习与爆发力练习配对），强调离心（用较少的重复次数累积训练时间和训练量），或者按修改版计划做3组（10-5-20）一系列的训练。无论如何，阶段3的总训练量再度增加，恢复至24次的总量。

阶段4，对于大多数的运动项目来说这是力量-耐力阶段，重点是重复次数略高，开始帮助运动员为即将到来的赛季前练习做好准备。但是，那些对绝对力量要求较高的项目，比如美式橄榄球，在这一阶段也可以是另一个重复次数较少的力量阶段。如果在前面的阶段中尚未使用复合型训练，那么就可以在本阶段使用它。

在很长的一段时间里，我们已经非常成功地使用了这种模式，并继续在进行微调。

力量方案示例

请注意，在开始执行训练方案之前，应有一节全面的动态热身训练课。每次训练课总时间安排60~90分钟，涵盖训练前的软组织放松、拉伸、热身和力量练习。

下面显示的所有训练都是我们在用的表格。在Excel表格中，如果运动员的最大举起重量是已知的，就可以用这些数据来计算负重。最大重量是关键数据，可以在表格中计算出卧推负重、分腿蹲负重和高翻的负重。这些最大重量只与它们在实际电子表格中产生的数字有关。

使用表格时，只需由左到右地读数。按给定的重量和重复次数进行练习。

每周4天训练方案

每周4天训练方案（表11.1~表11.5）是大多数运动项目在休赛期的首选训练方案，因为教练可以轻松地将力量训练、速度训练和能量代谢训练所需的所有元素综合起来。几乎不必做任何折中就可以涵盖所有的关键变量。4天的训练能够包含更多核心练习或损伤预防性练习，而在2天或3天的训练计划中可能没有充足的时间安排这些练习。

表11.1 4天训练计划示例

第1天	第2天	第3天	第4天
爆发性/奥林匹克举 抗伸展核心训练	配对组: 水平推举 上肢灵活性训练	爆发性/奥林匹克举 抗伸展核心训练	配对组: 上斜推举 上肢灵活性
配对组: 髋关节主导 垂直拉	配对组: 垂直推举 上肢灵活性/稳定性	配对组: 膝关节主导 垂直拉	配对组: 水平推举 髋关节灵活性
三组式: 膝关节主导 水平拉 抗旋转核心	三组式: 核心杂项 抗旋转核心 负重行走	三组式: 髋关节主导 水平拉 抗旋转核心	三组式: 核心杂项 抗旋转核心 负重行走

表11.2 夏季举重阶段1

第1天	第1周 重复次数	第2周 重复次数	第3周 重复次数	第2天	第1周 重复次数	第2周 重复次数	第3周 重复次数
膝上高翻进阶	5	5	5	卧推	8	8	8
第1周用姿势1练习膝上高翻	5	5	5		8	8	8
第2周用姿势1练习膝上高翻	5	5	5		—	8	8
正面平板支撑进阶	2×20秒	2×25秒	2×30秒	蜘蛛侠姿势背阔肌伸展	2×5次呼吸	2×5次呼吸	2×5次呼吸
菱形架硬拉	8	8	8	单膝跪地交替过头推举	8	8	8
	8	8	8		8	8	8
	—	8	8		—	8	8
反握引体向上	8	8	8	仰卧地板滑动	8	8	8
	8	8	8		8	8	8
	—	8	8		—	8	8
自下而上的分腿蹲或单腿蹲起	每侧8次	每侧8次	每侧8次	俯卧撑进阶	8	8	8
	每侧8次	每侧8次	每侧8次		8	8	8
	—	每侧8次	每侧8次		8	8	8
哑铃划船	8	8	8	双腿直立跪姿推拉	8	8	8
	8	8	8		8	8	8
	—	8	8		—	8	8
直线下劈	2×8	2×8	2×8	提箱子行走	每侧25码 2×	每侧25码 3×	每侧25码 3×

续表

第3天	第1周重复次数	第2周重复次数	第3周重复次数	第4天	第1周重复次数	第2周重复次数	第3周重复次数
膝上高翻进阶	5	5	5	哑铃斜卧推	8	8	8
第1周用姿势1练习膝上高翻	5	5	5		8	8	8
第2周用姿势1练习膝上高翻	5	5	5		—	8	8
正面平板支撑进阶	2×20秒	2×25秒	2×30秒	蜘蛛侠姿势背阔肌伸展	2×5次呼吸	2×5次呼吸	2×5次呼吸
后脚抬高分腿蹲	每侧8次	每侧8次	每侧8次	俯卧撑进阶	8	8	8
	每侧8次	每侧8次	每侧8次		8	8	8
	—	每侧8次	每侧8次		8	8	8
吊环划船	8	8	8	深蹲保持	6	6	6
	8	8	8		6	6	6
	—	8	8		—	—	—
哑铃单腿硬拉	每侧8次	每侧8次	每侧8次	四分之一土耳其起立	每侧3次	每侧4次	每侧4次
	每侧8次	每侧8次	每侧8次		每侧3次	每侧4次	每侧4次
	—	每侧8次	每侧8次		—	每侧4次	每侧4次
X下拉	8	8	8	TK抗旋转前推	8	8	8
	8	8	8		8	8	8
	—	8	8		—	8	8
直线弓步上拉	2×8	2×8	2×8	农夫行走	每个方向25码2×	每个方向25码2×	每个方向25码2×

能量代谢	第1周	第2周	第3周	能量代谢	第1周	第2周	第3周
雪橇车行进负重:				雪橇车交叉步负重:			
				1.6公里的时间:			

表11.3 夏季举重阶段2

第1天	第1周重复次数	第2周重复次数	第3周重复次数	第2天	第1周重复次数	第2周重复次数	第3周重复次数
膝上高翻如果已准备好进阶到姿势2	3	3	3	卧推	5	5	5
	3	3	3		5	5	5
	3	3	3		5+	5	5
	—	—	—		—	5+	5+

续表

第1天	第1周 重复次数	第2周 重复次数	第3周 重复次数	第2天	第1周 重复次数	第2周 重复次数	第3周 重复次数
硬式平板支撑	2×20秒	2×25秒	2×25秒	蜘蛛侠姿势 背阔肌伸展	2×5次 呼吸	2×5次 呼吸	2×5次 呼吸
菱形架硬拉	5	5	5	站姿 过头推举	5	5	5
	5	5	5		5	5	5
	5+	5	5		5	5	5
	—	5+	5+		—	—	—
反握引体向上	5	5	5	仰卧 地板滑动	10	10	10
	5	5	5		10	10	10
	5	5	5		—	—	—
单腿蹲起	6	6	6	俯卧撑进阶	10	10	10
	6	6	6		10	10	10
	6	6	6		10+	10+	10+
哑铃划船	10	10	10	单膝 跪地推拉	8	8	8
	10	10	10		8	8	8
	10	10	10		8	8	8
直线弓步静态 保持下劈	2×8	2×8	2×8	提箱子行走	每个方向 25码 3×	每个方向 25码 3×	每个方向 25码 3×

第3天	第1周 重复次数	第2周 重复次数	第3周 重复次数	第4天	第1周 重复次数	第2周 重复次数	第3周 重复次数
膝上高翻 （65%~75%） 如果已准备好 进阶到姿势2	5	5	5	哑铃斜卧推	5	5	5
	5	5	5		5	5	5
	5	5	5		5	5	5
	—	—	—		—	5+	5+
硬式平板支撑	2×20秒	2×25秒	2×25秒	蜘蛛侠姿势 背阔肌伸展	2×5次 呼吸	2×5次 呼吸	2×5次 呼吸
后脚抬 高分腿蹲	5	5	5	俯卧撑进阶	10	10	10
	5	5	5		10	10	10
	5+	5	5		10+	10+	10+
	—	5+	5+		—	—	—
吊环划船	10	10	10	药球触脚趾 下蹲	6	6	6
	10	10	10		6	6	6
	10	10	10		—	—	—

续表

第3天	第1周重复次数	第2周重复次数	第3周重复次数	第4天	第1周重复次数	第2周重复次数	第3周重复次数
哑铃单腿硬拉	5	5	5	土耳其起立	每侧3次	每侧4次	每侧4次
	5	5	5	第1次滚动到肘部	每侧3次	每侧4次	每侧4次
	5	5	5	转高桥	每侧3次	每侧4次	每侧4次
X下拉	10	10	10	单膝跪地抗旋转保持	3×20秒	3×25秒	3×25秒
	10	10	10				
	10	10	10				
直线弓步静态保持上拉	2×8	2×8	2×8	农夫行走	每侧25码2×	每侧25码2×	每侧25码2×
能量代谢	第1周	第2周	第3周	能量代谢	第1周	第2周	第3周
雪橇车行进负重:				雪橇车交叉步负重:			
150次:				1.6公里时间:			

表11.4　夏季举重阶段3

第1天	第1周重复次数	第2周重复次数	第3周重复次数	第2天	第1周重复次数	第2周重复次数	第3周重复次数
膝上高翻	3	3	3	卧推配合药球卧推	5	5	5
	3	3	3		3	3	3
	3	3	3		3+	3+	1+
	3	3	3		—	—	—
俯卧瑞士球外推	3×6	3×8	3×8	蜘蛛侠姿势背阔肌伸展	2×5次呼吸	2×5次呼吸	2×5次呼吸
菱形架硬拉配合连续双腿跳栏	5	5	5	站姿过头推举	5	5	5
	5	5	5		5	5	5
	5	5	5+		5	5	5
反握引体向上配合药球摔球3×10	3	3	3	仰卧地板滑动	10	10	10
	3	3	3		10	10	10
	3+	3+	3+		—	—	—
单腿蹲起	5	5	5	俯卧撑进阶	10	10	10
	5	5	5		10	10	10
	5	5	5		10+	10+	10+

续表

第1天	第1周 重复次数	第2周 重复次数	第3周 重复次数	第2天	第1周 重复次数	第2周 重复次数	第3周 重复次数
哑铃划船	5	5	5	动态推拉	8	8	8
	5	5	5		8	8	8
	5	5	5		8	8	8
动态下劈	3×10	3×10	3×10	提箱子行走	每个方向 25码 3×	每个方向 25码 3×	每个方向 25码 3×

第3天	第1周 重复次数	第2周 重复次数	第3周 重复次数	第4天	第1周 重复次数	第2周 重复次数	第3周 重复次数
膝上高翻 （65%~75%）	5	5	5	哑铃斜卧推 配合 药球卧推	5	5	5
	5	5	5		3	3	3
	5	5	5		3+	3+	3+
俯卧瑞士球外推	3×20秒	3×25秒	3×25秒	蜘蛛侠姿势 背阔肌伸展	2×5次 呼吸	2×5次 呼吸	2×5次 呼吸
后脚抬高分腿蹲 配合连续单腿跳栏	5	5	5	俯卧撑进阶	10	10	10
	3	3	3		10	10	10
	3+	3+	3+		10+	10+	10+
吊环划船 配合药球摔球 3×10	10	10	10	药球 触脚趾蹲	8	8	8
	10	10	10		8	8	8
	10	10	10		—	—	—
哑铃单腿硬拉	6	6	6	土耳其起立	2+2	2+2	2+2
	6	6	6	第1次滚动 到肘部	2+2	2+2	2+2
	6	6	6	转高位臀桥 全土耳其起立	2+2	2+2	2+2
哑铃划船	5	5	5	站姿 抗旋转保持	3×25秒	3×25秒	3×25秒
	5	5	5				
	5	5	5				
动态上提	3×10	3×10	3×10	农夫行走	每个方向 25码 3×	每个方向 25码 3×	每个方向 25码 3×

能量代谢	第1周	第2周	第3周	能量代谢	第1周	第2周	第3周
雪橇车行进负重：				雪橇车交叉 步负重：			
300次				1.6公里的 时间：			
150次							

表11.5 夏季举重阶段4

第1天	第1周 重复次数	第2周 重复次数	第3周 重复次数	第2天	第1周 重复次数	第2周 重复次数	第3周 重复次数
膝上高翻	3	3	3	卧推 配合 药球卧推	5	5	5
	3	3	3		3	3	3
	3	3	3		3+	3+	1+
	3	3	3		—	—	—
俯卧瑞士球外推	3×6	3×8	3×8	蜘蛛侠姿势 背阔肌伸展	2×5次 呼吸	2×5次 呼吸	2×5次 呼吸
菱形架硬拉 配合 连续双腿跳栏	5	5	5	站姿过头举	5	5	5
	5	5	5		5	5	5
	5	5	5+		5	5	5
反握引体向上 配合药球摔球 3×10	3	3	3	仰卧 地板滑动	10	10	10
	3	3	3		10	10	10
	3+	3+	3+		—	—	—
单腿蹲起	5	5	5	俯卧撑进阶	10	10	10
	5	5	5		10	10	10
	5	5	5		10+	10+	10+
哑铃划船	5	5	5	动态推拉	8	8	8
	5	5	5		8	8	8
	5	5	5		8	8	8
动态下劈	3×10	3×10	3×10	提箱子行走	每个方向 25码 3×	每个方向 25码 3×	每个方向 25码 3×

第3天	第1周 重复次数	第2周 重复次数	第3周 重复次数	第4天	第1周 重复次数	第2周 重复次数	第3周 重复次数
膝上高翻 （65%~75%）	5	5	5	哑铃斜卧推 配合 药球卧推	5	5	5
	5	5	5		3	3	3
	5	5	5		3+	3+	3+
俯卧瑞士球外推	3×20秒	3×25秒	3×25秒	蜘蛛侠姿势 背阔肌伸展	2×5次 呼吸	2×5次 呼吸	2×5次 呼吸
后脚抬高分腿蹲 配合连续单腿跳栏	5	5	5	俯卧撑进阶	10	10	10
	3	3	3		10	10	10
	3+	3+	3+		10+	10+	10+

续表

第3天	第1周 重复次数	第2周 重复次数	第3周 重复次数	第4天	第1周 重复次数	第2周 重复次数	第3周 重复次数
吊环划船 配合药球摔球 3×10	10	10	10	药球触脚趾蹲	8	8	8
	10	10	10		8	8	8
	10	10	10		—	—	—
哑铃单腿硬拉	6	6	6	土耳其起立	2+2	2+2	2+2
	6	6	6	第1次滚动到肘部	2+2	2+2	2+2
	6	6	6	转高位臀桥全土耳其起立	2+2	2+2	2+2
哑铃划船	5	5	5	站姿抗旋转保持	3×25秒	3×25秒	3×25秒
	5	5	5				
	5	5	5				
动态上提	3×10	3×10	3×10	农夫行走	每个方向25码 3×	每个方向25码 3×	每个方向25码 3×

能量代谢	第1周	第2周	第3周	能量代谢	第1周	第2周	第3周
雪橇车行进负重:				雪橇车交叉步负重:			
300次				1.6公里的时间:			
150次							

每周3天训练方案

每周3天训练方案的设计（表11.6~表11.8）比每周4天训练方案稍难一点，因为可用的训练时间少了25%。休赛期的训练建议每周最少3天。不太需要绝对力量的运动员或花样滑冰、体操、游泳等项目的运动员例外，因为他们已经投入很大一部分的时间进行训练了，再配合3天的方案比较困难。在大多数团队运动项目中，休赛期训练不应少于3天。

在每周3天方案中，我们仍然可以平衡那些关键的组成部分。与每周2天方案相比，每周3天方案需要折中的部分更少，但仍然会有一些必要的让步。在每周3天方案中，运动员每天仍从爆发力练习开始，并进行一个配对组的主要练习，然后是一个三组式。

表11.6 3天训练计划示例

第1天	第2天	第3天
爆发性/奥林匹克举 抗旋转核心 抗伸展核心	爆发性/奥林匹克举 抗旋转核心 抗伸展核心	爆发性/奥林匹克举 抗旋转核心 髋关节灵活性
配对组: 髋关节主导 垂直拉	配对组: 水平推 膝关节主导,单侧	配对组: 水平推 膝关节主导
三组式: 膝关节主导 过头举 负重行走	三组式: 髋关节主导,单侧 水平拉(划船) 负重行走	三组式: 髋关节主导 水平拉 抗旋转核心

表11.7 秋季举重阶段1:新运动员

第1天	第1周 重复次数	第2周 重复次数	第3周 重复次数	第2天	第1周 重复次数	第2周 重复次数	第3周 重复次数
高翻(重点是速度并遵循教学进阶过程)	5 5 5	5 5 5	5 5 5	壶铃甩摆(先教壶铃硬拉)	10 10 10	10 10 10	10 10 10
上斜下劈	每侧 2×8	每侧 2×10	每侧 2×12	上斜上提	每侧 2×8	每侧 2×10	每侧 2×12
正面平板支撑	2×25秒	2×30秒	2×35秒	正面 平板支撑	2×25秒	2×30秒	2×35秒
菱形架硬拉或壶铃硬拉	8 8 8	8 8 8	8 8 8	离心卧推3秒 离心/1秒暂停 棒球:哑铃卧推3×8	8 8 8	8 8 8	8 8 8
反握引体向上(慢离心) 退阶:TRX划船	最大次数 最大次数-1 最大次数-1	最大次数 最大次数 最大次数-1	最大次数 最大次数 最大次数-1	离心后脚抬高分腿蹲	每侧8次 每侧8次 每侧8次	每侧8次 每侧8次 每侧8次	每侧8次 每侧8次 每侧8次
俯卧撑进阶 退阶:站姿拉力器前推	8 8 8	8 8 8	10 10 10	悬吊划船	8 8 8	8 8 8	8 8 8

续表

第1天	第1周 重复次数	第2周 重复次数	第3周 重复次数	第2天	第1周 重复次数	第2周 重复次数	第3周 重复次数
高脚杯式深蹲	5	5	5	高脚杯式深蹲	8	8	8
	5	5	5		8	8	8
	5	5	5		8	8	8
双腿直立跪姿抗旋转前推	每侧 3×8	每侧 3×10	每侧 3×12	坐姿外旋和内旋（用球或者轻的哑铃）	2×8	2×10	2×12
仰卧弹力带拉开：2×8/10/12							

第3天	第1周 重复次数	第2周 重复次数	第3周 重复次数	目标
高翻	5	5	5	1:
	5	5	5	
	5	5	5	
农夫行走	2×草皮	3×草皮	3×草皮	2:
正面平板支撑	2×25秒	2×30秒	2×35秒	
单膝跪地交替哑铃推举	每侧8次	每侧8次	每侧8次	
	每侧8次	每侧8次	每侧8次	
	—	每侧8次	每侧8次	
哑铃单腿硬拉或前伸	每侧8次	每侧8次	每侧8次	受伤记录：
	每侧8次	每侧8次	每侧8次	
	—	每侧8次	每侧8次	
完全停止哑铃划船 退阶：猫伸展式	每侧8次	每侧8次	每侧8次	备注：
	每侧8次	每侧8次	每侧8次	
	—	每侧8次	每侧8次	
半土耳其起立	每侧3次	每侧4次	每侧5次	
	每侧3次	每侧4次	每侧5次	
	—	每侧4次	每侧5次	
离心滑板屈腿加半滚轴 退阶：提髋	8	8	8	
	8	8	8	

表11.8 秋季举重阶段1：恢复性锻炼的运动员

第1天	第1周 重复次数	第2周 重复次数	第3周 重复次数	第2天	第1周 重复次数	第2周 重复次数	第3周 重复次数
下蹲翻（重点是速度；遵循教学进阶过程）	5	5	5	壶铃甩摆（先教壶铃硬拉）	10	10	10
	5	5	5		10	10	10
	5	5	5		10	10	10
上斜下劈	每侧 2×8	每侧 2×10	每侧 2×12	上斜上提	每侧 2×8	每侧 2×10	每侧 2×12
正面平板支撑	2×25秒	2×30秒	2×35秒	正面平板支撑	2×25秒	2×30秒	2×35秒
菱形架或壶铃硬拉	8	8	8	离心卧推3秒离心/1秒暂停；棒球：哑铃卧推3×8	8	8	8
	8	8	8		8	8	8
	8	8	8		8	8	8
反握引体向上（慢离心）退阶：TRX划船	最大次数	最大次数	最大次数	离心后脚抬高分腿蹲	每侧8次	每侧8次	每侧8次
	最大次数 −1	最大次数 −1	最大次数 −1		每侧8次	每侧8次	每侧8次
	最大次数 −1	最大次数 −1	最大次数 −1		每侧8次	每侧8次	每侧8次
俯卧撑进阶退阶：站姿拉力器前推	8	8	10	TRX划船	8	8	8
	8	8	10		8	8	8
	8	8	10		8	8	8
单腿蹲起	8	8	8	高脚杯式深蹲	8	8	8
	8	8	8		8	8	8
	8	8	8		8	8	8
双腿直立跪姿抗旋转上推	每侧 3×8	每侧 3×10	每侧 3×12	坐姿外旋和内旋（用球或轻的哑铃）	2×8	2×10	2×12
仰卧拉开弹力带：2×8/10/12							

第3天	第1周 重复次数	第2周 重复次数	第3周 重复次数	目标
高翻	5	5	5	1:
	5	5	5	
	5	5	5	
农夫行走	2× 草皮	3× 草皮	3× 草皮	
正面平板支撑	2×25秒	2×30秒	2×35秒	2:
单膝跪地交替哑铃推举	每侧8次	每侧8次	每侧8次	
	每侧8次	每侧8次	每侧8次	
	—	每侧8次	每侧8次	

续表

第3天	第1周 重复次数	第2周 重复次数	第3周 重复次数	受伤记录：
哑铃单腿硬拉 或前伸	每侧8次	每侧8次	每侧8次	
	每侧8次	每侧8次	每侧8次	
	—	每侧8次	每侧8次	
完全停止哑铃划船 退阶：猫伸展式	每侧8次	每侧8次	每侧8次	
	每侧8次	每侧8次	每侧8次	
	—	每侧8次	每侧8次	备注：
半土耳其起立	每侧3次	每侧4次	每侧5次	
	每侧3次	每侧4次	每侧5次	
	—	每侧4次	每侧5次	
	—	每侧8次	每侧8次	
离心滑板屈腿加 半滚轴 退阶：提髋	×8	×8	×8	
	×8	×8	×8	

每周2天训练方案

　　每周2天训练方案（表11.9）是最难设计的。一般在赛季期或在不要求大量绝对力量的运动项目中采用。我建议只在赛季训练中使用2天方案。请注意，在执行所有方案之前，都应有一节全面彻底的动态热身训练。每次训练课总时间安排60~90分钟，以涵盖训练前的软组织放松、拉伸、热身和力量练习。

　　每周2天训练方案的难度在于要在有限的两次训练课中训练所有的重要区域。必须有所妥协。

表11.9　每周2天训练计划示例

第1天	第2天
爆发性/奥林匹克举重 核心	爆发性/奥林匹克举重 核心
第1配对组： 双侧髋关节主导 水平推举（仰卧）	第1配对组： 单侧膝关节主导 水平推举（斜卧）
第2配对组： 垂直拉 单侧膝关节主导	第2配对组： 水平拉（划船） 单侧髋关节主导

制定能量代谢训练方案

各个运动项目的体能训练一直在发展变化。在对运动生理学的理解上，教练和训练师都取得了巨大进步，在设计方案时能够刺激到正确的能量代谢系统。虽然现在很多方案都在采用适合团队项目的训练−休息比例，但在能量代谢训练中重视变向训练的却不多。

一个以运动表现提升为目的的完整的能量代谢训练方案，必须考虑到本书中有关功能性训练的所有因素。设计方案时应牢记几个简单的概念：

- 利用最小有效量的概念，在练习时从自重开始。
- 设计一个能够在既定时间内完成的方案。想想每一组要用多长时间，有多长的组间休息时间。可以把在一小时的训练中完成大约16至20组当作一个参考。
- 设计的训练应照顾到所有的关键部分，或在允许的时间内照顾到尽可能多的关键部分。
- 设计的训练应能让运动员准备好进行某个专项运动，而不是模仿某个力量专项运动（健美、力量举、奥林匹克举）。模仿一项力量运动可能是在方案设计上的最大错误。

要设计一个好的能量代谢训练方案，需要些花费时间和心思。不要用没有价值的练习浪费宝贵的训练时间。始终选择最有效率的练习。大多数单关节练习都不是练习一个动作模式，而只是在单个平面中练习单个关节。像弓箭步和分腿蹲这样的练习可以培养单腿力量、平衡性和柔韧性。这种三管齐下的方式是选择适当练习的关键。

目前，在能量代谢方面需要训练的就是肌肉专项性和动作专项性。本章中介绍的所有方案都将变向作为能量代谢训练中的关键组成部分。能否承受加速和减速所产生的肌肉力量和附加代谢刺激，这两项能力是休赛期能量代谢训练的真正关键。这些训练成分的不足往往就是运动员形容自己不在"比赛状态"的原因。

大多数运动员的训练就是在规定的时间里跑一段距离，或者更糟的是骑行一段距离，完全没有考虑过由加速和减速所带来的附加刺激。运动员虽严格遵守了规定的能量代谢训练计划，还是经常会在训练营中受伤。这通常是由于他们的训练计划忽略了能量代谢训练过程中的重要组成部分所造成的。

1. 加速。
2. 减速。
3. 变向。

发展能量代谢的基础

就发展能量代谢基础来讲，我们有意把有氧这一术语排除在外。正如第2章中所述，"有氧基础"这个概念从最简单的意义上来说可能没有问题，但要想通过稳态训练来达到有氧基础值则会适得其反。任何能量代谢训练方案的关键都应该是让运动员为自己的运动项目做好准备。

让冲刺类项目（大多数的团队运动项目）的运动员通过长时间的稳态训练来培养基础能量代谢水平，可能会在细胞层面产生负面的生理变化，并且给肌肉的组织质量、组织长度和关节活动范围造成负面影响。此外，稳态能量代谢训练会让肌肉和关节因过度使用而受伤。要想做好准备，运动员需要练习加速和减速，并且其肌肉和关节的运动模式需要与其在最大速度时所用的模式类似。

话虽如此，一个显而易见的问题是，如果不用慢跑，那如何培养能量代谢基础？我心中的答案是"倒推"。与其在30~40分钟内进行多次慢跑或骑自行车，不如从少量的全面节奏跑开始，逐渐增加跑量和相应的时间。我们的能量代谢训练最初可能只需要10分钟，但之前要有长达20分钟的动态热身，加起来就是30分钟高心率练习，同时强调动态柔韧性和正确的动作模式。用这种方式对比以培养有氧基础的30分钟小步幅慢跑。

值得一提的是，全面节奏跑既不是冲刺，也不是慢跑；它其实是跨步走与行走的穿插。根据场地大小，运动员跨步走30~100码，在每次跨步后步行30~40码。运动员应从大约6~8分钟的节奏跑开始，通过跨步走和行走的组合来提升心率。通常，运动员不应该慢跑或恢复到短步幅运动模式，那往往会影响到柔韧性。

每周进行一次节奏跑。运动员从节奏跑进阶到折返跑，强调加速、减速和变向。折返跑也是每周进行一次。开始时要在25码或50码的球场上完成150码折返跑。这让运动员能够在加速和减速的同时进行变向。

在第一周的折返跑中，总距离要缩短（从大约1000码的节奏跑缩短到750码的折返跑），以补偿折返跑对肌肉产生的附加压力。折返跑的距离每周增加10%到20%（约150码）。

要注意，使用25码的球场会让变向和变速的次数加倍，增加了对肌肉的压力。然而，许多训练中心并没有练习50码间歇跑所需的60码直道空间。

利用节奏跑到折返跑的进阶方式可以帮助运动员：

1. 培养基础，同时保持适当的肌肉长度；
2. 达到可以安全、有效地完成制动和启动所需的能量代谢水平。这正是许多运动项目的重要部分。

自定义具体运动项目的能量代谢训练

一般情况下，能量代谢训练方案的以下特性必须是有专项针对性的。

- 时间。在第2章中，我们讨论过如何分析运动项目的需求。能量代谢训练方案的目标不应该是让运动通过某个能量代谢测试，而是要让运动员做好参与其运动项目的的准备。

- 动作。能量代谢训练方案应该包括变向。受伤最常发生在加速和减速过程中。通常，运动员受伤不是因为他们的体格不好，而是因为他们准备不足。在跑道上直线向前跑一分钟和制动-启动折返跑一分钟，从肌肉和代谢方面来看都是截然不同的。

- 运动模式。体能训练必须包含一个冲刺模式（例如，跨步模式必须类似于冲刺模式）。要想正确地训练屈髋肌和腘绳肌（在赛季前经常受伤的肌肉），运动员必须强有力地伸展和恢复髋关节。8秒跑40米的速度就是6分钟跑一英里的速度。难怪有许多运动员虽然以为自己做足了准备，但还是会受伤。

- 动作强化。横向运动训练日的训练安排应该是在能量代谢训练中也强调横向运动。这意味着，无论运动项目是什么，每周都会有2天的能量代谢训练是在滑板上完成的。滑板会反复提供额状面加速和减速训练机会。没有比滑板练习更好的跑步补充性练习了。

直线和横向的训练

在直线训练日做节奏跑和折返跑，在横向训练日则做滑板练习。滑板训练是一种很好的能量代谢训练方法，可以满足所有运动项目的多种需求。

滑板是因20世纪80年代奥运速滑运动员埃里克·海登才流行起来的。几十年来，在没有冰面可用的情况下，速滑运动员一直都在使用滑板训练滑冰专项体能和技巧。然而，其他运动员和教练却迟迟没有认识到在休赛期和赛季前训练中使用滑板的价值。滑板设计在不断完善，提供了一些可供各级别运动员使用的耐用滑板。现在市场上已经有长度在2~3米之间调节的滑板。

弗朗西斯的高低转换概念

能量代谢训练方案的另一个关键部分是对训练辛苦程度的把控。太多的变向跑训练会让运动员太辛苦，所以在最近几年已经引起了强烈抵制。例子就是教练让运动员在每个能量代谢训练日都做计时折返跑。传奇短跑教练查理·弗朗西斯多年前就信奉一个简单的高低转换方法，成千上万的教练已经采用了这个方法。弗朗西斯说的其实是，要么让运动员在能量代谢训练中付出90%以上的努力，要么付出80%以下的努力。从能量代谢训练的角度来看，太辛苦的训练可能会有害。因此，我们往往每周会做一天艰苦的能量代谢训练，另外有两三天是在70%的努力范围之内训练。那些"低强度"训练日可以进行节奏跑、滑板练习或骑自行车练习。

滑板可以说是最物超所值的功能性能量代谢训练工具。没有其他任何器材能全部做到以下几点。

- 让运动员采用运动专项姿势（适用于几乎所有的运动项目）。
- 积极地刺激了外展肌和内收肌，可以预防受伤。
- 一件设备可以允许3~4名运动员在一起进行训练。
- 以不到1 000美元的费用，为三四名运动员提供间歇性的功能性体能训练，并且不需要调整器械（例如座椅高度）。

任何项目的运动员（除非是赛艇运动员）都应该在每周4天的能量代谢训练中进行2天的横向移动能量代谢训练。除了实际的跑步以外，滑板可能是最好也是成本效益最佳的能量代谢训练模式。

滑板也可能是冰球项目中最重要的训练器械。在滑板出现之前，冰球运动员的休赛期训练一直都是在健身自行车或跑道上进行的。虽然跑步和骑自行车都可以提高有氧能力和无氧耐力，但它们与滑冰动作几乎没有相似点。滑板用冰球专项运动方式进行训练，能够提高做功能力。与此同时，它可以帮助运动员改善滑冰技术。运动员可以将滑板放在一面大镜子前，一边练习一边观察自己在训练时膝关节屈曲、伸展以及踝关节伸展的情况，从而使自我纠正变得更容易。在休赛期使用滑板进行训练，可以帮助冰球运动员提高做功能力和滑冰技术，为赛季期的比赛做好准备。

滑板还大大减少了所有运动员在赛季前腹股沟受伤的概率。滑板动作可以锻炼外展肌、内收肌和屈髋肌，这是在自行车或市场上销售的任何攀爬器上都无法实现的。另外，滑板可以练习绝对横向模式，这是在所有的变向和高速滑冰中都会使用的模式。当与快速伸缩负荷训练与冲刺训练相结合时，滑板就成为主要的速度提升工具。

滑板与负重背心的配合使用则为冰球和美式橄榄球提供了另一种运动专项训练模式。在体能训练过程中，只有美式橄榄球和冰球要考虑装备所带来的额外重量。在夏季体能训练方案的后半部分，我们训练中心的美式橄榄球和冰球运动员在进行滑板训练时会系上10磅（约5公斤）的负重腰带，为的是让他们开始适应其运动装备的重量。有些教练不重视装备所带来的影响，但请考虑一下，如果运动员在第一天测试了一英里跑，三四天之后穿着10磅的负重背心或腰带再测试一次，结果会有多大差别。在一些运动项目中，装备的重量是重要因素，在为这类运动项目设计能量代谢训练方案时必须把它考虑进去。对于冰球和美式橄榄球这样的运动项目，进行能量代谢训练时不增加负重是很蠢的。

季节性能量代谢训练的考虑因素

目前许多运动项目全年都有比赛，在休赛期的能量代谢训练方案中必须考虑到这一点。篮球运动员、足球运动员和冰球运动员往往一年四季都在球场或冰场上，许多其他项目也是如此。这就是说这些运动员可以做一些无负重体能训练，比如在椭圆机或固定的自行车上做的训练，作为附加的训练。在设计能量代谢训练方案时，要考虑你是否在给一个压力已经很大的系统增加更多的压力。

那些迫使运动员加速、减速和变向的训练方案会大幅度降低赛季初发生腹股沟和腘绳肌受伤的概率，并能让运动员为实际比赛做好充分的准备。但是，如果运动员每天都在做这些运动专项训练，那就需要考虑加入替代性训练作为补充，避免重复这些动作和重复刺激同样的部位。

运动专项能量代谢训练的考虑因素

体能教练以及专项教练始终需要牢记哪些身体能力会让运动员在其运动项目中表现出色。想着这个问题，以下是我的建议。

美式橄榄球

美式橄榄球是为数不多的非全年运动项目之一，在休赛期需要一个很好的间歇跑训练方案。美式橄榄球运动员应该跑步，不应该骑自行车或做循环训练。美式橄榄球训练的要求很高，在赛季开始之前练习跑步会让运动员更好地迎接这一挑战。我认为，美国橄榄球联盟（NFL）中伤病数字的大幅增长与团队训练组织次数较少有关，使得休赛期的能量代谢训练和跑步训练天数都减少了。

棒球

棒球具有独一无二的特点，它要求即时速度，但不需要大量的体力。出于这个原因，运动员必须通过短距离冲刺来提高速度，也需要间歇冲刺跑来高能量代谢水平。棒球运动员在春季训练期需要迅速提升水平，因为比赛很快就要到来，所以在休赛期坚持间歇性冲刺能量代谢训练非常关键。

职业棒球可能是最独特的运动项目，因为它包含三组非常不同的球员：每天都要上场的野手，每五天才需要投球的首发投手，还有投球更频繁但投球次数少得多的候补投手。他们对能量代谢都有不同的需求。野手进一步细分为内野手和外野手，这两组球员在速度和能量代谢方面的需求都不同。这与较低级别、高中及以下的棒球球员没有任何相似之处，因为较低级别的球员会打多个位置。无论什么情况，棒球运动员都必须努力提高速度以满足比赛的需求，并且一定要进行能量代谢训练，才能维持在整个赛季期间的健康水平。

投手经常练习长跑因为他们错误地认为这将有助于培养投球耐力，这样他们就有能力投100次以上了。从比赛中观察到的模式是每局10~12次投球之后大约会有15分钟的休息。所以，既然那100次投球往往是在三到四个小时中投出的，长跑并没有什么意义。实际上，间歇性训练对于所有棒球运动员来说都是最好的准备方式。

篮球

　　大多数篮球运动员只要不是在赛季期，就会组织临时的比赛。所以，他们的休赛期训练应该补充他们在球场上获得的能量代谢训练，并确保膝关节和踝关节受到的压力不会过多或过于频繁。因此，我建议用自行车和滑板训练来保持球员的状态，并加上对下肢关节冲击较少的横向类练习。

冰球

　　冰球运动已经从一个像美式橄榄球那样具有非常明显休赛期的项目，变成了像篮球那样几乎没有休赛期的项目。虽然比赛停止了，但越来越多的球员在夏天的很大一部分时间里仍然穿着冰鞋参加力量性滑冰和休赛期的巡回赛。我喜欢让我们的冰球运动员在休赛期里练习跑步，帮助他们摆脱"滑冰胯"，拉长髋关节前侧。不过，我不让他们在休赛期的同一天里既跑步又滑冰，结果运动员蹬自行车的时间超出了我的预想。

　　不要让冰球运动员去蹬动感单车了，因为这强化了冰球本身的屈曲姿势。我很喜欢让冰球运动员蹬 Airdyne 和 Assault 的风阻自行车，因为其阻力可自动调整。他们在训练中加入了上肢练习（类似于跑步和滑冰），而且练习时身体姿势更挺直。

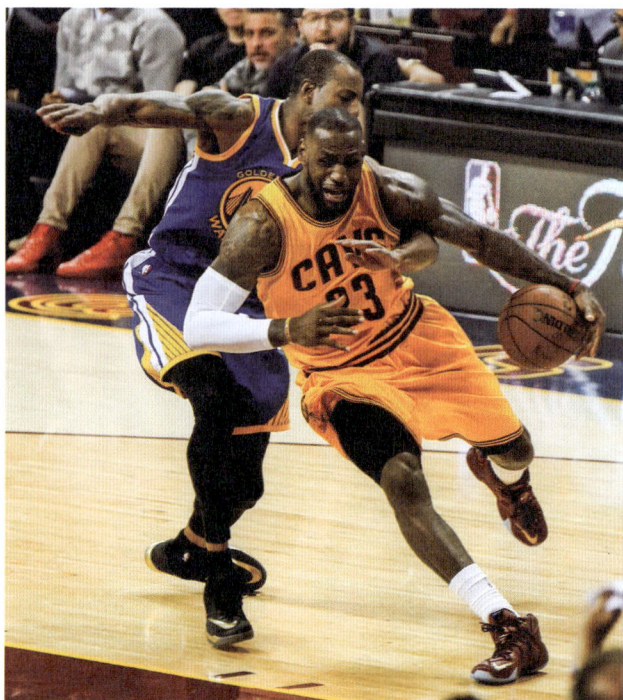

Ed Suba Jr/Zuma Press/Icon Sportswire

自行车和滑板练习既能让篮球运动员保持状态，又添加了其运动项目所需要的横向运动。

足球

对于大多数足球运动员，尤其是还在发展中的年轻球员，有氧训练会适得其反。众所周知，足球运动员会以牺牲速度为代价来训练身体素质。尽管这种方法可能会出现在精英级运动员的训练中，但应注意的是，精英级运动员的速度和技术都已经达到了世界级水平。错误地认为年轻运动员的身体素质比速度更重要，就会适得其反。

本书中的信息可以帮助足球运动员和教练员着重训练与速度和变向相关的重要技术，正是这些技术把伟大的运动员与近乎伟大的运动员区分开来。足球运动员需要通过节奏跑和折返跑来提高身体素质，而不是通过慢跑。要培养伟大的足球运动员，关键就是要以短跑运动员的方式来培养。教练们必须明白，训练没必要和测试一样。

摔跤和对抗类运动

由于项目比较激烈，摔跤和其他对抗类运动的能量代谢训练可能比较复杂。通常，这些运动项目会对体重有要求，运动员会尝试通过运动而不是饮食的方式来减到目标体重。另外，这些运动项目有相对的独特性，其比赛每一节的时间长于每节之间的休息时间，也就是休息做功比为负。对抗类项目的运动员绝大部分的能量代谢都可以通过实际训练来获得，并且应谨慎地使用额外的能量代谢训练来"调整体重"。

参加多项运动的高中运动员

参加多项运动的运动员如果有休赛期的话，应该遵循休赛期跑步训练方案。很少有运动员会参加超过两个项目的比赛，所以他们应该至少有一个真正的休赛期。然而，大多数高中运动员全年都会持续练习自己喜欢的运动项目。这些运动员需要在一年中没有比赛的时期适当地平衡休息和训练的时间。但这类运动员通常有很高的积极性，并且总是非常活跃。这就是为什么我总是让教练们去问运动员："你今天还打算做什么？"

能量代谢训练总结

大多数运动项目的相似性大于差异性。虽然存在明显的差异，但大多数运动项目的共同点都是加速、减速和变向这几个关键技术。无论是美式橄榄球运动员还是花样滑冰运动员，这些技术都至关重要。为了在提高体能的同时减少受伤的概率，能量代谢训练方案必须训练加速、减速和变向。此外，你必须跳出框架去思考。滑板和负重背心是两种不太显眼的工具，但它们却有助于增强能量代谢训练方案的专项针对性，以及更重要的动作针对性。

以下动作表格示范了如何在训练方案中安排非力量训练部分。

参考文献

Poliquin, C. 1988. Variety in strength training. *Science Periodical on Research and Technology in Sport.* 8(8): 1-7.

表11.10 夏季运动阶段1

直线移动（第1天和第3天）	横向移动（第2天和第4天）
滚动和呼吸（每侧10次）	
臀肌和旋髋肌群	臀肌和旋髋肌群
腘绳肌	腘绳肌
小腿	小腿
下背部和上背部	下背部和上背部
后肩	后肩
内收肌和股四头肌	内收肌和股四头肌
仰卧屈膝呼吸	仰卧屈膝呼吸
拉伸循环（每侧5次呼吸）	
90/90度髋关节外旋和内旋	90/90度髋关节外旋和内旋
箱子屈髋肌拉伸	箱子屈髋肌拉伸
内收肌后坐拉伸	内收肌后坐拉伸
交替蜘蛛侠	交替蜘蛛侠
纠正练习（每侧10次）	
四点撑地胸椎旋转	仰卧地板滑动
单腿下落	单腿下落
激活练习	
库克式提髋（3×3）（保持10秒）	库克式提髋（3×3）（保持10秒）
迷你弹力带外旋和内旋（每侧5次）	迷你弹力带行走（每侧10次）
迷你弹力带深蹲（10×）	—
动作准备	
熊爬	单膝跪地踝关节灵活性练习（每侧10次）
毛毛虫	自重深蹲
行进抱膝	分腿蹲，5秒等长收缩支撑（每侧5次）
摇篮抱腿	侧深蹲（每侧5次）
反向弓步，拉伸腘绳肌	旋转深蹲（每侧5次）
单腿直腿硬拉（每侧5次）	单腿直腿硬拉（每侧5次）
动作技能	
直腿走	横向军步

续表

直线移动（第1天和第3天）	横向移动（第2天和第4天）
直腿垫步跳	横向垫步跳
高抬腿跑	前交叉垫步跳
踢屁股	后交叉垫步跳
行进高抬腿（军步）	滑步
直线垫步跳（20米）	卡里奥卡步
—	横向爬行

速度（每侧4次）		绳梯（第2天）
第1天	半跪位冲刺	宽滑步+停顿，折返
第3天	前倾、落下和跑动	前交叉，折返
		后交叉，折返
		进进出出，折返
		剪刀步，右和左

		绳梯（第4天）3×每边
		交叉停顿

快速伸缩复合练习			
第1天	跳箱，3×5	第2天	单腿跳低栏，3×3右和左（中线－横向）
第3天	单腿跳栏，3×5右和左	第4天	横向弹跳加停住，每侧3×5

药球练习	
站姿胸前传球，3×10	站姿过头掷，3×10（对墙投掷的最大次数）
站姿过头摔球，3×10	站姿侧抛，每侧3×5

力量练习后	

拉雪橇车（7~8秒）		能量代谢训练
第1天和第3天	重雪橇车行进（10米）4/5/6（总计）	雪橇车交叉步2/3/3（折返）
第1天	草皮节奏跑10/12/14	
第3天	草皮节奏跑10/12/14	滑板20次接触6/7/8
	教练指导折返跑	Assault自行车1.6公里

表11.11 夏季运动阶段2

直线移动（第1天和第3天）	横向移动（第2天和第4天）
滚动和呼吸（每侧10次）	
臀肌和旋髋肌	臀肌和旋髋肌
腘绳肌	腘绳肌
小腿	小腿
下背部和上背部	下背部和上背部
后肩	后肩
内收肌和股四头肌	内收肌和股四头肌
仰卧屈膝呼吸	仰卧屈膝呼吸
拉伸循环（每侧5次呼吸）	
90/90度髋关节外旋和内旋	90/90度髋关节外旋和内旋
箱子屈髋肌拉伸	箱子屈髋肌拉伸
内收肌后坐拉伸	内收肌后坐拉伸
交替蜘蛛侠	交替蜘蛛侠
纠正练习（每侧10次）	
四点接触式胸椎旋转	仰卧地板滑动
单腿下落	单腿下落
激活练习	
库克式提髋（3×3）（保持10秒）	库克式提髋（3×3）（保持10秒）
迷你弹力带外旋和内旋（每侧5次）	迷你弹力带行走（每侧10次）
迷你弹力带深蹲（10×）	—
动作准备	
熊爬	单膝跪地踝关节灵活性练习（每侧10次）
毛毛虫	自重深蹲（10×）
行进抱膝	分腿蹲（每侧5次）
摇篮抱腿	侧深蹲（每侧5次）
向后弓步走加腘绳肌拉伸	旋转深蹲（每侧5次）
单腿直腿硬拉	单腿直腿硬拉（每侧5次）
动作技能	
直腿走	横向垫步跳
直腿垫步跳	后交叉垫步跳
高抬腿跑	前交叉垫步跳
踢屁股（加抬膝）	滑步
高抬腿行进	卡里奥卡步
直线跨步跳20米	横向爬行

续表

直线移动（第1天和第3天）		横向移动（第2天和第4天）	
速度（每侧2/3/4次）		**绳梯（第2天）**	
第1天	2点启动	快速滑步+停顿，折返	
第3天	落球接球	1-2-3步，折返	
		交叉停住，折返	
		横向进进出出，折返	
		剪刀步，右和左	
		绳梯（第4天）	
		交叉停住转冲刺	
快速伸缩复合练习			
第1天	双腿跳栏加停顿，3/5	第2天	单腿跳低栏，3×3右和左（中线-横向）加小弹跳
第3天	单腿跳栏加小弹跳，3×5右和左	第4天	45度弹跳加停住，3×5右和左
药球练习			
站姿胸前传球，3×10		交叉脚过头掷，每侧3×5（对墙投掷的最大次数）	
站姿过头摔球，3×10		跨步侧抛，每侧3×5	
力量训练后			
拉雪橇车（7~8秒）		**能量代谢训练**	
第1天和第3天	硬雪橇车行进（10米）6（总计）	雪橇车交叉步，3（折返）	
第1天	150米折返3/4/5	滑板30~60秒6/7/8	
	教练指导折返跑		
第3天	草皮节奏跑12/14/16	Assault自行车1.6公里	

表11.12　夏季运动阶段3

直线移动（第1天和第3天）	横向移动（第2天和第4天）
滚动和呼吸（每侧10次）	
臀肌和旋髋肌	臀肌和旋髋肌
腘绳肌	腘绳肌
小腿	小腿
下背部和上背部	下背部和上背部
后肩	后肩
内收肌和股四头肌	内收肌和股四头肌
仰卧屈膝呼吸	仰卧屈膝呼吸

续表

直线移动（第1天和第3天）		横向移动（第2天和第4天）	
拉伸循环（每侧5次呼吸）			
90/90度髋关节外旋和内旋		90/90度髋关节外旋和内旋	
箱子屈髋肌拉伸		箱子屈髋肌拉伸	
内收肌后坐拉伸		内收肌后坐拉伸	
交替蜘蛛侠		交替蜘蛛侠	
纠正练习（每侧10次）			
四点接触式胸椎旋转		仰卧地板滑动	
单腿下落		单腿下落	
激活练习			
库克式提髋（3×3）（保持10秒）		库克式提髋（3×3）（保持10秒）	
迷你弹力带外旋和内旋（每侧5次）		迷你弹力带行走（每侧10次）	
迷你弹力带深蹲（10×）		—	
动作准备			
熊爬		单膝跪地踝关节灵活性练习（每侧10次）	
毛毛虫		自重深蹲（10×）	
行进抱膝		向前弓步（每侧5次）	
摇篮抱腿		侧弓步（每侧5次）	
向后弓步走加腘绳肌拉伸		旋转弓步（每侧5次）	
单腿直腿硬拉		单腿直腿硬拉（每侧5次）	
动作技能			
直腿走		横向垫步跳	
直腿垫步跳		后交叉垫步跳	
高抬腿跑		前交叉垫步跳	
踢屁股		滑步	
高抬腿行进		卡里奥卡步	
直线跨步跳（20米）		横向爬行	
速度（每侧2/3/4次）		**绳梯（第2天）**	
第1天	轻负重冲刺	快速滑步+停顿，折返	
第3天	搭档追逐	1-2-3交叉，折返	
		扭髋，折返	
		交叉步，折返	
		剪刀步，右和左	
		绳梯（第4天）	
		交叉步转冲刺	

续表

直线移动（第1天和第3天）		横向移动（第2天和第4天）	
快速伸缩复合练习			
第1天	—	第2天	单腿跳低栏，3×3右和左（中线－横向）
第3天	—	第4天	45度弹跳加小弹跳，每侧3×5
药球练习			
—		跨步过头掷，每侧3×5（对墙投掷的最大次数）	
—		跨步侧抛，每侧3×5	
力量练习后			
拉雪橇车（7~8秒）		能量代谢训练	
第1天和第3天	雪橇车冲刺，6×	雪橇车交叉步，3×（折返）	
第1天	300米折返跑，2/3/3	滑板，30~60秒6/7/8	
	150米折返跑，1/0/1	Assault自行车，1.6公里	
第3天	草皮节奏跑，16×		

表11.13　夏季运动阶段4

直线移动（第1天和第3天）	横向移动（第2天和第4天）
滚动/呼吸（每侧10次）	
臀肌和旋髋肌	臀肌和旋髋肌
腘绳肌	腘绳肌
小腿	小腿
下背部和上背部	下背部和上背部
后肩	后肩
内收肌和股四头肌	内收肌和股四头肌
仰卧屈膝呼吸	仰卧屈膝呼吸
拉伸循环（每侧5次呼吸）	
90/90度髋关节外旋和内旋	90/90度髋关节外旋和内旋
箱子屈髋肌拉伸	箱子屈髋肌拉伸
内收肌后坐拉伸	内收肌后坐拉伸
交替蜘蛛侠	交替蜘蛛侠
纠正性练习（每侧10次）	
四点接触式胸椎旋转	仰卧地板滑动
单腿下落	单腿下落

续表

直线移动（第1天和第3天）		横向移动（第2天和第4天）	
激活练习			
库克式提髋（3×3）（保持10秒）		库克式提髋（3×3）（保持10秒）	
迷你弹力带外旋和内旋（每侧5次）		迷你弹力带行走（每侧10次）	
迷你弹力带深蹲（10×）		—	
动作准备			
熊爬		单膝跪地踝关节灵活性练习（每侧10次）	
毛毛虫		自重深蹲（10×）	
行进抱膝		向前弓步（每侧5次）	
摇篮抱腿		侧弓步（每侧5次）	
反向弓步转腘绳肌拉伸		旋转弓步（每侧5次）	
单腿直腿硬拉		单腿直腿硬拉（每侧5次）	
动作技能			
直腿走		横向垫步跳	
直腿垫步跳		后交叉垫步跳	
高抬腿跑		前交叉垫步跳	
脚跟踢屁股跑		滑步	
高抬腿行进		卡里奥卡步	
直线跨步跳（20米）		横向爬行	
速度（每侧2/3/4次）		绳梯（第2天）	
第1天	轻负重冲刺	快速滑步＋停顿，折返	
第3天	俯卧撑起动	1-2-3交叉步，折返	
		扭髋，折返	
		横向进进出出，折返	
		剪刀步向后伸手，右和左	
		绳梯（第4天）	
		交叉步冲刺并返回	
快速伸缩复合练习			
第1天	连续双腿跳栏（3×5）	第2天	连续单腿跳低栏（每侧3×3）（中线–横向）
第3天	连续单腿跳栏（每侧3×5）	第4天	横向连续弹跳（每侧3×5）
药球练习			
冲刺启动胸前传球（3×10）		跨步过头掷（每侧3×5）（对墙投掷的最大次数）	
站姿过头摔球（3×10）		滑步侧抛（每侧3×5）	

续表

直线移动（第1天和第3天）		横向移动（第2天和第4天）
力量练习后		
拉雪橇车（7~8秒）		能量代谢训练
第1天和第3天	硬雪橇车行进10米 6×（总）	雪橇车交叉步 3× 折返
第1天	300米折返 2/3/3	滑板30~60秒 6/7/8
	150米折返跑 1/0/1	Assault自行车1.6公里
第3天	草皮节奏跑 12/14/16	

表11.14　冬季运动阶段1

呼吸	仰卧呼吸加地板滑动10×	呼吸	仰卧呼吸加地板滑动10×
滚动（每侧5次）	臀肌+旋髋肌 左	滚动（每侧5次）	臀肌+旋髋肌
	上背部		上背部
	下背部+腰方肌 右		下背部+腰方肌
	后肩 右		后肩
	内收肌和股四头股 右		内收肌和股四头股
拉伸循环（每侧20秒）	支撑单腿下落腘绳肌拉伸	拉伸循环（每侧20秒）	支撑单腿下落腘绳肌拉伸，每侧×10
	箱子屈髋肌拉伸×10次呼吸（矮箱子）		箱子屈髋肌拉伸×10次呼吸（矮箱子）
	盘腿旋髋肌拉伸×10次呼吸		盘腿旋髋肌拉伸×10次呼吸
	活动蜘蛛侠		活动蜘蛛侠
	主动内收肌后坐拉伸加呼吸		主动内收肌后坐拉伸加呼吸
激活练习	双侧提髋3× 保持10秒（呼气）	灵活性练习	站姿踝关节灵活性练习×每侧10次
	迷你弹力带循环外旋等长收缩支撑右/左/双侧×10秒+10次重复		摆腿×每侧15次
	SL保持2× 每侧10秒（无弹力带）		等长收缩分腿蹲5+5分腿蹲
积极热身（重点是指导垫步跳和冲刺）	熊爬		侧深蹲×每侧5次
	毛毛虫	添加髋部铰链活动	旋转深蹲×每侧5次
	横向熊爬		单腿硬拉×每侧8次
	膝到胸		
	摇篮抱腿	积极热身	军步行进转高抬腿跳

积极热身（重点是指导跨步跳和冲刺）	脚跟踢屁股跑	积极热身	横向垫步跳
	单腿硬拉加伸手		前交叉垫步跳
	向后弓步走加腘绳肌拉伸		后交叉垫步跳
	行进转高抬腿垫步跳		侧滑步
	横向垫步跳		卡里奥卡步
	高抬腿跑		横向爬行
	提起脚跟		
	直腿走	绳梯练习	宽滑步 + 停顿折返
	直腿垫步跳		前交叉步折返
	后撤步		后交叉步折返
	向后跑		进进出出折返
速度（对不理解髋关节分离练习的年轻运动员使用对墙训练，每侧3×5）	前倾、落地和跑动 × 每侧3次		剪刀步右/左
快速伸缩复合练习	第1天：跳箱：3×5	快速伸缩复合练习	第1天：单腿中线/横向跳低栏，每侧3×3
	第2天：单腿跳绳梯/低栏：3×5		第2天：横向原地弹跳加停住，每侧3×5
药球练习	药球过头掷：3×10	药球练习	药球过头掷：3×10
	药球侧抛：每侧3×10		药球侧抛：每侧3×10
能量代谢训练	跑步机节奏跑：×8，×10，×12。在提高速度前增加倾斜度；速度不要超过10.0	能量代谢训练	节奏跑（同第1天）
	初学者/退阶：跑垫子/在跑步机上行走，如果有足够的草皮空间的话		爆发式滑板练习 ×20次总接触 ×3，×4，×5组（每次指导一次动作）

关于作者

迈克·鲍伊尔是体能训练、功能性训练以及大众健身领域最著名的专家之一，以其先驱性的工作蜚声国际，是世界各地体能训练大会及运动训练学术会议上炙手可热的演讲人。

凭借其在运动表现领域中的专业知识，鲍伊尔指导了波士顿红袜队（Boston Red Sox）、波士顿棕熊队（Boston Bruins）、新英格兰革命队（New England Revolution）和波士顿开拓者队（Boston Breakers）等球队，以及美国女子足球和女子冰球奥运代表队中的优秀运动员。2012年，鲍伊尔加入波士顿红袜队教练组，担任球队的体能训练顾问，该队后来赢得了世界职业棒球系列赛冠军。多年来，他的客户名单就像一个体育界名人录，其中包括已退役的美国橄榄球防守端锋马塞勒斯·威利（Marcellus Wiley）、2012年奥运会柔道金牌得主凯拉·哈里森（Kayla Harrison）以及利物浦足球队前锋丹尼尔·斯图里奇（Daniel Sturridge）。

鲍伊尔从1984年至1997年担任波士顿大学的首席体能教练。1990年至2012年，担任波士顿大学男子冰球队的体能教练。

鲍伊尔通过他在波士顿开设的健身中心（迈克·鲍伊尔体能训练中心）为各级别的运动员提供全面的体能训练，帮助运动员提高成绩。该健身中心已被《男性健康》（Men's Health）杂志评为"全美十佳健身中心"（America's 10 Best Gyms）之一。鲍伊尔的训练经验丰富，训练对象从中学生到几乎所有顶级职业运动项目的全明星级别运动员。

鲍伊尔是StrengthCoach.com的所有者和编辑，这是一个致力于教育体能教练及私人教练的网站。